新形态教材

"十四五"高等职业教育医药类系列教材

药品生产过程验证

YAOPIN SHENGCHAN GUOCHENG YANZHENG

夏晓静　黄家利　主编

化学工业出版社

·北京·

内 容 简 介

本书是作者团队从事药品生产过程验证教学和实践多年来的经验总结与积累。从药物制剂工作领域出发，以药品生产过程涉及的各项验证为任务，以国家药物制剂工职业技能标准为指导，包含验证管理、厂房与设施验证、制剂设备的确认、清洁验证、灭菌工艺验证、工艺验证、分析方法的验证和确认、计算机化系统验证与数据可靠性共八个单元。每个单元先介绍单元学习目标，根据需要再细分具体任务，按核心概念、基本知识、能力训练、课后思考的方式组织内容，以知识图谱为每个单元小结，实现学中做、做中学。本书可作为药物制剂相关专业本科、高职高专学生的验证教材，也可作为药物制剂从业人员的培训和参考用书。

为方便学习，书中附有教学视频、动画视频、课后思考答案等教学资源，读者可扫描书中二维码观看相应资源。

凡选用本书作为教材的教师，均可登录化学工业出版社化工教育官方网址（www.cipedu. com. cn）免费下载电子课件等配套资源。

图书在版编目（CIP）数据

药品生产过程验证/夏晓静，黄家利主编. —北京：
化学工业出版社，2024.1（2025.2重印）
"十四五"高等职业教育医药类系列教材
ISBN 978-7-122-44696-1

Ⅰ.①药… Ⅱ.①夏… ②黄… Ⅲ.①制药工业－质量管理体系－验证－高等职业教育－教材 Ⅳ.
①F407.763

中国国家版本馆 CIP 数据核字（2024）第 021797 号

责任编辑：陈燕杰   文字编辑：何　芳
责任校对：王　静   装帧设计：王晓宇

出版发行：化学工业出版社
　　　　　（北京市东城区青年湖南街 13 号　邮政编码 100011）
印　　装：北京科印技术咨询服务有限公司数码印刷分部
787mm×1092mm　1/16　印张 15　字数 300 千字
2025 年 2 月北京第 1 版第 2 次印刷

购书咨询：010-64518888　　售后服务：010-64518899
网　　址：http://www.cip.com.cn
凡购买本书，如有缺损质量问题，本社销售中心负责调换。

定　　价：59.80 元

本书编写人员

主　　编　夏晓静　黄家利

副 主 编　吴秋平　钱昌海

编写人员　管恩爽（浙江药科职业大学）

　　　　　黄家利（中国药科大学）

　　　　　钱昌海（瀚晖制药有限公司）

　　　　　谈　增（浙江药科职业大学）

　　　　　童梦楠（浙江药科职业大学）

　　　　　吴秋平（浙江药科职业大学）

　　　　　夏晓静（浙江药科职业大学）

　　　　　朱家欢（浙江药科职业大学）

前言

    药品生产过程验证是药品生产及质量管理中一个全方位的质量活动，是实施药品生产质量管理规范（GMP）的基础。为顺应药物制剂工业发展和行业标准的提高，药品生产过程验证已成为药物制剂从业人员必备的知识和技能。本教材 2015 年出版第一版，作为药物制剂技术专业使用教材，以任务驱动开展教学，注重应用能力和实践能力培养，体现了职业教育特色。

    近年来，国家陆续出台了与药品生产过程验证相关的规范和指南，制药行业也有了长足的发展。本书在第一版的基础上进行了修订，对部分内容进行了改写，增加了计算机化系统验证与数据可靠性单元。本书内容充分融入药品生产过程所需的验证与确认的相关核心知识和技能，是以职业教育规律为出发点，按现行 GMP、药品管理法、国标等为标准，以项目化的内容为载体进行编写。可使学生了解就业岗位所需的验证工作流程和基本要求，对今后的验证工作有一定的指导意义。本次修订目的是使内容与时俱进，体现新技术、新工艺、新规范进教材。教材采用内容活页式编排，A~H 共八个单元，包含验证管理、厂房与设施验证、制剂设备的确认、清洁验证、灭菌工艺验证、工艺验证、分析方法的验证和确认、计算机化系统验证与数据可靠性等，教师使用时可根据学生学情选讲，读者可根据需求不同选择性学习。

    党的二十大报告指出，推进教育数字化。本书中融入了多媒体素材，开发知识图谱、授课课件、教学视频、习题答案等教学资源。参与本书修订的有中国药科大学黄家利，瀚晖制药有限公司钱昌海，浙江药科职业大学夏晓静、吴秋平、谈增、童梦楠、朱家欢、管恩爽，分别负责编写单元 A、E、H、D、B、F、C、G，由夏晓静完成统稿。数字资源由夏晓静、吴秋平、谈增、童梦楠、朱家欢、管恩爽制作。本书中仿真动画视频资源由浙江药科职业大学和南京药育智能科技有限公司共同开发，感谢南京药育智能科技有限公司的友情赞助，动画内容不得翻录使用。

    向多年来使用本书的同行与读者表示真诚的感谢！由于编者精力和水平有限，书中不妥之处敬请批评指正。

主编

目　录

A

验证管理　　　　　　　　　　　　　　　　　　　　　　001

A-1　认识验证　　　　　　　001　　A-2　制定验证计划　　　　010

B

厂房与设施验证　　　　　　　　　　　　　　　　　　020

B-1　HVAC 系统验证　　　　020　　B-3　过滤系统验证　　　　073
B-2　制药用水系统验证　　　051

C

制剂设备的确认　　　　　　　　　　　　　　　　　　090

C-1　制剂设备管理　　　　　090　　C-2　设备确认　　　　　　098

D

清洁验证　　　　　　　　　　　　　　　　　　　　　110

D-1　清洁方法与清洁程序　　110　　D-2　清洁验证　　　　　　117

E

灭菌工艺验证 130

E-1　灭菌与无菌保证　　　　　130　　E-2　湿热灭菌工艺的验证　　　143

F

工艺验证 156

F-1　固体制剂生产工艺验证　　156　　F-3　粉针剂生产工艺验证　　　178
F-2　注射液生产工艺验证　　　168　　F-4　无菌工艺模拟试验　　　　187

G

分析方法的验证和确认 199

H

计算机化系统验证与数据可靠性 211

H-1　计算机化系统验证　　　　211　　H-2　数据可靠性　　　　　　　222

参考文献 232

数字资源

数字资源 A-1　验证管理 PPT 视频
数字资源 B-1　HVAC 系统验证视频
数字资源 B-2　风管漏风检测动画
数字资源 B-3　风管漏光检测动画
数字资源 B-4　高效过滤器检漏动画
数字资源 B-5　气流组织检测动画
数字资源 B-6　尘埃粒子检测动画
数字资源 B-7　浮游菌测定动画
数字资源 B-8　沉降菌的测定动画
数字资源 B-9　制药用水系统验证视频
数字资源 B-10　过滤系统验证视频
数字资源 C-1　制剂设备的确认视频
数字资源 D-1　制剂设备的清洁验证视频
数字资源 D-2　槽型混合机的清洁标准操作程序
数字资源 E-1　灭菌工艺验证视频
数字资源 E-2　高压蒸汽灭菌器标准操作规程
数字资源 F-1　固体制剂工艺验证视频
数字资源 F-2　制粒工艺验证动画
数字资源 F-3　干燥工艺验证动画
数字资源 F-4　总混工艺验证动画
数字资源 F-5　注射液生产工艺验证视频
数字资源 F-6　粉针剂生产过程验证视频
数字资源 F-7　无菌工艺模拟试验视频
数字资源 G-1　分析方法的验证和确认视频
数字资源 H-1　计算机化系统验证与数据可靠性视频
数字资源 H-2　纸质数据的基本要求

数字资源：课后思考答案

A
验证管理

学习目标

1. 掌握 验证的术语和验证工作基本流程。
2. 熟悉 验证的分类和目的。
3. 了解 验证的起源及意义和验证的组织机构。
4. 能 说出验证常用术语的含义。
5. 会 根据验证对象选用不同的验证方式。

A-1 认识验证

扫一扫

数字资源A-1
验证管理PPT视频

一、核心概念

确认（Qualification） 是证明厂房、设施、设备能正确运行并可达到预期结果的有文件证明的一系列活动。

验证（Validation） 是证明任何操作规程（或方法）、生产工艺或系统能够达到预期结果的有文件证明的一系列活动。

前验证（Prospective Validation，PV） 也称为预验证，一般是在新产品、新设备以及新的生产工艺正式投入生产前，按照设定的验证方案进行的验证。验证成功结束之后才可放行产品，批量应与最终上市的产品批量相同，且一般要求进行连续三个成功批次的生产。

同步验证（Concurrent Validation） 是指在生产中运行某项工艺的同时进行的

验证，实际上是特殊监控条件下的试生产，同步验证既可获得合格产品，又可得到证明"工艺重现性及可靠性"的数据。

回顾性验证（Retrospective Validation）　是以历史数据的统计分析为基础，以证实某一生产工艺条件适用性的验证。

再验证（Revalidation）　系指经过验证的一项生产工艺、一个系统、一台设备或者一种原材料，在使用一个阶段以后而进行的证明其"已验证状态"没有发生漂移的验证工作。

二、基本知识

药品是用于预防、治疗、诊断人的疾病，有目的地调节人的生理功能，并规定有适应证或者功能主治、用法和用量的物质，包括中药、化学药和生物制品等。药品质量的好坏直接关系公众的生命安全和身体健康，而其生产过程涉及人员、厂房、设施、设备、工艺、质量管理等多个环节，任何一个环节的疏忽都会影响药品质量。药品管理应当以人民健康为中心，坚持风险管理、全程管控、社会共治的原则，建立科学、严格的监督管理制度，全面提升药品质量，保障药品的安全、有效、可及。

（一）验证的由来

1962 年，在美国诞生了世界上第一个"药品生产质量管理规范"（GMP）。1969 年世界卫生组织（World Health Organization，WHO）公布了 GMP，标志着 GMP 的理论和实践从一国走向世界。然而，20 世纪 50～60 年代，在美国由于输液受到污染，仍导致了败血症病例发生。70 年代出现一系列败血症病例，酿成了多起致人死亡的药难事件。

> **知识链接**
>
> **20 世纪 70 年代美国败血症暴发成因分析**
>
> 当年的无菌制剂在出厂前已进行了无菌检查，为什么仍出现了染菌？美国食品药品监督管理局对于频频出现的败血症案例成立了特别工作组，对生产厂着手进行全面调查，调查的内容涉及大容量、小容量注射剂生产及质量控制的全过程，涵盖了厂房设施与设备、人员、物料、生产工艺、质量控制等方面。调查结果表明，企业按规定对败血症案例相关批次的注射剂进行了无菌检查，且并没有违反法规条款将无菌检查不合格的批次的注射剂投放市场。出现败血症的原因在于无菌检查本身的局限性、设备或系统设计建造的缺陷以及生产过程中的各种偏差及问题。输液产品的污染与各种因素有关，如空调净化系统、水系统、生产设备、工艺等，关键在工艺过程。例如，调查发现安装在灭菌柜上部的压力表及温度显示仪并不能反映出灭菌柜不同部位被灭菌产品的实际温度；产品密封的完好性存在缺陷，以致已灭菌

的产品在冷却阶段被再次污染；管理不善导致已灭菌及待灭菌的产品发生了混淆，操作人员缺乏必要的培训等；企业在投入生产运行时，没有建立明确的控制生产全过程的运行标准，在实际生产运行中缺乏必要的监控，以致生产全过程运行状态出现了危及产品质量的偏差而企业并未觉察，生产过程出现"过程失控"。从质量管理是系统工程的观念出发。

美国食品药品监督管理局（FDA）成立特别工作组，对输液生产企业展开了长达几年的全面调查。调查结果表明，输液生产企业的整个生产过程均符合当时 GMP 的各项规定，产品需要接受检验，而只强调检验并不能确保产品的质量，生产过程失控是导致输液频频污染的直接原因。

验证是美国 FDA 对污染输液所致触目惊心的药难事件进行调查后采取的重要举措。经调查 FDA 认为有必要制订一个新的文件，对 GMP 进行补充和完善，以"通过验证确立控制生产过程的运行标准，通过对已验证状态的监控，控制整个工艺过程，确保质量"为指导思想，强化生产的全过程控制，进一步规范企业的生产及质量管理。1976 年 6 月 1 日，FDA 发布了《大容量注射剂 GMP 规程（草案）》，首次将验证以文件的形式载入 GMP 史册。

验证是一个系统工程，是制药企业将 GMP 原则具体地运用到生产过程中的重要科学手段和必由之路，可以反馈制药企业是否真正实施 GMP。未经验证的 GMP 的实施带有盲目性，缺乏依据。验证使 GMP 的实施水平跃上了一个新的台阶，具有里程碑的意义。

知识链接

我国的 GMP 与验证

我国于 1988 年 3 月 17 日公布了《药品生产质量管理规范》（GMP），1992 年发布了修订版。1999 年 6 月公布了修订后的《药品生产质量管理规范》（1998 年修订）。从这一稿开始，以第七章整篇的篇幅阐述了验证的要求，其内容与 WHO 的 GMP 指南一致，但增加了验证不同阶段的工作内容、验证的组织及实施、文档管理等方面的条款。《药品生产质量管理规范（2010 年修订）》（卫生部令第 79 号）由卫生部发布，自 2011 年 3 月 1 日起施行，将确认和验证贯穿产品生命周期全过程，用了一章十二条对确认和验证进行了规定。2015 年 5 月 26 日，国家食品药品监督管理总局根据《药品生产质量管理规范（2010 年修订）》第三百一十条规定，发布《确认与验证》附录，作为《药品生产质量管理规范（2010 年修订）》配套文件，自 2015 年 12 月 1 日起施行，给予验证管理工作组织实施验证提供了很好的指导。

（二） 验证的意义

WHO 对验证的定义为：证明任何程序、加工、设备、物料、活动或系统确实能达到预期结果的有文件证明的一系列活动。在我国现行版 GMP 第七章《确认与验证》针对不同对象所进行的该项活动进行了区分：确认针对厂房、设施、设备，验证是针对操作规程（或方法）、生产工艺或系统。广义的验证包含了上述两方面的概念。

根据验证的定义，可以把验证的目的概括为：保证药品生产过程处在严格的受控状态，生产过程和质量管理以正确的方式进行，并证明这一生产过程是准确和可靠的，且具有重现性，能保证最后得到符合质量标准的药品，为 GMP 总的目的服务。

验证的关键是确定哪些变量是重要的变量，以及变量的合格范围，进而对这些变量如何进行连续控制。只有这样，才能保证药品质量在"已验证的"生产工艺过程中形成。具体地说，验证是一个证实或确认设计的过程，是一个确立文件的过程，也是一个提前发现问题的过程。

我国 2010 版 GMP 第七章《确认与验证》从第一百三十八条至第一百四十九条，从与药品生产相关的各个方面对验证进行了翔实的描述，明确了验证是一个涉及药品生产全过程的质量活动，强调了验证工作是质量保证的基础工作和常规工作，是质量管理部门的一项常规管理工作。

验证是制药企业正确、有效实施 GMP 的基础，其意义在于：①经过验证的工艺为产品的质量提供了可靠的保证；②验证活动能减少产品报废、返工和复检的次数，并使用户投诉以及从市场撤回产品的事例大为减少，会消耗掉一切可以利用资源的黑洞，是一项有价值的商业行为，亦即可以为企业创造效益；③符合药品监管法律法规要求，易于通过药品管理部门的检查，因为"验证是质量保证的一种手段，质量保证靠它来实现对 GMP 的承诺"。

验证技术是支撑药品质量管理体系有效运行的核心手段。从产品设计、小试、放大实验，直至大生产，验证贯穿药品的生命周期全过程。验证的内容主要是所用设备和仪器的操作参数，能保证设备、仪器适用于生产指定质量的产品，保证工艺的安全与效率。在新药开发阶段的验证，主要开展工艺验证和分析方法验证，这些验证可以为新药报批提供一份可靠的申报资料，为药品正式生产提供确认的工艺标准、确认工艺的重现性和可靠性以及确认在什么样的工艺控制条件下可以达到什么样的结果，为药品生产工艺验证提供基础条件。规模化生产阶段的验证是在完成厂房、设备的验证后，对生产线所在生产环境及装备的局部或整体功能的验证，质量控制方法及工艺条件的验证，一般称为药品生产过程验证。验证的内容包括空气净化系统、工艺用水系统、生产工艺及其变更、设备清洗、主要原辅材料变更等，对于无菌药品，还应增加灭菌设备、药液过滤及灌封（分装）系统、冻干系统以及无菌生产过程验证等。药品检验过程验证的对象包括检验方法和实验室标准操作程序（Standard Operation Procedure，SOP）。检验方法验证包含了大型精密仪器的确认、检验方法适用性验证等内容，目的是确认检验方法的可靠性与重现性。实验室 SOP 验证包含了实验室中所有与实验研究有关的活动，其主要内容包括样品接收、登记、保管、试剂配制、仪器保养与校正、分析测定、质量保证与质量控制、数据复审、结果报告等的详细叙述。

总之，验证是企业制定标准及达标运行的基础。企业的运行必须以质量保证体系为手段，有明确的"标准"，而"标准"的确立又必须以生产过程验证的结果为基础。企业员工在实施 GMP 时，必须按标准对各种过程进行控制，实现过程确实受控的目标。

（三）验证的分类

验证可按验证对象或按验证方式进行分类。

1. 按验证对象分类

根据验证对象可分为设备验证、公用工程系统验证、工艺验证、检验方法验证、清洁验证、计算机化系统验证等。设备验证即所有单台设备或配套的系统的验证。公用工程系统验证，涉及厂房、空调净化系统，水系统（包括饮用水、纯水、注射用水等）。工艺验证即从原料投入至成品包装整个过程的验证。检验方法验证包括准确度、精密度、重复性、中间精密度、专属性、检测限、定量限、线性、范围、耐用性等。清洁验证是通过文件证明清洁程序有效性的活动，确保产品不会受到来自同一设备上生产的其他产品的残留物、清洁剂及微生物污染。计算机化系统验证是通过文件证明系统的开发符合质量工程原则，能够提供满足用户需求的功能，并能长期稳定工作，核心目的是将系统的风险控制在足够小以保证患者安全、产品质量和数据可靠。

2. 按验证方式分类

按验证方式可分为前验证、同步验证、回顾性验证、再验证。

（1）前验证（PV） 前验证强调的是前期行为，描述的是一切从零开始的验证，目的是考察并确认新设备、新工艺的重现性及可靠性。针对新产品、新处方、新工艺、新设备在正式投入生产前应进行的工艺验证所采取的方式。

表 A-1 列举了不同制剂关键工序的质量特性，可根据这些质量特性制订相关的验证方案。例如，最终灭菌制剂生产中所采用的湿热灭菌工艺、干热灭菌工艺以及除菌过滤工艺，无菌操作产品生产中采用的灌装系统在线灭菌程序，以其质量特性设计验证方案采取前验证方式开展验证。

表 A-1 不同制剂关键工序的质量特性

剂型	无菌性	限菌性	含量均一性	溶出性
最终灭菌制剂	灭菌		配制、灌装	

续表

剂型	无菌性	限菌性	含量均一性	溶出性
非最终灭菌制剂	除菌过滤、无菌灌装、冷冻干燥		配制、除菌过滤、无菌灌装、冷冻干燥	
固体制剂		生产过程	混合、制粒、压片	制粒、压片
液体制剂		生产过程	配制、灌装	
软膏剂、栓剂		生产过程	配制、灌装	

前验证通过是无菌产品生产中灭菌工艺安全生产的先决条件，也是新产品、新设备及新生产工艺投入生产的必要条件。前验证的成功是实现新工艺从研究和开发部门向生产部门转移的必要条件。需注意的是，工艺验证要与工艺优选进行区分，工艺验证的目标是确定工艺的重现性、可靠性，而不是优选工艺条件，更不是优选处方。在验证前必须有比较充分完整的新产品和新工艺的开发资料。

因此，前验证实施条件应满足：①处方的设计、筛选及优选已完成；②中试生产已经完成，关键的工艺及工艺变量已经确定，相应参数的控制限已经确定；③已有产品及生产工艺方面的详细技术资料，包括有文字记载的产品稳定性考查资料；④至少完成了一个批号的试生产，从中试生产放大至试生产没有出现过明显的"数据漂移"现象；⑤生产和管理人员验证前进行必要的培训。

（2）同步验证（CV）　在生产中运行某项工艺的同时进行的验证即为同步验证，可以理解为在特殊监控条件下的试生产。同步验证既可获得合格产品，又可得到证明"工艺重现性及可靠性"的数据。例如，泡腾片的生产往往需要环境相对湿度低于20%，在评估空调净化系统是否符合环境设定的要求时，可以选择同步验证的方式。

工艺验证采用同步验证方式，适合于以下情况：①由于需求很小而不常生产的产品，如"孤儿药物"（即用来治疗罕见疾病的药物）或每年生产少于3批的产品；②生产量很小的产品，如放射性药品；③从前未经验证的遗留工艺过程，没有重大改变的情况下；④已有的、已经验证的工艺验证过程发生较小的改变时；⑤已验证的工艺进行周期性再验证时。

采用同步验证时应满足以下条件：①有完善的取样计划，即生产及工艺条件的监控比较充分；②有经过验证的检验方法，检验方法的选择性、灵敏度、准确性、重现性和可靠性等比较好，才能确证相应的质量标准得到了保证；③对所验证的产品或工艺已有相当的经验与把握。

（3）回顾性验证（RV）　有些历史遗留的产品未进行工艺验证，这些工艺过程在满足以下条件时可进行回顾性验证。适合于以下情况：①一直按照市售产品批量规模进行生产，有详细的生产工艺过程及完整的记录，一般至少有 10～30 批次符合要求的数据且批次是连续的；②检验方法是药典规定或经过验证，检测结果应当充足、可靠、定量化以供统计分析；③批生产记录应有明确的工艺条件，对关键程序参数和关键质量特性做出规定并进行控制，如以物料总混为例，应明确设备型号、转速、混合时间等工艺条件，相应批的检测结果才有统计分析价值；④应建立工艺过程的中间控制和可接受的标准，生产过程中的工艺变量必须标准化，并始终处于受控状态，如原料标准、生产操作相应的洁净度级别、分析方法、微生物控制等；⑤没有由于操作失误和设备故障之外导致的工艺过程或产品失败；⑥应建立在产品生产中应用的药物活性成分的杂质谱；⑦同时还应具备工艺过程没有重大的历史改变，所有关键工艺参数和关键质量特性均可作为有代表性的历史数据，进行回顾性验证的决定应得到质量部门批准。与前验证的几个批或一个短时间运行获得的数据相比，回顾性验证积累的资料比较丰富，通过对大量历史数据的回顾分析可以看出工艺控制的状况。

回顾性验证通常不需要预先制订验证方案，但需要一个比较完整的生产及质量监控计划，以便能够收集足够的资料和数据对生产与质量进行回顾性总结。

基于大量历史数据的回顾分析看出工艺控制的状况，因而数据的收集是回顾性验证的基础，历史数据包含的内容如图 A-1 所示，还可包括不合格产品或中间体的数据，以及用户投诉等。取得相应的历史数据后，通过数理统计、趋势分析、控制图分析等工具对数据进行汇总分析。通过回顾性验证的趋势分析，得出回顾性总结结论。

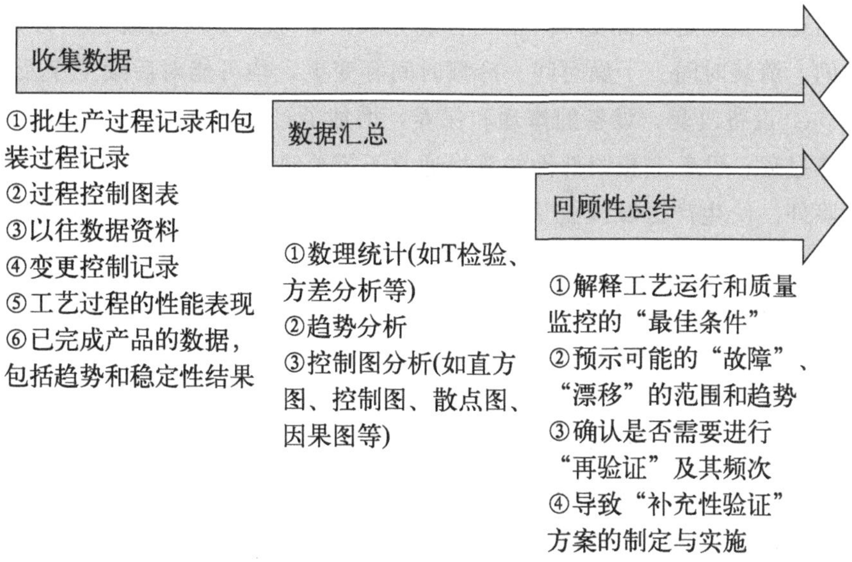

收集数据

①批生产过程记录和包装过程记录
②过程控制图表
③以往数据资料
④变更控制记录
⑤工艺过程的性能表现
⑥已完成产品的数据，包括趋势和稳定性结果

数据汇总

①数理统计(如T检验、方差分析等)
②趋势分析
③控制图分析(如直方图、控制图、散点图、因果图等)

回顾性总结

①解释工艺运行和质量监控的"最佳条件"
②预示可能的"故障"、"漂移"的范围和趋势
③确认是否需要进行"再验证"及其频次
④导致"补充性验证"方案的制定与实施

图 A-1 回顾性验证的基本流程

　　回顾性验证只适用于在验证概念首次提出之前就已经开始生产的工艺，因此实际工作中工艺验证已较少采用这种方式。FDA 最新的工艺验证指南中甚至并未出现回顾性验证的概念。

　　（4）再验证（监督验证 Revalidation）　工艺、系统、设备及材料在使用一个阶段以后应确保未发生漂移。如状态发生漂移，需再次进行验证，并开展有关 SOP 的修订。再验证主要包括强制性再验证、改变性再验证和定期再验证（或称周期性再验证）。

　　① 强制性再验证：是指药品监督管理部门或法规要求进行的验证。主要有以下几项。a. 计量仪器的强制检定，如长度计量、力学计量、热学计量、电磁学计量、物理化学计量、无线电计量等。b. 压力容器的检定，如锅炉的定期检验，用于药品生产的气瓶的定期检验。c. 消防器材，如灭火器的定期检验。d. 无菌操作的培养基灌装试验。

　　② 改变性再验证：药品生产过程中由于各种主观及客观的原因，需要对设备、系统、材料及管理或操作规程做某种变更，有些情况下变更会对产品质量造成主要的影响或出现异常情况，应通过风险评估确定是否需进行再验证以及确定再验证的范围和程度。这类验证称为改变性再验证。常由质量管理部门的验证部来判断发生变更时是否要再验证以及再验证的范围。变更时的再验证应与前验证一样，以可能受影响的工序和设备作为验证对象。变更情况包括但不仅限于：a. 关键起始物料的变更，如密度、黏性、粒度、含量等物理性质的变更，有可能影响物料的机械性质，或者其供应商的变更。b. 包装材料改变，尤其是容器-塞子系统发生改变时，如以塑料代替玻璃，就极有可能改变包装规程，从而影响产品有效期。c. 扩大或减小生产批量，无菌制剂批量改变后还应在规定的灌装时间里是否能完成。d. 技术、工艺或工艺参数的变更，如混合时间、灌装时间、干燥时间、冷藏时间等变更，均可能对后续工序及产品质量产生影响。e. 设备改变，设备的修理和保养，增加了自动检查系统乃至设备更换，均会影响生产过程；设备上相同部件的替换通常不需要进行再验证，但可能影响产品质量的情况除外。f. 生产区域或公用系统的变更。g. 发生返工或再加工的情形。h. 生产工艺从一个公司、工厂或建筑转移到其他公司、工厂或建筑。i. 反复出现的不良工艺趋势或 IPC 偏差、产品质量问题或超标结果，在这些情况下应先确定并消除引起质量问题的原因，再进行再验证，如无菌制剂厂房尘埃粒子监测数据突然增高，有必要对生产环境是否符合产品质量要求进行再验证。j. 异常情况，如在自检自查或对工艺数据进行定期解析的时候发现异常，也应进行再验证。

　　③ 定期再验证：对产品的质量和安全起决定作用的关键工艺、关键设备，在生产一定周期后，即使在设备及规程没有变更的情况下也应进行定期再验证。再验证的频率可以由企业根据产品、剂型等因素自行制定。如无菌药品生产过程中使用的灭菌设备、关键洁净区的空调净化系统、纯化水系统、喷雾干燥系统、与药物直接接触的

压缩空气等。

周期性再验证可采用同步验证的方式、回顾的方式或二者相结合的方式进行，方式的选择应基于品种和剂型的风险。采用回顾性验证的方式除图 A-1 中所收集的数据外，还应包括前次验证中的定义的改正或预防性措施，工艺验证状态的变更，召回、严重偏差以及确定的由相应工艺导致的超标结果、合理的投诉以及退货，放行测试、稳定性考察和（或）中间过程控制数据的趋势，与工艺相关的质量标准限度、检验规程、验证文件的当前状态。

对于关键工艺过程（如灭菌）的周期性再验证不建议采用回顾性验证的方式，应重复（或部分重复）前验证中的测试内容。

（四）验证合格标准制定的基本原则

设定验证合格标准时，应遵循以下原则：①凡我国 GMP 规范及药典有明确规定的，验证合格的标准不得低于法规及标准的要求；②应参照国家标准或行业标准制订；③国内尚无法定标准，而世界卫生组织（WHO）已有明确要求或国际医药界已有公认的标准，可作本企业设定验证标准的参考依据；④根据实际生产产品工艺要求制订。

在设定验证合格标准时，应考虑以下几个要素：①现实性，即验证不能超越客观条件的限制，或造成沉重的经济负担，以致无法实施；②可验证性，即标准是否达到，可通过检验或者其他手段加以证实；③安全性，即应能保证产品的质量安全。

现行版 GMP 中规定，确认或验证的范围和程度应经过风险评估来确定。验证工作成功的关键在于管理上的保证、验证的基本纲领、验证所采用的方法和良好的协作关系。

三、能力训练

制定验证合格标准。

（1）实践目的　熟悉验证的基本概念；熟悉验证标准。

（2）实践内容　验证工作需制定合格标准以判断是否始终如一，以某一制剂的某一工序的工艺过程为对象，查阅资料确定其验证合格标准。

（3）实践要求　介绍制剂的生产工艺过程，选取研究对象——某一操作工序对制剂产品质量的影响，关键工艺参数，关键质量特性及合格标准。

四、课后思考

（一）单项选择题

1. 同步验证不适合于其中哪种情况（　　　）

A. 由于需求很小而不常生产的产品，如"孤儿药物"即用来治疗罕见疾病的药物或每年生产少于 3 批的产品

B. 已有的、已经验证的工艺验证过程发生较大的改变时

C. 已验证的工艺进行周期性再验证时

D. 生产量很小的产品，如放射性药品

2. 以下属于药监部门要求的强制性再验证的是（　　　）

A. 无菌操作的培养基灌装试验

B. 工艺方法参数的改变或工艺路线的改变

C. 生产处方的修改或批量数量级的改变

D. 无菌药品生产过程中使用的灭菌设备

（二）综合题

实施前验证的应具备哪些条件？

扫一扫

数字资源
课后思考答案

A-2　制定验证计划

一、核心概念

验证文件（Validation Documentation）　是有关验证的信息及其承载媒体，是用数据证明产品工艺能力或某一个操作方法是否达到预期的效果。

验证总计划（Validation Master Plan）　又称验证规划，是制药企业依据 GMP 标准和企业的特殊要求，对企业或项目总的验证工作制定的计划。

验证方案（Validation Protocol）　是陈述如何进行验证的书面计划或方案，主要包括测试参数、产品特性、生产设备及主要组分的检验结果。

验证报告（Validation Report）　是在完成验证工作后简明扼要地将结果整理汇总的技术性报告。

二、基本知识

验证是制药企业的基础性工作，也是常规性工作。为了有序地开展验证工作，必须实施有效的验证管理。制药企业的验证管理包括确定适当的验证组织机构、设定各级组织机构的职能、建立实施验证的基本程序。

（一）建立验证组织

制药企业应根据本企业的具体情况及验证的实际需要来确定适当的验证组织机

构，建立验证组织的基本原则是精简、实效、因地制宜。

例如对于一个已运行多年的制药企业，其药品生产及质量管理全过程均建立了明确的"运行标准"，验证工作的重点是考核"运行标准"制订的合理性及有效性，一般由常设的验证职能机构来完成。而对于一个新建制药企业或者一个大型技术改造项目，验证工作的目的是确立生产及质量管理的运行标准，有大量的验证工作需在较短时间内完成，此时就需要成立一个临时性的验证机构。临时验证机构一般是根据不同的验证对象而设立的，立足适应新建厂或老厂较大的技改项目的需要，有大量的前验证工作要在较短时间内完成。临时验证机构可称为验证领导小组，主任委员由主管生产的副总经理或总工程师来担任，验证管理部门的负责人兼任秘书长，设计或咨询单位的专家为顾问，验证领导小组的成员由各职能部门负责人组成。临时验证机构是为适应完成战役性的验证工作，其职能主要体现在负责验证的总体策划与协调，制定验证方案并予以审核实施，组织员工技术培训，协调企业各部门完成各自的验证计划，并为验证提供充足的资源。

一般而言，由于验证工作涉及企业相关部门的综合性工作过程，需要协调各职能部门的活动，因而企业通常由分管生产、技术、质量管理的企业负责人或总工程师分管企业整个验证工作，在企业层面成立包括各相关职能部门负责人的验证指导委员会，下设一个常设职能部门来负责验证管理。验证项目的具体实施通常由若干验证小组承担，工作人员应由生产、技术、质量、工程或其他专业技术人员组成。常设验证组织机构见图 A-2。

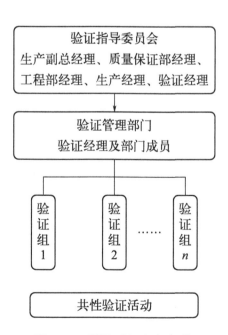

图 A-2 常设验证组织机构

验证指导委员会的主要职能有：①负责验证的总体策划与协调；②批准年度验证总计划；③验证文件的审核批准；④对本企业验证工作从宏观上进行领导、在技术上进行指导；⑤对验证的有效性负责。

验证管理部门在我国通常由 QA 部门担纲，负责日常验证管理工作，其主要职责包括：编制验证计划，组织成立验证小组，组织起草验证方案，协调验证活动，管理验证文件等。

验证项目实际上由数个验证子项目组成，由数个验证实施小组共同完成。不同的验证小组承担某一子项目的验证具体实施工作。按照经过批准的验证方案，承担不同的子系统或设备的验证实施、验证记录的收集分析工作以及验证报告的编制等。例如，制药用水系统各项目的验证由设备验证小组、工艺验证小组等共同实施完成。验证小组成员应参与验证方案的起草，并接受经批准的验证方案的培训，负责对验证资料和数据的收集、总结工作。

知识链接

验证工作相关机构及职责

1. 设计咨询单位

制药企业在新建或技改项目上，聘请设计或咨询单位的资深专家作为工艺验证顾问，由他们在制定和协作实施验证方案。可提供技术方面的咨询服务、验证方案的草案，协助制药企业实施验证、保证项目达到基本的设计要求。

在明确设计或咨询单位的职责的同时，制药企业应该意识到本身在验证管理中自始至终是组织者和实施者的主体地位。由设备厂家或咨询公司提供验证服务。

2. 制药企业各部门在验证中的职责

（1）质量管理部门 制定验证总计划、起草验证方案、检验方法验证、取样与检验、环境监测、结果评价、验证报告、验证文件管理。

（2）生产部门 参与制订验证方案，实施验证，培训考核人员；起草生产有关规程；收集验证资料、数据；会签验证报告。

（3）工程部门 确定设备标准、限度、能力和维护保养要求，提供设备操作、维护保养方面的培训，提供设备安装及验证的技术服务。

（4）研究开发部门 对一个开发的新产品，确定待验证的工艺条件、标准、限度及检测方法；起草新产品、新工艺的验证方案；指导生产部门完成首批产品验证等。

（5）其他部门 环境监控、统计、培训、安全等部门的工作也需要进行验证。如环境监控部门负责监控厂区环境空气、水源的质量，而质量保证部门负责洁净室（区）的微粒与微生物的监控等。

（二）验证的基本程序

企业必须具备 GMP 基本条件才能实施验证。在人员、设备、环境等条件偏离了 GMP 的标准时，产品质量保证就失去了基础。利用有限次数的验证试验去证明工艺的可靠性和重现性将没有任何实际意义。因此，GMP 是实施验证的必要条件。

实施验证时应注意不能用反证法。按照统计学的原理，在对产品无菌要求高、污染品所占比例小的情况下，无菌检查存在极大的局限性。因此，灭菌工艺、无菌灌装工艺验证必须按前验证的要求做，而不能仅仅采用成品无菌检查的结果来反证灭菌工艺和无菌灌装工艺的可靠性。同样，固体制剂关键工序也不宜仅用最终成品含量测定结果来反证工艺的合理性和可靠性。

基于上述基础和理念指导开展验证工作，基本程序如下。

1. 提出验证要求

企业相关职能部门依据验证总计划，结合工作进展需求，对本部门相关内容提出验证需求。如对于产品研发部门，因生产过程验证起始于产品的研究与开发这一阶段，必须提出相关验证要求：①新产品的质量特性；②生产产品所需要的原辅料和包装材料的质量标准；③工艺要求；④制订出产品生产规程（所有生产步骤和条件都应保证产品的生产达到规定的质量标准，规程还应包括必要的过程控制，并定义允许的合格限度）；⑤外部条件可能对产品质量影响的验证；⑥检验方法的验证。

2. 建立验证实施小组

根据验证工作需要，结合企业自身条件，成立相应的验证组织，保证验证工作的完成。

3. 提出验证项目

验证项目是验证总计划的子系统计划，一般由企业各职能部门提出，如生产设备验证项目由生产车间提出，生产工艺变更验证由技术部门提出，公用工程验证项目由工程部门提出，检验方法验证项目由质量检验部门提出。验证总负责人批准后立项。

4. 制定和批准验证方案

制定验证方案有两种方式：一种方式是由设计单位或委托的咨询单位提供草案，经制药企业的验证委员会讨论、修订后会签；另一种方式是由提出验证项目的部门起草，由质量保证部门及项目相关部门会签。

不同的验证对象应制定不同的验证方案，如设备验证方案、环境验证方案、介质确认方案、生产过程验证方案、产品确认方案等。验证方案的内容有验证范围、验证目的、实施验证的人员、测试方法、实施验证所需要的条件（人员、设备、仪器、物资等）、合格标准、漏项和偏差等。

建议人完成验证方案初稿，验证委员会所有成员传阅并提出修改意见，统一意见后，验证方案批准、生效。

5. 组织实施验证

验证小组是验证方案的实施者，其成员来自几个相关职能部门，并事先经过验证培训。由验证项目负责人根据验证方案所规定的方法、步骤、标准具体实施。验证小组应严格按验证方案分工实施，验证的原始记录应及时、清晰并有适当的说明。验证过程中必然会出现一些没有预计到的问题、偏差，甚至出现无法实施的情况，这种情况称为漏项。漏项应作为验证的原始记录在记录中详细说明，并作为验证方案的附件，附在验证报告中。

6. 提出验证报告

验证报告是一份由验证实施记录所组成的文件。当某一系统（项目）的所有验证活动完成后，验证项目负责人应及时汇总验证结果，完成相应的验证报告。

7. 批准验证报告

验证报告完成后，经验证委员会批准后生效。一般由项目负责人完成验证报告的初稿，验证委员会所有成员传阅并提出修改意见，统一意见后验证报告批准、生效。

8. 建立验证档案

将与验证工作有关的文件归档、编号，以便日后查找，最终建立完整的验证档案。

（三）验证文件管理

验证文件（Validation Document，VD）的媒介可以是纸张、计算机磁盘、光盘或其他电子媒体、照片等单一形式或多种形式的组合。验证文件作为药品生产文件体系中的一个组成部分，它是验证活动的基础和依据，同时也是实施验证的证据。

1. 验证文件标识

验证文件的制定需经过与其他文件一样的制定程序，在文件编码标识方面验证文件有相关的通用词（表 A-2）。

表 A-2　缩略词与对应含义及英文全称

缩略词	含义及英文全称
VP	验证方案（Validation Protocol）
IQ	安装确认（Installation Qualification）
OQ	运行确认（Operation Qualificaiton）

缩略词	含义及英文全称
PQ	性能确认（Performance Qualification）
PV	产品验证（Product Validation）
PV	工艺验证（Process Validation）
GVR	验证总报告（General Validation Report）
VMP	验证总计划（Validation Master Plan）
VTP	验证实验规程（Validation Test Procedure）

一般 P 表示计划或方案、R 表示报告、S 表示小结。例如 000-VMP-P1，000 为数字，是某一设备或系统的代号，可预先确定；P1 表示类别和版本号，即为验证总计划，计划类文件第一版。再如 VTP-002-00，002 为 VTP 的第 2 号文件；最后二位数字为版本号或修订程序号，表示验证试验规程 2 号文件原始版本。

2. 验证文件种类

验证文件除标准类的验证文件如验证技术标准、验证标准管理规程（SMP）及 SOP 之外，还有在验证全过程中形成的相关文件，主要包括以下几种。

（1）验证总计划　现行版 GMP 第一百四十六条指出，验证总计划或其他相关文件中应当作出规定，确保厂房、设施、设备、检验仪器、生产工艺、操作规程和检验方法等能够保持持续稳定。验证总计划是确认和验证的策略、职责以及整体的时间框架。

验证总计划

· 概述
　· 公司的确认和验证方针，对于验证总计划所包含的操作的一般性描述，位置和时间安排（包括优先级别）等
　· 所生产和检测的产品
· 各部门的职责和组织结构
　· 负责下列工作的部门或人员
　　· 验证总计划
　　· 起草确认和验证方案、报告
　　· 确认和验证的实施
　　· 批准确认和验证文件

· 所有厂房、设施、设备、仪器等的清单以及确认的需求
　· 所有厂房、设施、设备、检验仪器等, 以及对它们是否需确认的评估结论
　· 确认的状态
　· 下一次再评估或周期性再确认的日期（计划）
· 所有工艺过程、分析方法和清洁程序的清单以及验证的需求
　· 所有生产工艺、分析方法、清洁/消毒/灭菌程序、其他过程（如运输），以及对它们是否需验证的评估结论
　· 验证的状态
　· 下一次再评估或周期性再验证的日期（计划）
· 所有计算机化系统的清单以及验证的需求
　· 所有计算机化系统，以及对它们是否需验证的评估结论
　· 验证的状态
　· 下一次再评估或周期性再验证的日期
· 确认和验证文件的格式: 对确认和验证的方案及报告的格式进行规定
· 计划
　· 制定上述确认和验证活动的计划，包括时间安排等

除上述公司整体的验证总计划外，企业还可以根据需要建立针对项目或针对特定产品的验证总计划。

（2）验证方案　验证方案（Validation Protocol）是陈述如何进行验证的书面计划或方案，包括测试参数、产品特性、生产设备及主要组分认可的检验结果。验证方案不仅是实施验证的工作依据，也是重要的技术标准。验证方案制定一般由验证小组组长起草，并由主管部门负责人审核，必要时应组织有关职能部门进行会审。例如设备验证方案由来自设备管理部门或工程部门的主管负责起草；生产工艺的验证方案由来自生产部门的主管负责起草；检验方法的验证方案由质量检验部门（QC）负责人起草，而后分别由各自的部门主管审核。

验证方案的关键信息有：简介、背景、验证范围、实施验证的人员、试验或检查的项目、试验的方法和程序、合格标准、与偏差表、附录。在对关键信息描述时应注意以下几点：①充分详细描述工艺验证如何进行，使用什么物料和设备，谁负责执行，回顾，批准和记录。②根据研发报告或注册资料确定药品每片和每批的处方量，各成分的功能，物料及其编码。参考的原料、辅料和包装材料质量标准和检验规程。③参考的生产规程及其版本号，全部工艺包括过程控制的总流程图，工艺使用的仪器、设备，控制仪器及辅助器具（如过滤器、管等）及其编号的列表。④验证所需药品连续批的批号及其批量，如可能验证批使用不同批次的原料。⑤为了提供充足的验证数据显示工艺的连续性，在质量风险分析中确定影响产品质量的关键工艺参数的目

标值、操作范围及其各自的过程控制检验，特定的验证检验等需一一列出。⑥取样应有充分的数据点（样品）证明工艺是自始至终包括潜在的中断是在完全控制下，取样频率一般要比正常生产高，取样规程应科学合理可参考相关 SOP 和质量风险分析报告，所有样品须有明确的编码。⑦参考的产品/工艺特定的分析方法和相关 IPC 检验，项目参考的特定方法及记录和评估检验结果及其统计分析的 SOP。⑧验证时间表及适用的验证主计划，如果没有在相关 SOP 及相关工作描述中规定，则需确定执行验证活动和批准结果的负责人。⑨设备和药品及其源于质量风险分析的特定接受标准，一般生产标准和项目特定要求。⑩任何必要的辅助研究如中间体存放时间，容器盖完整性验证，运输验证，或注明参考的文件。

需强调的是，对验证对象（如设备、工艺过程等）需要用流程图及文字说明进行描述；对挑战性试验的内容、检验方法以及认可的标准，应慎重对待、详细说明。工艺验证方案（产品验证阶段的方案）中要求至少 3 个连续批的生产性试验。

（3）验证报告　验证活动、测试结果以及最终的评估必须全面记录在验证报告（Validation Report）中。验证报告的关键信息有验证项目名称、验证对象、验证日期、验证人员 、验证结果（包括验证方案实施情况、数据综述、偏差情况分析）、最终结论。在准备写验证报告时，必须按照验证方案的内容进行审查与核对。应注意以下几点：①核对验证是否按规定方法与步骤进行；②验证过程对原方案有无修改；③若对验证方案有修改，是否按规定程序办理批准手续；④验证记录是否完整；⑤验证结果是否符合原定合格标准；⑥如有偏差或因故无法进行的试验，是否进行分析及合理的解释，并经批准。

（4）确认　确认包括设计确认（Design Qualification，DQ）、安装确认（Installation Qualification，IQ）、运行确认（Operational Qualification，OQ）、性能确认（Performance Qualification，PQ）。设计确认（DQ）也被称为预确认，应当证明厂房、设施、设备的设计符合预定用途和 GMP 要求；通常是对项目设计方案的预审查，包括平面布局、水系统、净化空调系统、待订购设备对生产工艺适用性的审查及对供应厂商的选定等。安装确认（IQ）应当证明厂房、设施、设备的建造和安装符合设计标准；主要是在机器设备安装后进行的各种系统检查及技术资料的文件化工作，确认生产设备及辅助系统能够在规定的限度和偏差范围内稳定操作。运行确认（OQ）应当证明厂房、设施、设备的运行符合设计标准；即是为证明设备达到设计要求而进行的运行试验及文件化工作。性能确认（PQ）应当证明厂房、设施、设备在正常操作方法和工艺条件下能够持续符合标准；是为证明设备或系统达到设计性能的试验，通常是进行模拟生产试验。

关于确认相关文件要求详见 D 设备确认。

三、能力训练

能力训练内容为验证总计划的制定。

（1）实践目的　熟悉验证机构组成成员；熟悉验证总计划的制定和验证基本内容；掌握验证相关术语。

（2）实践内容　验证工作需通过验证组织开展，以小组为单位准备资料并完成以下工作：模拟一个制药企业，成立验证委员会，制定企业验证的总计划，并深入了解其中一个验证案例。

（3）实践要求　介绍企业主要产品，企业验证组织机构，验证总计划组成，以及从本企业的验证总计划中举例说明属于哪一种验证（前验证、同步验证、回顾性验证、再验证）。

四、课后思考

（一）单项选择题

1. 验证工作的实施情况说法错误的是（　　　）

A. 验证委员会负责批准验证总计划

B. 验证管理部门由 QA 部门担纲，验证文件的批准审核

C. 验证实施小组负责承担子项目的具体实施工作

D. 验证实施小组一般由各部门成员如设备部、QA 部和生产部共同参与

2. 运行确认的英文缩写是（　　　）

A. IQ　　　　　　B. OQ　　　　　　C. PQ　　　　　　D. DQ

（二）综合题

验证方案和验证报告可以用一套文件，这样的说法是否正确？请分析。

扫一扫

数字资源
课后思考答案

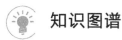 **知识图谱**

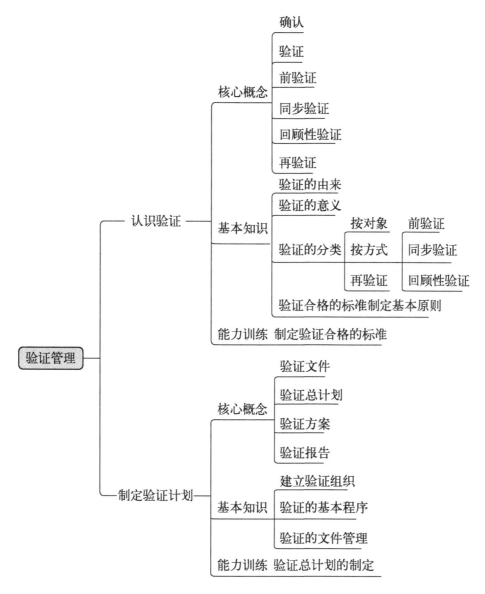

B
厂房与设施验证

 学习目标

1. 掌握　HVAC 系统验证的验证项目及要求；制药用水系统验证的验证项目和要求；过滤系统验证项目及要求。

2. 熟悉　HVAC 系统的组成和功能；制水系统的组成和功能；过滤系统的组成和功能。

3. 了解　空气净化系统、制药用水系统、除菌过滤器等工作原理。

4. 能　按照 HVAC 系统、制水系统、过滤系统等的验证方案开展验证工作。

5. 会　判断和分析 HVAC 系统、制水系统及过滤系统的各项检测指标并分析可能原因。

B-1　HVAC 系统验证

扫一扫

数字资源B-1
HVAC系统验证视频

一、核心概念

（1）空气净化系统　亦称采暖通风与空气调节系统（heating and ventilation and air conditioning ，HVAC)，由空气净化处理、空气输送和分配等设备组成，对空气进行冷却、除湿、加热、加湿、净化处理后，由送风口向室内送入，室内滞留的灰尘和细菌被洁净空气稀释后由回风口排出室外，或由回风口经空气过滤除去灰尘和细菌，再进入系统的回风管路。

（2）组合式空调机组　由各种空气处理功能段组装而成的一种空气处理设备

（图 B-1）。适用于阻力大于或等于 100Pa 的空调系统。空气处理功能段是指具有对空气进行一种或几种处理功能的单元体。

图 B-1　组合式空调机组

（3）送风量　单位时间内从末端过滤器或风管送入设施的体积空气量。

（4）换气次数　单位时间的换气值，以单位时间送入的空气体积除以该空间的体积计算。

（5）空态、静态和动态　空态是指洁净室（区）在 HVAC 系统已安装完毕且功能完备的情况下，但是没有生产设备、原材料或人员的状态。静态指所有生产设备均已安装就绪，但没有生产活动且无操作人员在场的状态。动态是指生产设备按预定的工艺模式运行并有规定数量的操作人员在现场操作的状态。静态还可分为静态 a 和静态 b 两种，静态 a 是指洁净室（区）在净化空气调节系统已安装完毕且功能完备的情况下，生产工艺设备已安装、洁净室（区）内没有生产人员的状态；静态 b 是指洁净室（区）在生产操作全部结束，生产操作人员撤离现场并经过 20min 自净后的状态。

（6）自净时间　洁净室（区）被污染后，HVAC 系统开始运行至恢复稳定的规定室内洁净度等级的时间。常用的测试方法为 100∶1 自净时间，即粒子浓度降低至 0.01 倍初始浓度所需时间。

二、基本知识

在药品生产过程中存在着多种影响药品质量的因素，包括环境空气带来的污染、药品间的交叉污染和混淆、操作人员的人为差错等。为此，应建立起一套严格的药品质量体系和生产质量管理制度，最大限度地减少影响药品质量的风险，确保患者的安全用药。

作为药品生产质量控制系统的重要组成，药品生产企业主要通过 HVAC 系统对药品生产环境的空气温度、湿度、悬浮粒子、微生物等进行控制和检测，确保环境参数符合法规的要求，避免空气污染和交叉污染的发生，同时为操作人员提供舒适的环境。此外，HVAC 系统还可以防止和减少药品在生产过程中对人造成的不利影响，并且保护周围的环境。

（一）法规对药品生产受控环境的基本要求

我国现行版《药品生产质量管理规范》（GMP）附录中，将药品生产企业洁净室（区）的空气洁净度级别定为四个等级，并对药品生产环境的基本要求作了明确规定。

1. 对空气悬浮粒子的规定

《药品生产质量管理规范》（2010 年修订）无菌药品附录

第八条　洁净区设计必须符合相应洁净度要求，包括达到"静态"和"动态"标准。

第九条　无菌药品生产所需洁净区可分为以下 4 个级别。

A 级：高风险操作区，如灌装区、放置胶塞桶和与无菌制剂直接接触敞口包装容器区域及无菌装配或连接操作区域，应当用单向流操作台（罩）维持该区环境状态。单向流系统在其工作区域必须均匀送风，风速为 0.36~0.54m/s（指导值）。应当有数据证明单向流状态并经过验证。

在密闭隔离操作器或手套箱内，可使用较低风速。

B 级：指无菌配制和灌装等高风险操作 A 级洁净区所处背景区域。

C 级和 D 级：指无菌药品生产过程中重要程度较低操作步骤洁净区。

法规中对各级别空气悬浮粒子标准规定如表 B-1 所示。国际标准化组织下属的洁净室（区）及相关受控环境技术委员会（ISO/TC 209）制定了"洁净室（区）及相关控制环境国际标准"（ISO 14644-1），按照国际标准进行分级，将洁净度级别限定在 ISO 1 级至 ISO 9 级，我国 GMP 中规定的 A、B、C、D 四个级别分别对标上述文件中规定的洁净室（区）受控环境悬浮粒子浓度相应级别（表 B-1），悬浮粒子数测试方法亦可参照该文件。

表 B-1　各级别空气悬浮粒子标准规定

洁净度级别	悬浮粒子最大允许数/m³					
	静态			动态		
	$\geqslant 0.5\mu m$	$\geqslant 5.0\mu m$	ISO 级别	$\geqslant 0.5\mu m$	$\geqslant 5.0\mu m$	ISO 级别
A 级	3520	20	ISO 4.8	3520	20	ISO 4.8
B 级	3520	29	ISO 5	352000	2900	ISO 7

续表

洁净度级别	悬浮粒子最大允许数/m³					
	静态			动态		
	≥0.5μm	≥5.0μm	ISO 级别	≥0.5μm	≥5.0μm	ISO 级别
C 级	352000	2900	ISO 7	3520000	29000	ISO 8
D 级	3520000	29000	ISO 8	不作规定	不作规定	

在确认洁净度级别时，应当使用采样管较短的便携式尘埃粒子计数器，避免≥5.0μm悬浮粒子在远程采样系统长采样管中沉降，A级测定时每个采样点采样量不得少于1m³。在单向流系统中，应当采用等动力学取样头。

动态测试可在常规操作、培养基模拟灌装过程中进行，证明达到动态洁净度级别，但培养基模拟灌装试验要求在"最差状况"下进行动态测试。

《药品生产质量管理规范》（2010 年修订）无菌药品附录

第十一条　应当对微生物进行动态监测，评估无菌生产微生物状况。监测方法有沉降菌法、定量空气浮游菌采样法和表面取样法（如棉签擦拭法和接触碟法）等。动态取样应当避免对洁净区造成不良影响。成品批记录审核应当包括环境监测结果。

对表面和操作人员监测，应当在关键操作完成后进行。在正常生产操作监测外，可在系统验证、清洁或消毒等操作完成后增加微生物监测。

---

2. 对微生物限度的规定

洁净室（区）微生物监测动态标准如表 B-2 所示。

表 B-2　洁净室（区）微生物监测动态标准

洁净度级别	浮游菌 /(cfu/m³)	沉降菌（φ90mm） /(cfu/4h)	表面微生物	
			接触（φ55mm） /(cfu/碟)	5 指手套 /(cfu/手套)
A 级	<1	<1	<1	<1

续表

洁净度级别	浮游菌/(cfu/m³)	沉降菌（φ90mm）/(cfu/4h)	表面微生物	
			接触（φ55mm）/(cfu/碟)	5指手套/(cfu/手套)
B 级	10	5	5	5
C 级	100	50	25	—
D 级	200	100	50	—

表 B-2 中的限度值均表示平均值。测定时采用单个沉降碟暴露时间可以少于 4h，同一位置可使用多个沉降碟连续进行监测并累积计数。

3. 对无菌药品生产过程的环境要求

无菌药品按其最终去除微生物的方法不同，可分为最终灭菌产品和非最终灭菌产品两类。GMP 对于无菌药品各生产工艺过程洁净度级别的具体规定见表 B-3。

表 B-3　无菌药品生产操作岗位洁净度级别的要求

	洁净度级别	（无菌）生产操作
最终灭菌产品	C 级背景下的局部 A 级	高污染风险的产品灌装（或灌封）
	C 级	产品灌装（或灌封） 高污染风险产品的配制和过滤 眼用制剂、无菌软膏剂、无菌混悬剂等的配制、灌装（或灌封） 直接接触药品的包装材料和器具最终清洗后的处理
	D 级	轧盖 灌装前物料的准备 产品配制（指浓配或采用密闭系统的稀配）和过滤直接接触药品的包装材料和器具的最终清洗

续表

洁净度级别		（无菌）生产操作
非最终灭菌产品	B 级背景下的 A 级	处于未完全密封状态下产品的操作和转运，如产品灌装（或灌封）、分装、压塞、轧盖 灌装前无法除菌过滤的药液或产品的配制 直接接触药品的包装材料、器具灭菌后的装配、存放以及处于未完全密封状态下的转运 无菌原料药的粉碎、过筛、混合、分装
	B 级	处于未完全密封产品置于完全密封容器内的转运 直接接触药品的包装材料、器具灭菌后处于完全密封容器内的转运
	C 级	灌装前可除菌过滤的药液或产品的配制 产品的过滤
	D 级	直接接触药品的包装材料、器具的最终清洗、装配或包装、灭菌

4. 对非无菌产品生产过程的环境要求

口服液体和固体制剂、腔道用药（含直肠用药）、表皮外用药品等非无菌制剂生产的暴露工序区域及其直接接触药品的包装材料最终处理的暴露工序区域，应当参照GMP"无菌药品"附录中 D 级洁净室（区）的要求设置。根据产品的标准和特性也可对该区域采取适当的微生物监控措施。非无菌原料药的精制、干燥、粉碎、包装等生产操作的暴露环境亦按 D 级设置。

此外，GMP 还规定了洁净室与非洁净室之间、不同级别洁净室之间的压差应当不低于 10Pa。必要时，相同洁净度级别的不同功能区域（操作间）之间也应当保持适当的压差梯度。

知识链接

各国法规对空气悬浮粒子的要求比较

各主要国家/组织对药品生产受控环境的空气悬浮粒子指标，均以 ISO 的分级标准为准。ISO 将空气悬浮粒子浓度作为洁净室受控环境的唯一指标，并且涵盖了 0.1~5μm 的粒子浓度范围。而各国的 GMP 仅对 0.5μm 和 5.0μm 两种粒子浓度有规定，WHO 则分为 0.5~5.0μm 和大于 5.0μm 两种规格。FDA 的 GMP 标准仍采用每立方英尺含 0.5μm 微粒数作为分级标准。

EMEA（欧洲药物评审组织）、WHO 的 GMP 规范对无菌药品受控环境的悬浮粒子分别有"静态"和"动态"两种标准，并且规定了系统从"动态"恢复到"静态"的时间限度，即生产结束后，人员撤离，经过 15~20min 后完成自净。

FDA 的 GMP 规范对受控环境的悬浮粒子指标仅适用于"动态"，但建议周期性的进行静态微粒浓度测量，以监测洁净区的总体情况。同时 FDA 的标准中没有与 EMEA 规范相当的 D 级。

各 GMP 规范均对药品生产受控环境的微生物限度有规定，如浮游菌、沉降菌、接触碟和手套接触法等，并且均规定了相应的监测限和行动限。中国 GMP 与 EMEA 的 GMP 在洁净度级别、空气悬浮粒子浓度、微生物限度等指标上完全一致。但中国 GMP 对非无菌药品的生产环境，明确规定参照无菌药品的 D 级标准，而其他相关法规则无此要求。

（二）HVAC 系统组成和功能

空气净化处理包括空气过滤、组织气流排污、控制室内静压等综合措施，为达到法规要求，对空气净化系统（HVAC）各组件均有具体要求。

1. 空气过滤器

见图 B-2。

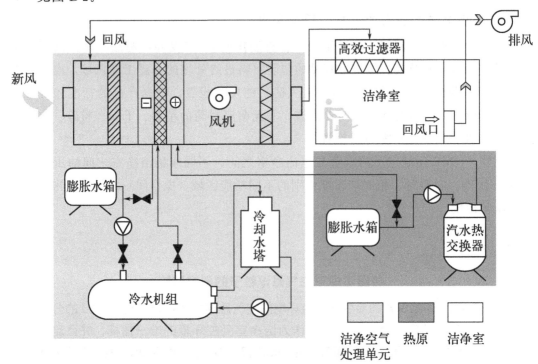

图 B-2　HVAC 系统的组成单元及工作原理

(1) 空气过滤器的性能指标　评价空气过滤器的性能指标主要有四项：风量、过滤效率、空气阻力和容尘量。

① 风量：是指单位时间内通过过滤器的洁净空气总体积，是衡量过滤器通风量大小的特征指标。风量大小与过滤器截面面积和截面风速有关，通过过滤器的风量（m³/h）＝过滤器截面风速×过滤器截面积。

② 过滤效率和穿透率：过滤效率（η）是指在额定风量下，过滤前、后空气中的含尘浓度 c_1、c_2 之差与过滤前空气含尘浓度 c_1 的百分比，是衡量过滤器捕获能力的一个特征指标，是过滤器的重要参数之一。

$$\eta = \frac{c_1 - c_2}{c_1}$$

当含尘浓度以重量浓度（mg/m³）表示时，η 为计重效率；当含尘浓度以大于或等于某一粒径（如≥0.5μm 等）颗粒计数浓度（个/L）表示时，η 为计数效率（计数效率中若按某粒径范围的颗粒浓度来表示，则为粒径分组计数效率）。

在 HVAC 系统中，一般需要多个空气过滤器串联使用，如初效过滤器（η_1）和中效过滤器（η_2）组合使用，串联后的总过滤效率为：$\eta = 1 - (1 - \eta_1)(1 - \eta_2)$，如设有 n 个空气过滤器串联，则总过滤效率为：$\eta = 1 - (1 - \eta_1)(1 - \eta_2) \cdots (1 - \eta_n)$。

穿透率（k）是指过滤后空气含尘浓度（c_2）与过滤前空气含尘浓度（c_1）的百分比，即：

$$k = \frac{c_2}{c_1} = 1 - \eta$$

k 值比较明确地反映了过滤后的空气含尘量，同时表达了过滤的效果。例如：两台高效过滤器的过滤效率分别是 99.99% 和 99.98%，看起来性能很接近，实则其穿透率相差 1 倍。因此，用穿透率来评价空气过滤器的最终过滤效果往往更为直观。

③ 容尘量：是指在额定风量下达到终阻力时过滤器内部的积尘量。超过容尘量，已捕集的尘粒将会再次飞扬到洁净空气中，降低过滤效率。容尘量一般定为过滤器初阻力的两倍或过滤效率降至初值的 85% 以下。

④ 阻力：空气流经过滤器所遇到的阻力由滤材阻力和过滤器结构阻力两部分组成。滤材阻力和滤速的一次方成正比，并随容尘量的增加而增大。一般将新过滤器使用时的阻力称为初阻力，把过滤器容尘量达到规定最大值时的阻力称为终阻力。一般中效与高效过滤器的终阻力大约为初阻力的 2 倍。

(2) 空气过滤器的分类　空气过滤器根据过滤效率高低，可分为粗效过滤器、中效过滤器、亚高效过滤器和高效过滤器等。各个国家的空气过滤器分类标准基于不同的测试材料和粒径，采用不同的测量方法，不同体系之间无法进行准确的比较，如欧洲标准为 EN779/1822、美国标准为 ASHRAE52.2，我国空气过滤器分类见图 B-3，具体参数见表 B-4。

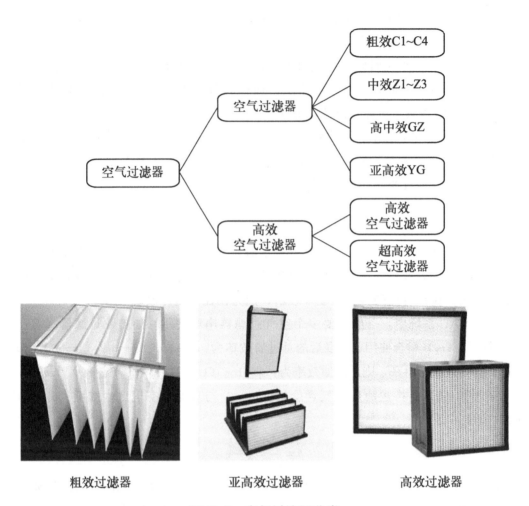

粗效过滤器　　　　　亚高效过滤器　　　　　高效过滤器

图 B-3　空气过滤器分类

表 B-4　空气过滤器具体参数

过滤效率	代号	迎面风速 /(m/s)	过滤对象	额定风量下效率（η）/%	额定风量下初阻力/Pa	额定风量下终阻力/Pa
粗效	C4	2.5	标准人工尘（计重效率）	$50 > \eta \geqslant 10$	≤50	100
	C3			$\eta \geqslant 50$		
	C2		粒径≥2.0μm	$50 > \eta \geqslant 20$		
	C1			$\eta \geqslant 50$		

续表

过滤效率	代号	迎面风速/(m/s)	过滤对象	额定风量下效率（η）/%	额定风量下初阻力/Pa	额定风量下终阻力/Pa
中效	Z3	2.0	粒径≥0.5μm	40>η≥20	≤80	160
	Z2			60>η≥40		
	Z1			70>η≥60		
高中效	GZ	1.5		95>η≥70	≤100	200
亚高效	YG	1.0		99.9>η≥95	≤120	240
高效	A	—	钠焰法	99.9>η≥99.99	≤190	—
	B			99.999>η≥99.99	≤220	—
	C			η≥99.999	≤250	—

由于空气中所含尘粒的粒度范围非常广，粗效、中效过滤器一般用于过滤较大粒径的尘埃颗粒，对粒径小于 $0.5\mu m$ 的尘埃颗粒的过滤效率较低，而亚高效、高效过滤器为一次性产品，无法清洗和反复利用，使用成本较高。因此空气过滤器的组合通常选用初效过滤器、中效过滤器、亚高效过滤器、高效过滤器中的两级或三级组合过滤方式。

（3）高效过滤器　高效过滤器（High Efficiency Particulate Air，HEPA）是在额定风量下对粒径≥0.3μm 粒子的捕集效率在 99.9％以上，且气流阻力在 250Pa 以下的空气过滤器，是实现药品生产车间内高洁净度空气净化的关键设备，D 级及以上洁净度级别的洁净室（区）普遍采用高效过滤器进行终端过滤。

高效过滤器的安装要求较高，要求安装后不得有泄漏处，许多生产企业 HVAC 系统验证实践结果表明，高效过滤器安装后的检漏是最难通过的一项检验。一方面，高效过滤器本身可能存在缺陷（如内部存在微小孔洞），导致其过滤效率大大降低，另一方面，高效过滤器的安装质量很大程度上决定了安装后能否到达设计要求，安装不严密形成的微小缝隙可导致悬浮粒子及微生物泄漏，从而破坏生产车间内洁净度级别。

因此，高效过滤器安装或更换后，必须对过滤器和安装连接处进行检漏，发现高效过滤器及其安装的缺陷所在，以便采取补救措施，全部修补点的总面积一般要求不超过过滤器面的 5%。高效过滤器检漏试验是粒子测定的基础，其重要性不亚于粒子测定。空气流速、气流均匀度达到设计要求，并且检漏试验合格，才能保证生产车间洁净度级别。

2. 洁净室（区）的气流组织形式

洁净室（区）内的气流形式通常设计为单向流、非单向流以及混合流三种形式。

（1）单向流　单向流是指流线平行、单一方向的气流，能形成均匀的断面流速。单向流的流形类似于汽缸内的活塞动作，把室内发生的粉尘以整层气流形式推出室外，洁净室（区）在 HVAC 系统启动后能在较短时间内达到并保持较高洁净度级别。

单向流方式分为垂直单向流和水平单向流两种（图 B-4）。垂直单向流高效过滤器送风口布满顶棚，格栅地板做成回风口，气流在过滤器的阻力下形成送风口处均匀分布的垂直向下的洁净空气流，将操作人员和工作台面的粉尘带走。水平单向流高效过滤器送风口满布洁净室（区）一侧墙面，对面墙上满布回风格栅作为回风墙，洁净空气沿水平方向均匀地从送风墙流向回风墙。

单向流系统在其工作区域必须均匀送风，风速为 0.36~0.54m/s（指导值）。应当有数据证明单向流的状态并经过验证。

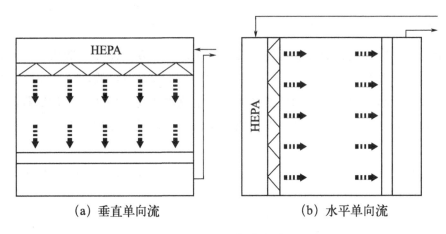

(a) 垂直单向流　　　　　　　　(b) 水平单向流

图 B-4　单向流方式

（2）非单向流　非单向流形式包括湍流和辐流两种。湍流是指气流具有不规则的运动轨迹，也称乱流、紊流。湍流方式和单向流方式相比，由于受到送风口形式和布置的限制，不可能使室内获得很大的换气次数，而且不可避免地存在室内涡流，涡流则会导致室内空气无法更新。辐流也称矢流，该流线不平行但不交叉，它的净化功能不同于乱流方式的稀释作用，也不同于单向流方式流线平行的活塞作用，而是靠流线不交叉气流的推动作用将室内尘粒排出室外，缺点是气流在障碍物后会形成涡流。

制药行业中对非单向流的设计一般为顶送下侧回的方式（图 B-5），室内送风口和排风口相对于污染源以及气流障碍物的位置对于污染控制十分重要，可通过调整末端送风口和排风口位置，使产品和操作人员得到防护。过高的风速可能会在操作人员附近产生涡流或漩流，增加了在有害物质下暴露的风险。

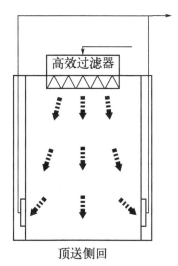

顶送侧回

图 B-5　非单向流方式

（3）混合流　对比来说，整体性单向流设计及运行成本会大大超出非单向流，而非单向流对环境维持效果又远远低于单向流，混合流的出现大大改善了这一问题。见图 B-6。

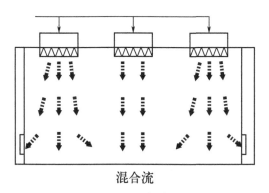

混合流

图 B-6　混合流方式

3. 洁净室（区）的换气次数

换气次数是送风量与房间体积的比值，指单位时间内，在一定风量下，将洁净室（区）内空气全部更换的次数，其单位是次/小时。

洁净室（区）的送风量应根据自净时间确定洁净室（区）换气次数，并与其他要求下的各项风量进行比较，取其中的最大值：①根据洁净要求所需的风量；②根据室内热平衡和稀释有害气体所需的风量；③根据室内空气平衡所需的风量。见表 B-5。

表 B-5　不同洁净级别的风速和换气次数要求

洁净级别	风速	换气次数	过滤器[①]
A	0.36~0.54 m/s	—	H14
B	—	≥45	H14
C	—	≥25	H14
D	—	≥20	H13

① 针对 0.3μm 粒子：H13 99.97%~99.99%，H14 过滤效率一般是指 99.995%~99.999%。

4. 洁净室（区）的静压差控制

洁净室（区）外空气的渗入是其污染的主要原因之一，为防止邻室的污染或者污染邻室，应在洁净室（区）内维持一个高于或低于邻室的空气压力。

气流总是从压力高的地方流向压力低的地方，合理利用压差能有效控制气流的流向，从而控制交叉污染的风险，常用的方法有：①提高关键操作房间的静压差；②降低产生污染的操作间静压差；③采用气闸将洁净与非洁净室（区）隔离。

洁净室（区）内空气压力的调节，可通过在回风管及新风管上设风量调节阀，使送风量大于或小于排风量与回风量之和的办法来达到。送风量大于排风量与回风量之和则实现正的静压差，反之，则实现负的静压差。

压差设定原则是：洁净室（区）与非洁净室（区）之间、不同等级洁净室（区）之间的压差应不低于10Pa，相同洁净度等级、不同功能的操作间之间应保持适当的压差梯度，以防止污染和交叉污染，洁净级别高的房间呈相对正压。工艺过程中产生大量粉尘、有害物质、易燃易爆物质的工序，其操作室与其他房间之间应维持相对负压，如青霉素类高致敏性药品的分装室相对同一空气洁净度级别的邻室应保持相对负压。

5. 洁净室（区）的温湿度控制

通常可采用加热盘管、电加热器、冷却盘管、加湿器、除湿器等进行空气的温湿度处理。此部分功能通常包含在组合式空调机组中，有时，也会针对局部的温湿度控制安装独立的温湿度控制功能段。

洁净室（区）的温度和相对湿度应与药品生产要求相适应，应保证药品的生产环境和操作人员的舒适感。当药品生产无特殊要求时，洁净室（区）的温度范围可控制在 18~26℃，相对湿度控制在 45%~65%。当工艺和产品有特殊要求时，应按这些要求确定温度和相对湿度。

（三） HVAC 系统验证方法

HVAC 系统验证与设备确认程序相同，也包括了安装确认（IQ）、运行确认（OQ）、性能确认（PQ）三个阶段。

1. HVAC 系统的安装确认要点

（1）空调机组的安装确认　机器设备安装后，对照设计图纸及供应商提供的资料，检查并确认系统各单体设备安装是否符合设计要求。检查的项目有电、管道、蒸汽、自控、过滤器、冷却和加热盘管。设备供应商应提供产品合格证及盘管试压报告，安装单位应提供设备安装图及质量验收标准。

（2）风管制作和安装确认　风管制作及安装的确认应在施工过程中完成，主要是对照设计图、流程图检查风管的材质、保温材料、安装紧密程度和管道走向等是否符合国家标准。风管材质应选择镀锌钢板，保温材料应选择保温棉板，管道走向一般为"非"字结构；送风口、排风口、回风口等连接处应使用法兰密封。见图 B-7。

图 B-7　风管

HVAC 系统是由风管将空气处理设备、高效过滤器、送风口、回风口等设备设施连接起来，形成一个完整的空气循环系统。因此，风管是否安装到位对于 HVAC 系统能否正常运行至关重要。

（3）风管及空调设备清洁确认　洁净度 D 级及以上的 HVAC 通风管必须清洁，并且应在安装过程中完成。吊装前，先用清洁剂或酒精将内壁擦拭干净，并用 PVC 将风管的两端封住，等待吊装。

空调器拼装结束后，先内部清洗，再安装初效及中效过滤器。风机开启并运行 12h 后，把洁净室（区）四壁、顶棚、地面和静压箱四壁擦拭干净，确认整个系统无灰尘后，再安装末端的高效过滤器。

（4）风管漏风与漏光检查　可采用漏风法或漏光法检查。

① 风管漏风检测方法：将支管取下，用盲板和胶带密封开口处，将试验装置连接到被试风管上；关闭进风挡板，启动风机；逐步打开进风挡板，直到风管内静压值上升并保持在试验压力下，风管的咬口或其他连接处应没有张口、开裂等损坏的现象。

扫一扫

数字资源B-2
风管漏风检测动画

ISO 1～5 级洁净环境的风管应全部进行漏风试验；ISO 6～9 级洁净环境的风管应对 30％的风管并不少于 1 个系统进行漏风检查。检查时可以分段测试，也可以整体测试。

② 风管漏光检测方法：对一定长度的风管，在漆黑的周围环境下，用一个电压不高于 36V、功率 100W 以上、带保护罩的灯泡，在风管内从风管的一端缓缓移向另一端，若在风管外能观察到光线射出，说明有比较严重的漏光，应对风管进行修补后再检查。

扫一扫

数字资源B-3
风管漏光检测动画

风管漏光检验质量要求：风管所有孔洞（包括铆钉孔）接缝、接头、扳边外涂胶无漏涂现象；检查无漏光现象。

（5）高效过滤器检漏　高效过滤器（HEPA，图 B-8）本身的过滤效率一般由生产厂家检测，出厂时附有滤器过滤效率报告单和合格证明。对药企而言，HEPA 检漏是指高效过滤器及其系统安装后的现场检漏，主要是检查过滤器滤材中的小针孔和其他损坏，如框架密封、垫圈密封以及过滤器构架上的漏缝等。HEPA 检漏试验的目的

图 B-8　高效过滤器

是通过检测 HEPA 的泄漏量，发现 HEPA 及其安装过程中存在的缺陷，以便采取补救措施。主要测试的部位有：过滤器的滤材，过滤器的滤材与其框架内部的连接，过滤器框架的密封垫和过滤器组支撑框架之间，支撑框架和墙壁或顶棚之间。

目前高效过滤器的检漏试验已标准化，一种方法是以气溶胶作为尘源，以气溶胶光度计作为检测仪器；另一种方法是以大气尘作尘源，以粒子计数器作为检测仪器。气溶胶光度计读数为瞬时读数，便于扫描，巡检速度快。而粒子计数器读数为累积读数，不利于扫描，巡检速度慢；另外由于在被测高效过滤器的上风侧往往大气尘浓度较低，需补充发烟才能明显地发现泄漏。因此气溶胶光度计检漏法可弥补粒子计数器法检漏的不足之处。

气溶胶光度计测试法最开始采用的是邻苯二甲酸二辛酯（DOP），这是一种油性化学物质，加压或加热雾化之后，可以产生次微米等级的微粒，可用来仿真无尘室的微粒，因此被用作验证微粒。但有研究发现 DOP 具有致突变性，因此目前普遍采用聚 α-烯烃（polyaphaolefin，PAO）作为气溶胶。在被检测高效过滤器的上风侧释放 PAO 气溶胶烟雾作为尘源，在下风侧用气溶胶光度计进行采样，含尘气体经过气溶胶光度计产生的散射光由光电效应和线性放大转换为电量，并由微安表快速显示。采集到的空气样品通过光度计的扩散室时，由于粒子扩散引起灯光强度的差异，经测定该光的强度，气溶胶光度计便可测得气溶胶的相对浓度。

PAO 试验在高效过滤器安装或更换后都应进行，我国在 GMP 检查指南中建议在正常使用条件下一年一次。FDA 在无菌药品生产指南中建议对于无菌制剂生产车间每半年进行一次检漏。ISO 14644 对已安装高效过滤器的泄漏检测，建议的最长时间间隔为 24 个月。

数字资源B-4
高效过滤器检漏动画

当气溶胶光度计上的读数（穿透率）超过标准（如高效过滤器应小于 0.01%）时就视为过滤器不合格，需修补或更换。高效过滤器密封处的泄漏率应为 0。高效过滤器滤料泄漏处允许用专用胶水修补，但是单个泄漏处的面积不能超过总面积的 1%，全部泄漏处的面积总和不能超过总面积的 5%，否则必须更换。过滤器修理或重装后必须再次进行测试。

2. HVAC 系统的运行确认要点

HVAC 系统的运行确认是为证明 HVAC 系统能否达到设计要求和生产工艺要求而进行的实际运行试验。运行确认期间，所有的空调设备必须开动，与空调系统有关的工艺排风机、除尘机也必须开动，以利于空气平衡，调节房间的压力。

运行确认的主要内容有：空调设备的测试、高效过滤器的风速及气流流型测定、空调调试和空气平衡、悬浮粒子和微生物的预测定等。

运行确认可接受标准：①HVAC 系统的各项功能达到设计的要求，而且满足设计规定及 GMP 相关规定；②按厂商提供的说明书操作对照各 SOP 运行，起草的 SOP

应符合本系统。

（1）空调设备的测试 空调设备包括空调器和加湿机。空调器测试对象主要是风机、过滤器和介质。如风机的转速、电流、电压，过滤器的压差（初阻力）、效率，冷冻水、热水、蒸汽等介质的流量，盘管进出口压力、温度等。加湿机测试项目有处理风机和再生风机的转速、电流、电压、风量，蒸汽的压力或电加热的功率，再生排放温度等。

（2）风速和风量的测定 对于非单向流的洁净室（区），风速测定的目的是计算风量，首选采用风量罩，见图 B-9。但在实际检测中，有很多风口非标尺寸或过大，导致风量罩罩口无法完全罩住风口。此时，一般通过测定界面平均风速乘以截面积的方法可间接算出风量值。

图 B-9 风量罩

风速测量一般采用套管法或风管法。用热球风速仪测定各点风速，见图 B-10。在每个测点的持续测试时间应至少为 10s，要求实测室内平均风速应为设计风速的 $100\%\sim120\%$。

图 B-10 热球式风速仪

① 套管法：即用轻质板材或膜材做成与风口内截面相同或相近、长度等于2倍风口边长的直管段作为辅助风管，连接于过滤器风口外部，在辅助风管出口平面上，均匀划分小方格，方格边长不大于200mm，在方格中心设测点，最少不少于6点均匀布置测点。

② 风管法：对于高效过滤器风口的上风侧有较长的支管段且已经或可以打孔时，可用风管法在局部阻力部件前方和后方测定。在局部阻力部件后方测定时，应位于距离局部阻力部件不少于5倍管径或5倍长边处；在局部阻力部件前方测定时，应位于距离局部阻力部件不少于3倍管径或3倍长边处。

一般要求系统实测风量为设计风量的100%～120%，总实测新风量为设计新风量的90%～110%，各风口的风量为各自设计风量的85%～115%。

根据风量、房间容积计算换气次数，目的是确认洁净室（区）换气次数能否达到标准要求的换气次数，应符合洁净室（区）设计要求。

单向流风速在没有阻力和其他干扰的情况下，与气流方向垂直的断面上的风速应处处相等；但在实际工作中，阻力与干扰因素有很多，测试风速选择的位置就非常重要，离出风口距离越远，风速变化越大。因此，确定风速的测点位置应选择在风口送风的正下方接近风口的位置，一般选择距离出风口150～300mm处，而且测量时容易受边界干扰，因此应离开单向流区域边界，在距边界一定距离的位置均匀布置测点，测点数目根据区域面积而定。

单向流洁净室（区）还应进行截面风速不均匀度检测。首选测定架固定风速仪，不得不采用手持式风速仪时，手臂应伸直至最长位置，人体远离测头。一般人手操作的界面或者产品经过的位置都是关键控制部位，因此风速测试的截面就选择上述的界面。按照《洁净室（区）施工及验收规范》（GB 50591—2010）要求，垂直单向流洁净室（区）的测定截面取距地面0.8m的无阻隔面（孔板、格栅除外）的水平截面，如有阻隔面，该测定截面应抬高至阻隔面之上0.25m；水平单向流洁净室（区）取距送风面0.5m的垂直于地面的截面。确定风速测量的检测点个数时，把测定断面匀分成若干面积相等的格子，格子数即测点数。测点间距不应大于1m，一般取0.3m，测点数应不少于20个。实测室内平均风速应大于设计风速，但不应超过15%，实测室内新风量应大于设计新风量，但不应超过10%。

出风口的风速不均匀度是为了说明速度场的集中或离散程度，用于不同速度场的比较。洁净室（区）的界面风速不均匀度 β_v（应不大于0.25）按下式进行计算：

$$\beta_v = \frac{\sqrt{\dfrac{\sum (v_i - v)^2}{n-1}}}{v}$$

式中，β_v 为风速不均匀度；v_i 为任一点实测风速；v 为平均风速；n 为检测点个数。

（3）洁净室（区）气流形式的测定　气流方向的验证可采用烟雾发生器释放可见的烟雾进行观察。垂直单向流（层流）洁净室（区）的测定位置选择纵、横剖面各一个，以及距地面高度 0.8m、1.5m 的水平面各 1 个。水平单向流（层流）洁净室（区）的测定位置选择纵剖面和工作区高度水平面各 1 个，以及距送回风墙面 0.5m 和房间中心处等 3 个横剖面，所有面上的测点间距均为 0.2～1m。乱流洁净室（区）选择通过代表性送风口中心的纵剖面、横剖面和工作区高度的水平面各 1 个，剖面上测点间距为 0.2～0.5m，水平面上的测点间距为 0.5～1m，两个风口之间的中线上应有测点。

气流组织检测时应在 HVAC 系统或层流罩正常运行并使气流稳定后进行。检测送风口或层流罩的风速符合规定要求。检查压差表读数，确认洁净室（区）压差符合规定要求。用烟雾发生器在规定的测点以及"典型位置"（产品或原料在工作环境中暴露的上方及四周等）释放可见的烟雾，并随气流形成可见的流线，见图 B-11。用发烟器或悬挂单丝线的方法逐点观察、记录（有条件的话可以拍摄）气流流型，并在测点布置的

数字资源B-5
气流组织检测动画

剖面图上标出流向。当烟雾流过"典型位置"时可拍摄下流线。烟雾应能够流经这些"典型位置"，而不因空气的湍流造成回流。否则应对 HVAC 系统、设备位置或物料摆放位置进行调整。

气流流型仪所用的耗材采用去离子水或超纯水，因此其产生的烟雾，无毒无污染并且从源头上确保了完全无残留，因为粒径较小烟雾静态留存时间长。观测气流流型，是观察在工作区域里面气流的运动模式，同时也可以观察仪器设备对气流的影响。注意气流流型应该在气流的风速与均匀度都测试完毕且通过之后进行，过早进行无法得以证明。

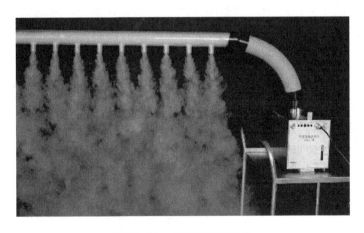

图 B-11　气流流型测定

（4）洁净室（区）静压差的测定　一般采用液柱式微压计（最小刻度 2Pa）测定静压，以判断洁净室（区）与邻室之间是否保持正压或负压。该测定项目应在风量测定之后进行。

测试前应把洁净室（区）内所有的门关闭并开启室内的排风机或除尘机，如果有不可关闭的开口，开口处的流速、流向需要测试。洁净级别 D 级及以上的洁净室（区），需要测试"开门效应"来表明气流保护的效果，即在门开启状态下，离门口 0.6m 处的工作高度测定悬浮粒子数。

测试应从级别最高的房间依次向外测定，凡是可相通的两间邻室都要测，一直测到可与室外相通的房间。测试操作应由两人共同完成，其中一人在待测房间手持伸入该房间的测定胶管，另一人操作仪器。测试时应注意测定管口的位置，一般可取距地面 0.8m 高度，管口端面垂直于地面，避开气流方向和涡流区。测试时每隔 20s 测定一次，共测 3 次，取其平均值为测点压差值，记录数据。

也可在需测静压的房间或走廊墙壁上安装微压表，可随时观察到压力变化的情况，此类表的量程一般为 0~49Pa（0~5mmH$_2$O）。检测频率为 1 次/小时，共监测 5 天。静压差应符合 GMP 规定。

（5）洁净室（区）温度、相对湿度的测定　温度与相对湿度测定应在风量、风压调整后，且 HVAC 系统已连续运行 24h 以上进行，所有照明设施也应在测试前 24h 全部打开。根据温度和相对湿度的波动范围，应选择足够精度且检验合格的测试仪表，可采用通风干湿球温度计、自记式温湿度计、手持式多点温湿度测试仪等记录房间温湿度，检测频率与静压差需一致。

无恒温要求的房间，只在房间中心设定一个测点；有恒温要求的房间，测点设在恒温工作区内有代表性的地点（如沿着工艺设备周围布置或等距离布置）。根据温湿度波动范围要求，每次读数间隔不大于 30min。

除工艺有特殊要求外，所有测点宜在同一高度布置，离地面 0.8m，距外墙内表面应大于 0.5m 且小于 1m。有恒温要求的场合，测定时间宜连续进行 8~48 小时。

室温波动范围按各测点的各次温度中偏差控制温度的最大值整理成累计统计曲线，若 90% 以上的测点偏差值在室温控制范围内为合格，相对湿度波动范围按湿度波动范围的规定进行，相应房间实测湿度值在湿度波动范围内为合格。

（6）悬浮粒子数和微生物的预测定　悬浮粒子数和微生物的预测定是为了对洁净室（区）环境进行最终评价而做的准备，以便提前发现问题并及时解决，为洁净室（区）空气平衡和房间消毒方法进一步改进提供依据，为最终的环境评价做准备。

运行确认阶段进行悬浮粒子数和微生物检测时，应在静态条件下进行。悬浮粒子的测定应在空调调试和空气平衡完成后进行。微生物的测定应在悬浮粒子测定结束且房间消毒后进行。具体测定方法见性能确认要点。

（7）洁净室（区）自净时间的测定　洁净室（区）自净时间的测试状态为静态，测试仪器可采用发烟器、悬浮粒子计数器。测试方法可采用大气尘源或人工发烟。如果要求快速测定，可用发烟器人工发烟。以人工发烟为基准时，将发烟器放在离地面1.8m以上的室中心点，发烟1～2min即停止。之后，在工作区平面的中心点测定含尘浓度（N_0）。然后立即开机运行并计时，定时（如每5min）读数，直至浓度达到最低限度（N）或符合相应洁净度级别的要求为止，以这一段时间为实测自净时间。

由测得的开机前原始浓度或发烟停止后1min的污染浓度（N_0），室内达到稳定时的浓度（N），和实际换气次数（n），计算自净时间，再和实测自净时间进行对比，不得超过计算自净时间的1.2倍。

$$t_0 = \frac{60\left[Ln\left(\frac{N_0}{N}-1\right)-Ln0.01\right]}{n}$$

3. HVAC系统的性能确认要点

HVAC系统安装确认与运行确认完成后，经验证小组审核检查结果，认为系统运转正常后，应对该系统进行性能确认。目的是确认系统能够连续、稳定地使洁净室（区）的洁净度符合设计标准及生产工艺要求。性能确认应在动态或模拟全负荷运转情况下进行。

性能确认的测试项目及监测频率见表B-6。

表B-6　HVAC系统的性能确认测试项目

检测项目	检测方法	检测频率
悬浮粒子数	洁净室（区）悬浮粒子监测操作规程	生产操作前、生产操作过程中、操作结束清场后各检测一次
微生物数	洁净室（区）沉降菌（浮游菌）监测操作规程	生产操作前、生产操作过程中、操作结束清场后各检测一次
温湿度控制	洁净室（区）温湿度监测操作规程	每日检测，每2h读数记录1次，或由记录仪自动记录
压差	洁净室（区）压差监测操作规程	每日检测，每2h读数记录1次

若在连续运行的3个周期中，悬浮粒子数、微生物数、温湿度、压差均控制在相应级别的洁净室（区）标准规定的要求，可判定系统通过性能确认。温湿度的性能确

认贯穿全年，以季节变化全面评价 HVAC 系统对洁净室（区）温湿度的控制能力。以下主要介绍悬浮粒子测定和微生物数测定。

（1）悬浮粒子数的测试　洁净室（区）悬浮粒子数应在静态和动态条件下开展测试，测试方法如下。

① 采样点数目及其位置：根据医药工业洁净室（区）悬浮粒子的测试方法（GB/T 16292—2010），对于取样点数为 2～9 个的取样点，应遵循 95% 的置信限度要求，超过 9 个取样点的，可以不计算置信限度；取样点计算可以采用 ISO 的方法，也可按照表 B-7 确定。

扫一扫

数字资源B-6
尘埃粒子检测动画

采样点的位置应根据产品生产工艺中的关键操作区设置。一般对于高效过滤器装在末端（天花板）的空气净化系统及单向流罩，只需在工作区（离地面 0.8m 处）均匀布置测点即可；而高效过滤器装在空调器内及末端为亚高效过滤器的空气净化系统，除在工作区布置测点外，还需在每个送风口处（离开风口约 0.3m）布置一个测点。

表 B-7　空气洁净度测定的最少采样点数目

面积/m²	洁 净 度 级 别		
	A、B 级	C 级	D 级
＜10	2～3	2	2
≥10 且＜20	4	2	2
≥20 且＜40	8	2	2
≥40 且＜100	16	4	2
≥100 且＜200	40	10	3

② 每个采样点的采样次数及采样量：根据 GB/T 16292—2010 要求，采样点的数目不得少于 2 个，总采样次数不得少于 5 次。每个采样点的采样次数可以多于 1 次，且不同采样点的采样次数可以不同。见表 B-8。

布点位置的风险：静态应力求均匀，不得少于最少采样点数。采样点少于 5 个时，在离地面 0.8m 高度的水平面上均匀布置；采样点多于 5 个时，在离地面 0.8～1.5m 高度的区域内分层布置。动态测试根据生产及工艺关键操作区设置。

表 B-8 空气洁净度测定的最少采样量

洁净度级别	采样量/（L/次）	
	$\geq 0.5\mu m$	$\geq 5\mu m$
A、B 级	5.66	—
C 级	2.83	8.5
D 级	2.83	8.5

③ 悬浮粒子洁净度级别的评定：悬浮粒子采样后需进行数据处理，根据平均粒子浓度、粒子浓度平均值的均值 M 的 95％置信上限与标准值比较，进行判断。

知识链接

悬浮粒子采样数据处理

采样数据处理，悬浮粒子浓度的采样数据应按下述步骤作统计计算：
① 采样点的平均粒子浓度

$$A = \frac{C_1 + C_2 + \cdots + C_i}{N}$$

式中，A 为某一采样点的平均粒子浓度，粒/m³；C_i 为某一采样点的粒子浓度（$i = 1, 2, \cdots, n$），粒/m³；N 为某一采样点上的采样次数，次。
② 平均值的均值

$$M = \frac{A_1 + A_2 + \cdots + A_i}{L}$$

式中，M 为平均值的均值，即洁净室（区）的平均粒子浓度，粒/m³；A_i 为某一采样点的平均粒子浓度（$i = 1, 2, \cdots, L$），粒/m³；L 为某一洁净室（区）内的总采样点数，个。
③ 标准误差

$$SE = \sqrt{\frac{(A_1 - M)^2 + (A_2 - M)^2 + \cdots + (A_i - M)^2}{L(L - 1)}}$$

式中，SE 为平均值均值的标准误差，粒/m³。
④ 置信上限：置信上限（UCL）定义为从正态分布抽样得到的实际均值按给定的置信度（此处为 95％）计算得到的估计上限将大于此实际均值，则称计算得到的这一均值估计上限为置信上限。

$$UCL = M + t \times SE$$

式中，UCL 为平均值均值的 95% 置信上限，粒/m³；t 为 95% 置信上限的 t 分布系数，查下表可得。

95%置信上限的 t 分布系数

采样点（L）	2	3	4	5	6	7	8	9	>9
t	6.31	2.92	2.35	2.13	2.02	1.94	1.90	1.86	—

注：当采样点多于 9 个点时，不需要计算 UCL。

判断悬浮粒子洁净度级别应依据下述两个条件：①每个采样点的平均粒子浓度 A_i 必须低于或等于规定的级别界限，即 $A_i \leqslant$ 级别界限；②全部采样点的粒子浓度平均值的均值 M 的 95％置信上限 UCL 必须低于或等于规定的级别界限，即 UCL$\leqslant$级别界限。

例：悬浮粒子洁净度级别评定

设某一百级单向流洁净室（区）面积小于 $10m^2$，按表 B-7 规定采样点为 3 个，各点采样次数为 3 次，测得各采样点的 $\geqslant 0.5\mu m$ 粒子浓度如表 B-9 所列。请评定该区域的洁净度级别。

表 B-9　某一百级单向流洁净室（区）采样点粒子浓度

采样点		1	2	3
采样点粒子浓度（粒/升）	①	0	3	2
	②	1	2	2
	③	0	2	1

采样点的平均粒子浓度：

$$A_1 = \frac{0+1+0}{3} = 0.33（粒/L）$$

$$A_2 = \frac{3+2+2}{3} = 2.33（粒/L）$$

$$A_3 = \frac{2+2+1}{3} = 1.66（粒/L）$$

该洁净室的平均粒子浓度：

$$M = \frac{0.33 + 2.33 + 1.66}{3} = 1.44（粒/L）$$

$$SE = \sqrt{\frac{(1.44 - 0.33)^2 + (2.33 - 1.44)^2 + (1.66 - 1.44)^2}{3 \times (3-1)}} = \sqrt{\frac{2.07}{6}} = 0.59$$

查表（见知识链接）可知，$t = 2.9$，则 UCL$= 1.44 + 2.9 \times 0.59 = 3.15$（粒/L）由此可判其悬浮粒子洁净度级别达到 A 级。

这里需要说明，我国现行版 GMP 附录对洁净室（区）尘粒数与微生物浓度标准作了如下规定："洁净室（区）在静态条件下检测的尘埃粒子数、浮游菌或沉降菌数必须符合规定，应定期监控动态条件下的洁净状况"。也就是说，洁净室（区）空气洁净度的测定要求为静态测试，动态监控。为了对静态下测得的含尘浓度和运行时（动态）测得的浓度关系进行比较，验证时可按动、静比取（3～5）：1 判定。

空气洁净度级别应以静态控制为先决条件、动态控制为监控条件，因为生产环境的污染控制最终必然是正常生产状态下空气中悬浮微粒和微生物的控制。

（2）微生物的测试　细菌通常看不见，因此可将它们采集或沉降到培养基中培养。细菌培养时，由一个或几个细菌繁殖而成的一细菌团称为菌落形成单元（CFU），亦称菌落数。浮游菌用计数浓度表示（CFU/L 或 CFU/m³），沉降菌用沉降浓度表示 [CFU/（皿·min）]。

洁净室（区）内微生物应进行动态监测，评估无菌生产的微生物状况。监测方法有沉降菌法、定量空气浮游菌采样法和表面取样法（如棉签擦拭法和接触碟法）等。

① 浮游菌的测定：浮游菌的测定应按照国家标准《医药工业洁净室（区）浮游菌的测试方法》（GB/T 16293—2010）的相关规定。通过采集悬浮在空气中的生物性微粒，置于专门的培养基平皿内，在适宜的生长条件下让其繁殖到可见的菌落进行计数，通过计算单位体积空气中的活微生物数，来评定洁净室（区）的洁净度。

浮游菌测定仪器有浮游菌采样器、培养皿、高压蒸汽灭菌锅、恒温培养箱等。浮游菌采样器有狭缝式采样器、离心式采样器、针孔式采样器。狭缝式采样器由附加的真空抽气泵抽气，通过采样器的缝隙式平板，将采集的空气喷射并撞击到缓慢旋转的平板培养基表面上，附着的活微生物粒子经培养后形成菌落，计数。离心式采样器由于内部风机的高速旋转，气流从采样器前部吸入从后部流出，在离心力的作用下，空气中的活微生物粒子有足够的时间撞击到专用的固形培养条上，经培养后形成菌落，计数。针孔式采样器是气流通过一个金属盖吸入，盖子上密集的经过机械加工的特制小孔，通过风机将收集到的细小的空气流直接撞击到平板培养基表面，附着的活微生物粒子经培养后形成菌落。采样后置于恒温培养箱培养，因此必须定期对培养箱的温度计进行检定。

浮游菌和沉降菌测定状态有静态和动态两种，静态测定时，室内测定人员不得多于 2 人。测定状态的选择必须符合生产的要求，并在报告中注明测定状态。浮游菌测定前，被测定洁净室（区）应经过消毒，温度、相对湿度须达到规定的要求，静压差、换气次数、空气流速必须控制在规定值内。

其中空态或静态 a 测试应注意：测定单向流洁净室（区）时，应在 HVAC 系统正常运行不少于 10min 后开始；测定非单向流洁净室（区）时，应在 HVAC 系统正常运行不少于 30min 后开始。而在静态 b 测试应注意：测定单向流洁净室（区）时，应在生产操作人员撤离现场并经过 10min 自净后开始；测定非单向流洁净室（区）时，应在生产操作人员撤离现场并经过 20min 自净后开始。动态测试时需记录生产开始的时间以及测试时间。

浮游菌测试过程应规定采样点数量及其布置、采样次数、采样注意事项、结果计算和评定标准。

采样点数量及其布置　浮游菌测定分为日常监测及环境验证两种情况，对采样点数量和位置的要求与悬浮粒子测定要求相同（见表 B-7）。工作区测点位置离地 0.8～1.5m（略高于工作面），送风口测点位置离开送风面 30cm 左右；可在关键设备或关键区增加测点，如药液灌装口。

扫一扫

数字资源B-7
浮游菌测定动画

洁净室（区）采样点的布置力求均匀，避免采样点在某局部区域过于集中或某局部区域过于稀疏。

采样量根据日常检测及环境验证确定，建议每次最小采样量见表 B-10。

表 B-10　浮游菌测定的最小采样量

洁净度级别	采样量/（L/次）	
	日常监测	环境验证
A、B 级	600	1 000
C 级	400	500
D 级	50	100

采样次数　每个采样点一般采样 1 次。

采样注意事项　对于单向流送风口，采样时采样管口应正对气流方向；对于非单向流送风口，采样管口应向上。布置采样点时，至少应离开尘粒较集中的回风口 1m 以上；测试中应记录房间温度、相对湿度、压差及测试状态。

结果计算　用计数方法得出各个培养皿的菌落数。每个测点的浮游菌平均浓度依下式计算。

$$平均浓度（个 / \mathrm{m}^3）= \frac{菌落数}{采样量}$$

评定标准　用浮游菌平均浓度判断洁净室（区）空气中的微生物浓度。每个测点的浮游菌平均浓度必须低于 GMP（2010 年修订）附录评定标准中关于细菌浓度的界限。在静态测试时，若某测点的浮游菌平均浓度超过评定标准，则必须重新采样两次，两次测试结果必须合格才能判为符合。

对于浮游菌的日常监控，宜设定纠偏限度和警戒限度沿单一方向呈平行流线并且与气流方向垂直的断面上风速均匀的气流，以保证洁净室（区）的微生物浓度受到控制。应定期检测以检查微生物负荷以及消毒剂的效力，并作倾向分析。静态和动态都可采取这样的方法。

② 沉降菌的测定：沉降菌的测定应按照国家标准《医药工业洁净室（区）沉降菌的测试方法》（GB/T 16294—2010）的相关规定。测试方法采用沉降法，通过自然沉降原理收集空气中的生物性微粒，在适宜的条件下让其繁殖到可见的菌落进行计数，以平板培养皿中的菌落数来判定洁净环境内的活微生物数，并以此来评定洁净室（区）的洁净度。

沉降菌测定所用设备主要为高压蒸汽灭菌器、恒温培养箱、培养皿（Φ90mm×15mm 的硼硅酸玻璃培养皿）和培养基（大豆酪蛋白琼脂培养基或沙氏培养基或用户认可并经验证了的培养基）。其测试状态和测试时间，与浮游菌要求基本一致，在此不再赘述。

数字资源B-8
沉降菌的测定动画

沉降法最少采样点数与悬浮粒子测定方法的采样点数相同。沉降菌测定在满足最少采样点数的同时，还需满足最少培养皿数，如表 B-11 所示。

表 B-11　沉降菌测定的最少培养皿数

洁净度级别	所需 φ90mm 培养皿数
A、B	14
C	2
D	2

与悬浮粒子的采样点位置相同。工作区采样点的位置离地 0.8～1.5m（略高于工作面），可在关键设备或关键工作区增加采样点。测定时应记录房间温度、相对湿度、压差及测试状态。

结果计算　用计数方法得出各个培养皿的菌落数。测点的沉降菌平均菌落数依下式计算。

$$平均菌落数\ \overline{M} = \frac{M_1 + M_2 + \cdots + M_n}{n}$$

式中，$\overline{M}$ 为平均菌落数，M_1 为 1 号培养皿菌落数，M_2 为 2 号培养皿菌落数，M_n 为 n 号培养皿菌落数，n 为培养皿总数。

三、能力训练

能力训练的内容为空气净化系统的再验证。

1. 实践目的

（1）掌握净化系统的再验证项目。

（2）熟悉空气净化系统验证的取样方法及如何判断。

（3）熟悉粒子计数仪的使用。

2. 实践内容

净化系统的再验证由质量管理部提出，设备工程部、生产技术部、质量管理部共同参与实施。本次验证的目的是再次确认制剂车间使用一定时期后的 HVAC 系统的各项性能符合 GMP 要求，该系统能满足洁净室（区）洁净度及生产产品工艺要求。

工艺流程简述：新风初效过滤器过滤后与操作室的回风混合，再经空调机组内进行冷却、加热、加湿、除湿等处理，再经中效过滤器、高效过滤器，最后进入洁净室（区）内，清洁室不可利用风将直接排出室外。见图 B-12。

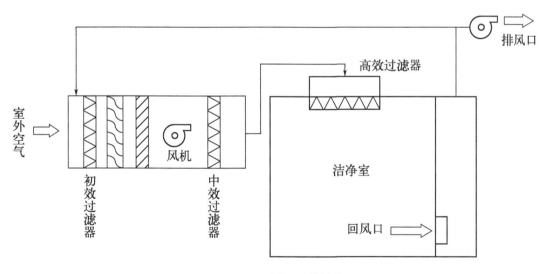

图 B-12　空调系统流程

（1）HVAC 系统测试仪器、仪表的校验　在 HVAC 系统的测试、调整及监控过程中，需要对空气的状态参数和冷、热媒的物理参数、空调设备的性能、房间的洁净度等进行大量的测定工作，将测得的数据与设计数据进行比较、判断，这些物理参数的测定需要通过比较准确的仪表及仪器来完成。故此首先应该对其进行校验。

检测对象：测试用仪器仪表；HVAC 系统机组上仪器仪表。

检测方法：对其检验报告进行确认并观察其运行是否正常。

接受标准：运行正常。

（2）HVAC 系统安装情况的稳定性检查　检查使用一年的空气净化系统的各安装环节是否正常，以确保系统的稳定运行。

检查内容：由于在一年的运行中，空调系统安装方案未做调整，设备无更换及大修，故只对其原有设备的安装图、说明书、报告书及各种手册以及仪表管道图、空调系统图、空调处理单元结构示意图、分区平面图、空调参数图等进行检查。

接受标准：保证各图纸文件无丢失、无缺损，内容无改动，与现实情况相符合。

（3）HVAC 系统运行确认　证明运行一年的 HVAC 系统有无异常情况，风机、排风机、除尘机运行是否正常。

运行确认的对象：检测风机的电流、电压、运转声音是否正常；检测过滤器的压差（终阻力）；检测冷却系统进口温度和加热系统进口压力。

检测方法：通过仪器上的仪表检测风机及排风机电流、电压，现场听取运转声音；观测初效及中效过滤器的气压表以检测过滤器的压差；观测冷却系统进出口温度表、压力表，加热系统进口压力表；由于排风机建立于粉尘较大和温度较高的洁净房间内，固对其房间进行静态悬浮粒子检测，以确定除尘机运行情况（按《洁净室（区）悬浮粒子检测操作规程》进行操作）。

接受标准：风机及排风机的电流和电压应满足其额定电压，接在有保护装置的电源上，风机运行声音应无异常。初效过滤器的初阻力应为 15～30Pa，中效过滤器的初阻力应为 20～40Pa，终阻力应小于初阻力的二倍。

冷却系统进口温度及压力应 7～10℃、0.3～0.4MPa，出口压力应为 0.2～0.3MPa，加热系统进口压力应＜0.4MPa。安装有除尘机的房间应满足洁净室（区）悬浮粒子数要求。

（4）HVAC 系统保养记录检查　确认运行一年的 HVAC 系统的日常维护保养是否正常进行，确认应定期清洁、定期更换、定期保养的部件的具体情况，是否符合规定。

检测对象：主要对日常维护保养记录进行检查。

接受标准：日常维护保养记录内容需详细、完整。

（5）高效过滤器检漏　是通过对高效过滤器的泄漏量检测，以确认高效过滤器及其与风管之间的密封是否完好，如有泄漏，以便于及时采取补救措施。因此，高效过滤器必须定期进行检漏。

所用仪器：粒子计数仪。

检测对象：对车间内各房间高效过滤器进行检漏。

检测方法：检漏时用粒子计数仪采样器放在被检部位的下面 2～3cm 处，对被检过滤器的整个断面，封头处和边框进行扫描检查，以粒子计数仪显示器无脉冲现象为合格。

接受标准：不得有泄漏处。一旦在线检测时发现高效过滤器泄漏，可用硅胶修补，但在一个过滤器上，全部修补点的面积总和应小于过滤器面积 5％。

（6）HVAC 系统性能确认　确认使用一年的空气净化系统全负荷运行情况下的各项性能是否符合规定，是否满足 D 级洁净级别的生产要求。

① 风速和风量：检测高效过滤器的风速、风量并对换气次数进行计算。

所用仪器：风量罩。

检测方法：将风量罩罩住出风口，读出风量数据即可。

换气次数的计算。

根据送风量及房间容积计算换气次数。

可接受标准：换气次数≥20 次/小时（D 级）；实测风速应在设计风速的 100％～120％；各风口的风量在各自设计的风量的 85％～115％；系统实测风量在设计风量的 100％～120％。

② 房间静压差测定（风压测定）：通过此测定，查明洁净室（区）和邻室之间是否保持必须的正压或负压，从而知道空气的流向，这一项测定应在风量测定之后进行。测定前应将所有的门都关闭并开启房间中的排风机或除尘器。

所用仪器：岗位压差表（校验有效期内）。

检测方法：检测前将所有门关闭，并开启空调系统，以平面上最里面的房间依次向外测定。

检测频率：每日检测，每 5h 读数记录 1 次。

接受标准：相邻不同级别房间的静压差绝对值应≥10Pa，洁净室（区）与室外的压差应≥10Pa。

③ 房间温湿度测定：通过此测定，是确认 HVAC 系统具有将洁净厂房温度、相对湿度控制在设计要求范围内的能力。温湿度测定应在风量确认后进行。

所用仪器：温湿度表。

检测方法：通过温湿度表对各房间进行检测。

检测频率：每日检测，每 5h 读数记录 1 次。

接受标准：温度为 18～26℃、相对湿度为 45％～65％或生产工艺规程要求。

④ 悬浮粒子数的测定：各工作间清洁消毒后，对洁净室（区）空气中的悬浮粒子数进行预测定，以便在测定时发现问题，及时解决。

所用仪器：尘埃粒子计数仪。

检测方法及计算：按《尘埃粒子监测操作规程》操作。

接受标准：悬浮粒子最大允许数/m³ 符合 GMP 要求。

⑤ 沉降菌检测：评定洁净室（区）的洁净度。

所用仪器和设备：高压蒸汽灭菌器、恒温培养箱、培养皿、培养基。

检测方法及计算：按《洁净室（区）沉降菌监测规程》实施。

接受标准：微生物最大允许数符合 GMP 要求，洁净室（区）内的平均菌落数必须低于所选定的评定标准。

用平均菌落数判断洁净室（区）空气中的微生物。若某洁净室（区）内的平均菌落数超过评定标准，则必须对此区域先进行消毒，然后重新采样两次，测试结果均须合格。

⑥ 性能检测周期及结果评价：系统连续运行 3 个星期，分为 3 个周期，每个周期 7 天。

检测项目及检测频率见表 B-12。

表 B-12　检测项目及检测频率

检测项目	检测方法	检测频率
悬浮粒子数	洁净室（区）悬浮粒子监测操作规程	每周检测一次
沉降菌数	洁净室（区）沉降菌监测操作规程	每周检测一次
温湿度控制	—	每日检测，每 5h 读数记录 1 次
压差	—	每日检测，每 5h 读数记录 1 次

3. 实践要求

(1) 洁净室（区）悬浮粒子测试记录。

(2) 高效过滤器风速、风量检测和换气次数记录。

(3) 各房间采样记录。

(4) 洁净室（区）沉降菌测试记录。

四、课后思考

（一）单选题

1. 2010 版 GMP 中的 D 级换气次数一般应是（　　）

A.≥12 次/小时　　　B.≥20 次/小时　　　C.≥25 次/小时　　D.≥35 次/小时

E.≥45 次/小时

2. 洁净室（区）洁净度级别 A 级的验证，应在下列哪种条件下进行（　　）

A. 静态　　　　　　　　　　　B. 动态

C. 两种状态都要测定　　　　　D. 两种状态选一种即可

3. 空气净化系统性能确认时，风量测定的合格标准要求，各个风口送风量与设计值的偏差不能超过范围为（　　）

A. 5%　　　　　　B. 10%　　　　　　C. 15%　　　　　　D. 25%

（二）多选题

1. 划分洁净室（区）的洁净度等级时，通常把（　　）的尘埃颗粒作为考察空气过滤器的标准粒径

A. 0.5μm　　　　B. 0.2μm　　　　C. 5.0μm　　　　D. 1.0μm

E. 2.0μm

2. 洁净室（区）需要通过检测（　　）等项目来证明生产环境符合 GMP 的相关要求

A. 温湿度　　　　B. 压差　　　　C. 悬浮粒子　　　D. 微生物

E. 空气中药物含量

（三）综合题

进行某洁净车间的截面风速测定时，数据如下：$V_1 = 0.60\text{m/s}$，$V_2 = 0.66\text{m/s}$，$V_3 = 0.52\text{m/s}$，$V_4 = 0.62\text{m/s}$，请计算风速不均匀度是多少？判断是否符合截面风速测定的评定标准？

扫一扫

数字资源
课后思考答案

B-2　制药用水系统验证

扫一扫

数字资源B-9
制药用水系统验证视频

一、核心概念

警戒水平　是指制水系统污染微生物的某一水平，监控结果超过它时，表明制水系统有偏离正常运行条件的趋势。

纠偏限度　是指制水系统污染微生物的某一限度，监控结果超过此限度时，表明该系统已经偏离了正常的运行条件，应当采取纠偏措施，使系统回到正常的运行状态。

二、基本知识

（一）制药用水的标准

根据使用范围不同，制药用水可分为饮用水、纯化水（purified water，PW）、注射用水（water for injection，WFI）及灭菌注射用水（sterile water for injection，SWFI）。其中饮用水是天然水经净化处理所得的水，其质量必须符合现行中华人民共和国国家标准《生活饮用水卫生标准》（GB 5749—2022）；纯化水是饮用水经蒸馏法、离子交换法、反渗透法或其他适宜的方法制备的制药用水，不含任何附加剂，其质量应符合纯化水项下的规定；注射用水是纯化水经蒸馏所得的水，应符合细菌内毒素试验要求；注射用水必须在防止细菌内毒素产生的设计条件下生产、贮藏及分装，其质量应符合注射用水项下的规定；灭菌注射用水是注射用水按照注射剂生产工艺制备所得，不含有任何添加剂，其质量应符合灭菌注射用水项下的规定。

1. 饮用水的标准

我国《生活饮用水卫生标准》于 1985 年首次发布，经过两次修订，现行的标准为 GB 5749—2022。新标准中，将原标准中的"非常规指标"调整为"扩展指标"，水质指标由 106 项调整为 97 项，包括常规指标 43 项和扩展指标 54 项，水质参考指标由 28 项调整为 55 项。

饮用水水质标准检测指标主要包括微生物指标、毒理指标、感官性状和一般化学指标、放射性指标以及消毒剂余量。检测项目主要包括浑浊度、pH 值、总硬度、重金属与非金属离子、微生物限度等，其中微生物限度与浑浊度是制药用水控制的主要质量指标。微生物指标共有 7 项，包括常规指标 3 项、扩展指标 2 项、参考指标 2 项。浑浊度是指水中均匀分布的悬浮及胶体状态的颗粒使水的透明度降低的程度。浑浊度的单位为 FTU，即每含有 1mg/L 标准土（白陶土、硅藻土）的浑浊液的浑浊度为一度。

美国药典、欧洲药典及中国药典均明确要求制药用水的原水至少要达到饮用水的质量标准。若达不到饮用水质量标准的，先要采取预净化措施。生活饮用水微生物指标及限值要求见表 B-13。大肠埃希菌是水质遭受明显污染的标志，因此国际上对饮用水中大肠埃希菌均明确要求不得检出，其他污染菌则不作细分。在标准中以"细菌总数"表示，我国规定的细菌总数限度为 100CFU/mL，这说明符合饮用水标准的原水中也存在着微生物污染，而危及制水系统的污染菌主要是革兰氏阴性菌。其他如贮罐的排气口无保护措施或使用了劣质气体过滤器，水从污染了的出口倒流等也可导致外部污染。

表 B-13 生活饮用水微生物指标及限值

指标	标准	限值
常规指标	总大肠菌群（MPN/100mL 或 CFU/100mL）①	不得检出
	大肠埃希菌（MPN/100mL 或 CFU/100mL）	不得检出
	菌落总数（MPN/mL 或 CFU/mL）	100
扩展指标	贾第鞭毛虫（个/10L）	<1 个
	隐孢子虫（个/10L）	<1 个
参考指标	肠球菌（MPN/100mL 或 CFU/100mL）	不应检出
	产气荚膜梭状芽孢杆菌（CFU/100mL）	不应检出

① MPN 表示最可能数；CFU 表示菌落形成单位。当水样检出总大肠菌群时，应进一步检验大肠埃希菌；当水样未检出总大肠菌群时，不必检验大肠埃希菌。

2. 纯化水的标准

纯化水中的电解质几乎已完全去除，不溶解胶体物质与微生物，溶解的气体、有机物等也已被去除至极低程度，其质量标准在《中国药典》2020 年版第二部中做了详细规定。纯化水的水质标准见表 B-14。

表 B-14 纯化水和注射用水水质标准

检验项目	纯化水	注射用水	检测手段
酸碱度	符合规定	—	在线检测或离线分析
pH	—	5.0～7.0	在线检测或离线分析
硝酸盐	$<0.000006\%$	同纯化水	采样和离线分析
亚硝酸盐	$<0.000002\%$	同纯化水	采样和离线分析
氨	$<0.00003\%$	$<0.00002\%$	采样和离线分析
电导率①	符合规定	符合规定	在线用于生产过程控制，后续取水样进行电导率的实验室分析

检验项目	纯化水	注射用水	检测手段
总有机碳（TOC）[2]	＜0.50mg/L	同纯化水	在线 TOC 进行生产过程控制。后续取样进行实验室分析
易氧化物	符合规定	—	采样和离线分析
不挥发物	1mg/100mL	同纯化水	采样和离线分析
重金属	＜0.00001％	同纯化水	采样和离线分析
细菌内毒素	—	＜0.25EU/mL	注射用水系统中采样检测，实验室测试
微生物限度	100CFU/mL	10CFU/100mL	实验室测试

① 电导率检查：用于检测各种阴阳离子的污染程度；电导率大小与温度有关，见《中国药典》2020 年版第四部（通则 0681）。

② 总有机碳检查：用于检测有机污染（有机小分子）程度，见《中国药典》2020 年版第四部（通则 0682），与易氧化物两项可选做一项。

从 20 世纪 90 年代开始，美国药典中开始使用电导率指标代替几种盐类的化学测试，并且使用 TOC 代替易氧化物的检测，这两种指标均可以实现在线检测，可以提高效率和减少人为因素、环境因素的干扰，采用 TOC、电导率这样的可在线检测的技术应当是发展的趋势。我国从 2010 年版药典开始，关于制药用水的质量标准和检测方法已与国际组织药典趋于一致。

3. 注射用水的标准

注射用水是纯化水经蒸馏所得的水，其质量标准在《中国药典》2020 年版第二部中做了详细规定。注射用水的水质标准见表 B-14。

注射用水与纯化水的主要区别在于对水中细菌内毒素及微生物污染水平的控制，《中国药典》未对纯化水中细菌内毒素做检测要求，而注射用水要求每 1mL 中细菌内毒素应小于 0.25EU，此外，注射用水的微生物限度要比纯化水低很多。

（二）制药用水系统的组成与功能

1. 制药用水系统的处理对象

纯化水的制备是以原水（如饮用水、自来水、地下水或地表水）为原料，原水中含有各种盐类和化合物，并溶有 CO_2、胶体，还存在大量的非溶解物质，包括黏土、砂石、细菌、微生物、藻类、浮游生物、热原等。因此纯化水的制备必须根据不同水源中杂质的成分、种类和含量设计并确定不同的处理方法，才能生产出合格的制药用水。

纯化水制备的处理对象主要包括电解质、有机物、不溶性颗粒物、微生物、溶解气体等。

电解质　指在水中以离子状态存在的物质，包括可溶性的无机物、有机物、带电的胶体粒子及有机酸离子等，具有导电性，通过测量水的电阻率或电导率，可以反映出电解质类杂质在水中的相对含量（理论的"纯水"应无任何杂质离子，不导电，电阻率为 18.24MΩ·cm），也可以利用离子色谱法或原子吸收光谱法等分析手段测定水中各种阴离子、阳离子的含量。

有机物　指水中的有机酸、有机金属化合物等，常以阴性或中性状态存在，用总有机碳（TOC）测定仪或化学耗氧量法测定此类物质在水中的含量。

微生物　指水中的细菌、浮游生物、藻类及线虫类等。可用培养法或膜过滤法测定其中含量。纯化水制备系统中，原水中的微生物被吸附于活性炭、去离子树脂、过滤膜和其他设备的表面上，可形成生物膜造成污染；同时也能在管道表面、阀门和其他区域生成菌落并大量繁殖，形成生物膜，造成持久性污染。

不溶性颗粒物　指泥沙、尘埃、有机物、微生物及胶化颗粒等，可用颗粒计数器来反映这类杂质在水中的含量。

溶解气体　水中溶解气体，包括氧气、氮气、二氧化碳、一氧化碳等，可用气相色谱及液相色谱和化学测定其含量。

2. 纯化水制备技术及纯化水制备系统

制药用水处理技术是一个多级过程，每一级都除去一定量的污物，并为下一级净化做准备，通过恰当地配置各类制水单元设备，逐级净化，最终获得符合药品生产要求的制药用水。目前在国内纯化水制备系统的主要配制方式如图 B-13。

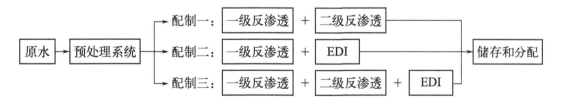

图 B-13　纯化水制备系统的主要配制方式

合格的纯化水制备系统应能达到以下要求：水处理设备及其输送系统的设计、安装和维护应能确保制药用水达到设定的质量标准，水处理设备的运行不得超出其设计能力；制药用水系统应定期清洗，并对清洗效果进行验证；纯化水、注射用水储罐和输送管道所用材料应无毒、耐腐蚀；储罐的通气口应安装不脱落纤维的疏水性除菌滤器；管道的设计和安装应避免死角、盲管。

纯化水制备过程通常由预处理、脱盐和后处理三大系统组成。

(1) 预处理系统　纯化水制备的原水应符合国家饮用水标准。在生产纯化水时，首先要进行适宜的预处理，目的是除去原水中的颗粒、悬浮物、胶体、微生物、硬度、余氯和臭味等。

预处理系统包括：原水系统（饮用水管道、原水箱）、多介质过滤器（去除杂质、悬浮物）、全自动软水系统（去除金属离子，软化水质）、活性炭过滤器（吸附杂质、微生物）。

只有经过预处理后的软水才能进入一级反渗透系统。预处理系统设计时需要重点关注原水水质、工艺用水水质，全面掌握原水质量变化的趋势。

① 加药系统：包括 PAC 加药系统和 PAM 加药系统。PAC 即碱式氯化铝（28%），用作凝聚剂，PAM 即聚丙烯酰胺，作为助凝剂，增加凝聚效果。原水中加入适当的 PAC 和 PAM 混合絮凝后，可使水中的胶体物质及颗粒发生凝聚，从而在多介质过滤器（或深层过滤器）中被过滤掉。

② 多介质过滤器：多介质过滤也称为机械过滤或砂滤，一般采用垫层和滤层组成的筒式过滤器，垫层滤材选用石英砂、锰砂，滤层滤材选用石英砂和无烟煤等多孔性滤材。多介质过滤器可以去除原水中 $10\mu m$ 以上的颗粒和胶体物质，使水的浊度小于 0.5FTU，且污染指数（silting density index，SDI）降至 4 以下，从而保护其下游设备（如水软化设备或反渗透设备）免受污染。过滤时，颗粒和胶体物质靠滤材内部曲折的孔道而被截留，截留能力随压力的增加而下降，因此滤材应有合适的级配和相对密度的差异，以便于进行反冲处理，当阻力增大 0.1MPa 或 SDI>4 时，即应反冲。

③ 活性炭过滤器：滤材采用有着较多微孔和较大比表面积的颗粒活性炭（如椰壳、褐煤或无烟煤），活性炭能有效地吸附原水中的余氯（过滤后余氯应<0.1ppm）、有机物、色度、微生物以及部分重金属等有害物质，防止其对下一级水处理设备造成污染。当活性炭过滤器吸附饱和而又未及时处理时，原水中的铁、有机物、余氯会直接进入软水器，使树脂中毒，树脂一旦中毒，就无法用再生的方式使其恢复活性；同时余氯对下游的 RO 膜、树脂会产生氧化作用。由于活性炭的强吸附性，又截留了大量有机物，活性炭过滤器往往容易滋生大量细菌，因此需要定期进行巴氏灭菌（80℃热水或蒸汽），一则杀菌，二则有利于吸附及活性炭再生，通过反冲恢复其功能。通过活性炭过滤器后水中氯已被除去，原水不再具有防腐的成分，水系统从此处以后，应避免盲管、死水段存在，下游水处理设备必须具备微生物控制措施（清洗、消毒等）。

④ 软水器：软水器通常由盛装树脂的容器、树脂、阀或调节器以及控制系统组成。目前主要用钠型树脂作填充，可利用钠离子置换出原水中的钙离子、镁离子，从而降低水的硬度（出水硬度应<1.5ppm），防止其在 RO 膜表面结垢。软水器一般准

备两个，留一个备用，确保生产的连续性。

⑤ 微孔滤膜过滤器：在制备制药用水时，通常使用微孔过滤器作为反渗透等脱盐设备的保安过滤器、用水终端的除菌过滤器以及制药用水贮罐的呼吸过滤器。过滤器常用的滤材有聚丙烯（PP）、聚偏二氟乙烯（PVDF）、聚四氟乙烯（PTFE）、尼龙（PA）、聚砜（PSF）及金属复合膜等。

膜孔径为 3μm 的保安过滤器主要用于饮用水进入反渗透膜前的最后一道处理工艺，其作用是防止上道过滤工序有泄漏，确保反渗透膜安全。监控措施是检测过滤前后水中的微粒情况，以确定保安过滤器的过滤能力。

微孔过滤器的监控措施有：①在制药用水贮罐上使用疏水性呼吸过滤器时，过滤器上必须安装温控外套以防止蒸汽冷凝，在初次使用这类过滤器时应先灭菌处理，并制定定期灭菌、定期更换过滤器的制度；②除菌过滤器在使用前及使用后应定期进行消毒并检测其完好性；③监控过滤系统内水的压力和流速。

（2）脱盐系统　脱盐工序主要有反渗透技术和去离子技术两大类。反渗透技术是膜过滤技术的一种，去离子技术又包括电渗析法、离子交换法（DI）、电法去离子（EDI）等。近年来，EDI 技术得到了飞速发展，已可取代传统的离子交换法，该方法无需酸、碱再生，其离子交换树脂的再生依靠电压。

① 反渗透技术：反渗透法制备纯化水的技术是在 20 世纪 60 年代随着膜工艺技术的进步而发展起来的。反渗透是一种以压力为推动力的膜分离技术。反渗透膜只允许水通过而不允许溶质透过，其分离对象是溶液中处于离子状态的无机盐和相对分子质量为 300 以上的有机物、各种细菌和热原。见图 B-14。

图 B-14　反渗透装置

反渗透技术应用的关键在于反渗透膜的性能。常用反渗透膜有醋酸纤维素膜和芳香聚酰胺膜两大类。醋酸纤维素膜透水量大、脱盐率高，但不耐微生物侵蚀；芳香聚酰胺膜机械强度好，缺点是容易堵塞，性能衰减快。为了确保反渗透装置正常运行，选择并确定恰当的运行及监控参数是十分必要的，这些技术参数包括进水温度、pH、运行压力和进水水质等（表 B-15）。

表 B-15　反渗透装置的进水条件

项目	膜种类	
	醋酸纤维素膜	芳香聚酰胺膜
污染指数（FI）	<4	<3
水温/℃	15～35	15～35
pH	5～6	3～11
运行压力/MPa	<2.20	<2.20
耗氧量（高锰酸钾法）/(mg/L)	<1.5	<1.5
游离氯（Cl^-）/(mg/L)	0.2～1	<0.1
含铁量/(mg/L)	<0.05	<0.05

反渗透装置可采用适当的设计来改善系统的可靠性、出水的质量和装置的处理能力。例如采用"二级反渗透"串联工艺、用去离子装置与反渗透装置串联工艺来提高制水能力，改善出水质量。一般情况下，一级反渗透装置能除去 90%～95% 的一价离子、98%～99% 的二价离子，能除去微生物和病毒，但除去氯离子的能力达不到《中国药典》的要求。二级反渗透装置能较彻底地除去氯离子。有机物的排除率与其分子量有关，相对分子质量大于 300 的化合物几乎可以全部被反渗透装置除尽，故可除去热原。

② 离子交换（DI）系统：离子交换系统由阳离子树脂容器（阳床）、阴离子树脂容器（阴床）、阀门、连接管道、仪表及再生装置组成。一般可采用阴床、阳床串联，也可以设计成混合床的形式，混合床中阴离子、阳离子树脂应以一定比例混合组成。大量处理饮用水时，为减轻阴离子树脂的负担，常在阳离子树脂床后加脱气塔，以除去二氧化碳。离子交换法的优点是树脂可再生，再生剂都具有杀菌效果，因此交换系统中微生物的滋生能得到有效的控制，缺点是树脂再生对环境造成污染，并且操作过程烦琐，因此国内一般不推荐使用。

③ 电法去离子系统（EDI）：电法去离子系统也是一种离子交换系统，是电渗析

和离子交换相结合的一种脱盐工艺。它使用一个填充在电池模堆中的混合树脂床，采用选择性渗透膜及电极，以保证制水过程的连续进行和树脂的连续再生。通电时，在EDI装置的阳极和阴极之间产生一个直流电场，使原水中的阳离子、阴离子分别向负极和正极移动，同时阳离子渗透膜和阴离子渗透膜产生阻隔作用，从而达到脱盐的目的。EDI的工作原理见图 B-15。

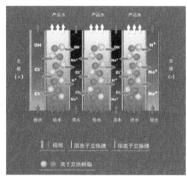

图 B-15　EDI 设备及其脱盐过程示意

EDI 技术的优点是脱盐率高，树脂无需使用酸碱再生。该装置效率高于电渗析法，又克服了普通离子交换技术需用腐蚀性很强的再生剂、需要备用离子交换设备的缺点。EDI 单元必须避免水垢、污垢的形成、受热和氧化，因此通常在反渗透系统之后串联使用，以保证水中较低的硬度、有机物、悬浮固体和氧化剂。EDI 装置进水要求见表 B-16。

表 B-16　电法去离子系统的进水条件

检测项目	单位	数值
电导率	$\mu s/cm$	＜40
pH	—	4～9
总硬度（$CaCO_3$）	—	＜0.03
SiO_2	mg/L	＜0.5
总有机碳（TOC）	mg/L	＜0.5
CO_2	mg/L	＜1.0
余氯	mg/L	＜0.05

续表

检测项目	单位	数值
Fe、Mn、H_2S	mg/L	＜0.01
淤集密度指数（15min）	—	＜3
浊度	FTU	＜1.0

（3）后处理系统　后处理（精处理）是脱盐以后水质处理的统称。一般包括用终端离子交换去除离子、臭氧杀菌、超过滤、微孔过滤等。

3. 注射用水制备技术及注射用水制备系统

《中国药典》中规定，注射用水的制备以纯化水为原料，通过蒸馏的方法获得。

水蒸馏系统通过加热蒸发、汽液分离和冷凝等过程，对水中不挥发性有机物、无机物包括悬浮体、细菌、病毒、热原等杂质有良好的去除作用。蒸馏过程有许多种设计方法，包括重蒸馏法、多效蒸馏法和气压式蒸馏法等。

注射用水的质量受到蒸馏水器的结构、性能、金属材料、操作方法以及原水水质等因素的影响。塔式重蒸馏水器采用抑阻水滴雾沫的隔沫装置和废气排出装置，往往达不到理想的结果。气压式蒸馏水机是利用离心泵将蒸汽加压，以提高蒸汽的利用率，而且无需冷却水，但耗能大。多效蒸馏水机克服了塔式重蒸馏水器和气压式蒸馏水机的缺点，具有耗能低、产量高、质量优良、能将原水中的细菌内毒素下降2.5～3个对数单位等特点，已在我国制药企业中得到广泛应用，见图 B-16。

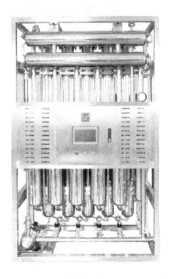

图 B-16　多效蒸馏水机示意

衡量一台蒸馏水机性能好坏的指标主要是设备的产水量、去除热原的能力以及纯蒸汽冷却后的蒸馏水是否容易受到冷却水的污染等。

4. 典型纯化水制备系统的单元配置

纯化水系统可以按照单一使用目的进行设计，也可以作为注射用水的前道工序来处理。在选择配置时，应在符合 GMP 的要求下考虑到原料水的水质、产品的工艺要求及企业的其他实际情况。典型纯化水系统的配置见图 B-17。

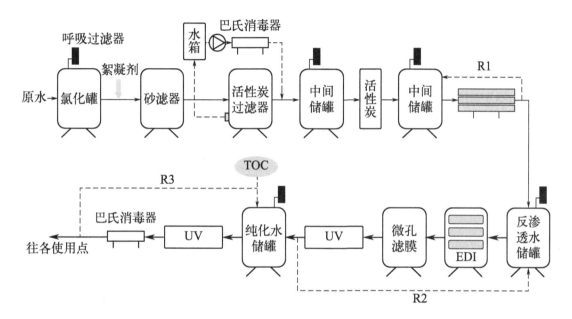

图 B-17　典型纯化水系统配置示意

主要采取反渗透及离子交换两大步骤，其配置单元及其功能如下。

（1）原水贮罐　水箱材料多采用非金属，如聚乙烯（PE）。原水贮罐设置高、低水位计，动态检测贮罐水位。

（2）加絮凝剂系统　是原水预处理段的一部分，即使用添加絮凝剂的方法来破坏原水中处于溶胶状态杂质的稳定性，使胶体颗粒及部分有机物等凝聚为较大的颗粒。

（3）粗滤器　由砂滤器与活性炭过滤器串联组成。砂滤器选用的滤材大多为大颗粒石英砂，去除饮用水中的絮状杂质，出水的浊度应小于 0.5FTU。后续反渗透处理工序有一个重要的进水指标，即余氯量要求小于 0.1mg/L，为此配置了活性炭过滤装置。活性炭过滤器在系统中主要具有两个处理功能，一是吸附有机物，二是脱氯。经以上二级处理，原水的纯度能得到很大的提高，水中余氯含量应小于 0.1mg/L。

（4）软化器　软化器是利用钠型阳离子树脂中可交换的 Na^+ 交换水中的 Ca^{2+}、Mg^{2+}，达到软化水的目的，以提高反渗透膜的工作寿命。由于再生液中的 Cl^- 能使金属腐蚀，因此软化器罐体宜采用玻璃钢外壳内衬聚乙烯（PE）胆。

（5）保安过滤器　通常采用滤膜孔径为 5μm 级的筒式过滤器，滤芯材料为聚丙烯（PP）。保安过滤是原料水进入反渗透膜前的最后一道精滤工艺，其作用是防止上一道过滤工序可能存在的泄漏，使反渗透膜阻塞。

（6）反渗透机　由于反渗透出水偏酸性，因此机壳应选耐腐蚀的材料。反渗透系统的总脱盐率应大于 97%。

（7）电法去离子　为了进一步降低水的电导率，通常在反渗透机后设置 EDI 装置。

（8）终端过滤器　经混合床处理后的水中有可能存在树脂残片或微小颗粒，为保证用水点的最终水质，往往在混合床交换装置后以及用水回路中设置 1~2 个孔径为 2~3μm 级的终端过滤器。

5. 典型注射用水制备系统的单元配置

典型注射用水系统的配置见图 B-18，主要采取多效蒸馏水机及配水循环水路两大步骤。

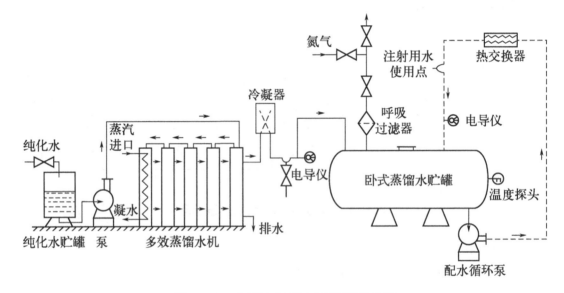

图 B-18　典型注射用水系统配置示意

注射用水系统的配置单元及其功能如下。

（1）纯化水贮罐　纯化水贮罐使用 304L 不锈钢制造。通常作为蒸馏水机原水贮罐的纯化水贮罐同样应设置高、低水位计，动态检测罐内水位高度；罐内进水管道上设置喷淋球，以保持罐内顶部及四周的湿润，不受罐内贮水变化的影响；罐内顶部设置 0.22μm 级呼吸过滤器，以避免罐内水位变化时罐外污染空气对纯化水的污染。

（2）多效蒸馏水机　多效蒸馏水机应具备对电导率、pH 等出水指标进行在线监控的作用，并具有自动排放不合格水的能力。多效蒸馏水机的蒸发管道和冷却器应采用 316L 不锈钢制造。

（3）注射用水贮罐　系统中设置注射用水贮罐的目的是根据工艺用水情况调控用

水峰谷。注射用水贮罐内不仅配备了高、低水位计和喷淋装置，还具有自动控温装置和充氮保护装置。高、低水位计用于动态检测罐内水位高度，喷淋装置用于在线清洗，自动控温装置可按照工艺用水要求调节水温，充氮保护装置主要针对产品工艺对注射用水有特殊要求时启动。

（4）配水循环泵　配水循环泵应该是卫生级泵，由 316L 不锈钢材料制造。该泵应具有较高的压头，使注射用水循环系统中的水能够以 2m/s 以上的较高流速、呈湍流状态流动，达到控制循环管内壁微生物膜的生成。

（5）热交换器　注射用水系统在配水循环回路中设置热交换器的作用是使系统中的水温始终保持在较高的温度（例如 80℃ 以上），以控制系统微生物的生长；冷却器的作用是将系统中较高的水温冷却至用水点所需温度，例如 40℃ 以下。

（6）配水循环回路　配水循环回路的管道阀门应无盲管和死水区域，注射用水系统与其他制水系统之间不得以阀门相接，管道内部注射用水呈湍流状态，并要求流出循环系统的水不得返回系统。配水循环回路应配备电导仪、温度和压力仪、液位显示与控制仪等监控设施，以保证当水的电导率达不到设定标准时，能将不合格的水自动排放而不进入贮罐。配水管道设计时应注意：纯化水与注射用水的配水管道在设计时要求系统串联循环，用连续循环流动的方式，使细菌和热原无法在系统中嵌入和滞留。管道与阀门管件采用 316L 不锈钢制造，系统管道内壁要求机械抛光或机械＋电抛光，提高管壁的光洁度，有利于系统运行过程中的洁净能力，减少微生物引起的表面截留，抵抗腐蚀的能力，减少移动金属杂质滞留。注射用水系统的管道设计应将死水段减至最少或彻底消除。著名的"6D"经验规则要求将死水段的长度限制到支管段管径的 6 倍以内，但对最大允许死水段的实际长度，应根据实际情况分析。注射用水管道系统应设计用纯蒸汽灭菌。

6. 制水系统的消毒与灭菌

制水系统的运行管理，着重强调对系统的工艺过程控制，即对水的制备、贮存、分配系统的管理和微生物的控制。以下主要讨论制水系统中微生物的监控手段。

（1）微生物污染的来源　制水系统的微生物污染可分为外源性污染和内源性污染两种。外源性污染主要是指原料水及系统外部原因所致的污染，内源性污染是指制水系统运行过程中所致的污染。

外源性污染有可能与原料水的污染有关，也可能是贮罐排气口使用的呼吸过滤器质量不完善而造成污染；用于系统的压缩空气中存在污染菌；系统使用新的活性炭或离子交换树脂时，细炭粒或树脂残片造成的污染等。

纯化水处理系统使用的原料水应是符合国标标准的饮用水，注射用水处理系统使用的原料水应是纯化水。原料水污染是制水系统污染最主要的外源性污染源。

制水系统中各个单元设备以及配水管道系统的内表面、阀门等均可能成为系统中主要的微生物内源性污染源。生物膜是某些种类的微生物生存于低营养环境下的一种适应性反应。存在于进料水中的微生物容易被吸附在活性炭床、离子交换树脂、过滤器膜和其他制水单元的内表面上，并逐渐形成生物膜，从而成为制水系统内部持久性的微生物污染源。

无论是外源性污染或是内源性污染，最终都可能导致热原污染。

（2）消毒与灭菌方法　注射用水系统和纯化水系统中的微生物污染是一个严重的问题。我国GMP要求，对制水系统中的微生物必须进行检测和控制。对于制水系统中的微生物控制，基本上是通过对水的制备、贮存单元设备和配水管道进行消毒灭菌来实现的。

消毒与灭菌的方法包括热力灭菌法、化学消毒法、紫外线消毒法等。制水系统中使用的热力灭菌法中主要是巴氏灭菌法和蒸汽灭菌法。

① 巴氏灭菌：纯化水系统中有两个配置单元采用巴氏灭菌，以减少内源性污染风险。一个配置单元是活性炭过滤器，活性炭吸附了有机物、悬浮粒子，不仅富集了微生物，而且造成了微生物生长的有利条件；另一个配置单元是用水回路。灭菌时，由热交换器将水加热至80℃以上（如80~85℃），然后用卫生级泵进行局部循环，在灭菌程序结束时再进行反冲，可有效地消除微生物的污染，并使活性炭再生。采用这一灭菌手段的纯化水系统，其微生物污染通常能有效地控制在低于50CFU/mL、细菌内毒素可控制在5EU/mL的水平。

② 蒸汽灭菌：蒸汽灭菌主要适用于注射用水系统。蒸汽灭菌系指采用纯蒸汽对注射用水系统（包括贮罐、泵、过滤器及使用回路等）进行灭菌处理。制备纯蒸汽的方法有两种，一是从多效蒸馏水机第一个蒸馏器中得到，另一则由专门的纯蒸汽发生器制取，无论采用哪一种方法，必须保证制备的纯蒸汽是已去除细菌内毒素的蒸汽。蒸汽灭菌可根据纯蒸汽发生器的能力和制水系统的复杂程度，选择115.5℃、30min，121.5℃、20min或126.5℃、15min条件进行灭菌。

热力灭菌法能够控制生物膜的形成，但它不能破坏已经形成的生物膜。因此有必要用各种简单实用的化学消毒方法进行补充控制。用于处理贮罐和配水管道的化学消毒剂有次氯酸钠、过氧化氢、臭氧等，它们通过形成过氧化物及其自由基来氧化细菌和生物膜。次氯酸钠的杀菌作用可靠，可用于原料水的消毒。使用游离氯浓度达万分之三的氯水能消除生物膜，但余氯对装置有一定腐蚀性。浓度为5%的过氧化氢杀菌效果好，但对管道内壁生长的生物膜不起作用，且残余物难以消除。利用水电解法产生的臭氧，即使在0.1~0.2mg/L的浓度下，也能将细菌量控制在100CFU/mL以下。臭氧灭菌的优点在于臭氧比氯的氧化性强2倍，不产生副产品，残余臭氧可利用紫外线的降解作用去除。

紫外线消毒法与传统的热力灭菌法或化学消毒法配合使用效果明显，不但能够有效地延长热力灭菌法两次灭菌之间的时间间隔，而且有利于过氧化氢和臭氧的降解。通常在制水系统中的第一使用点前安装一个紫外线杀菌器，在系统开始使用前开启，制药用水停止不用时关闭。高紫外放射量的紫外杀菌装置可以将纯化水管道中的臭氧减少到可测点以下。

制水系统消毒灭菌的频率应根据系统监控结果决定。由于系统中微生物大都来自管壁的微生物膜的持续性污染，因此浮游微生物的数量能够指示系统的污染水平，是制水系统警戒水平的依据。取样频率应能确保系统始终处于监控状态下运行。

（三）制药用水系统验证方法

制水系统工艺验证的目的是通过检查、试验及长期运行，进行各单机运行与整套系统运行试验，核实设备运行符合设计要求，证明系统能保证按照设计的要求稳定地生产规定数量和质量的合格用水，通过日常监控提供警戒参数，确定制水系统的监测频次和验证周期，确定制水系统的适用性。

制水系统最大的挑战在于微生物及细菌内毒素的污染隐患，因此通常要求进行适当的挑战性试验（苛刻条件试验）以验证制水系统的可靠性。检验方法主要有两个：一是定期监测微生物学指标，考察常见污染菌种类及污染水平的波动范围；二是在特定的监控部位安装监控装置，对系统中各有关部位取样检验，以确保整个系统始终达标运行。

在整个制水系统中，纯化水制备系统和注射用水制备系统是两个独立的系统，要求单独进行验证。而纯化水是注射用水制备的原料，它们的预处理设备一般是共用的，所以预处理设备的安装确认、运行确认可以一起完成。

纯化水、注射用水系统验证方案的主要内容有：对系统详细的描述资料；合格标准（设计标准，可作为上述资料的组成部分，并单独列出）；系统流程图；取样点位置及编号（在平面图上反映出来）；取样和监控计划；长期监控结果及数据表；偏差处理及对系统可靠性的评估。

1. 制药用水系统的安装确认要点

安装确认目的是建立客观证据证明新安装的制水系统符合设计要求，确认设备开机运行前的关键信息包括到货情况、文件资料、身份识别、安装环境、备品备件以及保修信息等，并进行设备组装与安装，确保设备的接收与安装正确。纯化水系统和注射用水系统的安装确认要求基本一致。

（1）文件确认　包括对流程图、系统描述、设计参数、设备操作 SOP 等进行检查，如图纸、预防性维修、运行记录/记录/程序、操作手册、使用准备（清洁/钝化）、环境、公用设施文件、材质文件、润滑剂文件、警报和控制文件、环境条件文件等。

（2）制水设备的安装确认　机器设备安装后，应对照设计图纸及供应商提供的技术资料，检查安装是否符合设计及规范。确认内容包括：设备使用的材料是否符合设计要求；设备是否有缺陷或损坏；设备是否安装稳固；单体设备之间的管路连接是否合理，连接点应无渗漏；设备电源连接是否符合电气规范（电压380V、频率50Hz）；贮罐材料和容量是否符合设计要求；取样阀门和控制阀门是否符合设计要求，应选择卫生级隔膜阀，便于去除阀体内的溶解杂质，微生物不易繁殖；所有仪器、仪表是否安装正确，应经过校正且在有效期内。

（3）管道分配系统的安装确认 确认内容包括：管道及阀门材质是否符合设计要求，应选用不锈钢材料（304、316L、321等型号），不锈钢钝化后呈化学惰性、易于消毒、工作温度范围广；管道的连接与试压是否符合设计要求，应保证焊缝平整光滑，试压压力应为工作压力的1.5倍，无渗漏为合格；管道的清洗、钝化与消毒，应完成纯水循环预冲洗→碱液循环清洗→纯化水冲洗→钝化→纯化水再次冲洗→排放→纯蒸汽消毒等步骤；所有在线监测仪器、仪表是否安装正确，应经过校正且在有效期内；紫外光灯是否安装正确，功率、光强、波长应符合设计要求；除菌过滤器是否安装正确，性能应符合设计要求；所有取样阀门是否安装正确，应布置合理并符合设计要求。

（4）公用系统的安装确认 确认内容包括：压缩空气与设备的连接应符合设计要求；设备与源水的连接符合设计要求；地漏安装符合设计要求；电源接入符合规定；使用点阀门安装布置合理。

2. 制药用水系统的运行确认要点

运行确认阶段是对进入贮罐和配水管网上的各个用水点的水质进行评价，建立完整的一套文件用于确认纯水系统能在预定的范围内正常运行，以证明制水系统按标准操作规程运行，能始终稳定地生产出符合质量要求的水。验证时应按预先设定的取样方案和监控计划执行。

运行确认时所有水处理设备均应开动，系统进行试运行且运行稳定。

（1）纯化水系统运行确认要点 典型的纯化水系统的配置见图B-17。实施工艺验证的前提条件是系统必须处于正常运行状态，然后对各单元设备的性能以及运行过程中采取的相应措施安排监控，并对监控数据进行分析。

① 多介质过滤器

a. 性能监控要点：原水水质应符合《生活饮用水卫生标准》；过滤器前后压差；反冲洗功能；出水端水流量；出水端水污染指数SDI应小于4。

b. 试验方法：记录多介质过滤器进水端及出水端压力；对进水和出水分别取样进行化验；观察并记录出水端水流量；按照操作规程进行反冲洗，记录两端压力和出水流量。

② 活性炭过滤器

a. 性能监控要点：过滤器前后压差；出水端水中微生物数量、TOC含量、氯离子含量；过滤器的反冲洗性能、灭菌效果、解吸附功能；观察并记录出水端水流量；巴氏灭菌时过滤器内温度。

b. 试验方法：记录活性炭过滤器进水端及出水端压力；在出水端取样进行化验

（余氯量应小于 0.1mg/L）；观察并记录出水端水流量；按照操作规程对活性炭过滤器进行巴氏消毒，记录过滤器内部温度、两端压力和出水流量。

通过监控应确定活性炭过滤器的反冲洗周期和时间、设备的消毒要求、活性炭的更换周期，并监测压力降、处理活性炭过滤器的最短周期，进而制定出恰当的标准操作规程。

③ 软化器

a. 性能监控要点：软化器处理前后的钙镁离子浓度、胶体硅和溶解硅及树脂、固体总量等。

b. 试验方法：在软化器前后进行取样，检测软化处理前后的 Ca^{2+}、Mg^{2+} 被 $RSO^{3-}Na^+$ 型树脂中的 Na^+ 置换的程度，为后级制水工序的质量控制提供依据。

④ 保安过滤器：保安过滤器包含一个 $10\mu m$ 过滤器和一个 $3\mu m$ 过滤器；其主要功能是除去水中的细微颗粒（主要是活性炭颗粒）和胶体物质；保护反渗透膜不受阻塞。

a. 性能监控要点：过滤器前后压差；出水端水中颗粒物含量；观察并记录出水端水流量。

b. 试验方法：保安过滤器使用应完成挑战性试验。系统运行后，记录保安过滤器进水端及出水端压力；在出水端取样进行化验，检测水的浊度和 SDI 值；观察并记录出水端水流量。

⑤ 二级反渗透装置：反渗透装置的性能监控是纯化水系统工艺验证的重要环节。监控主要围绕设备的脱盐能力、反渗透膜的生命周期和出水质量进行，即在反渗透装置前后取样，通过检测水中的含盐量来确定其实际的脱盐能力，脱盐率应大于 97%，剩余的含盐量应控制在 0.1mg/L 以下。

a. 性能监控要点：反渗透膜前后压差及膜的完整性；反渗透膜进水端水流量；一级纯水流出量、一级浓水流出量；纯化水流出量、二级浓水流出量；入水端水的余氯、pH、温度、TOC、电导率、微生物等指标；一级和二级纯水的 pH、温度、TOC、电导率、总氨、微生物等指标；反渗透药洗系统。

b. 试验方法：纯化水系统安装完毕后，按照操作规程对反渗透膜进行完整性检测。系统运行稳定后，记录反渗透膜前后压力；观察并记录一级入水端水流量、一级纯水出水端水流量、二级纯水入水端水流量、出水端水流量；对一级入水、一级纯化水、二级纯化水进行取样检测；反渗透装置停机后，运行反渗透药洗系统，观察系统能否正常运行。

⑥ 纯化水贮罐与管道系统：纯化水贮罐的性能监控主要针对贮罐中的贮水量、保存时间、贮水温度、贮罐的排水情况、贮罐的在线清洗效果和清洗的周期等进行。尤其要关注贮水的微生物控制状态，通过高频率的取样，检测了解贮罐内部形成生物膜的可能性，并以此检测数据为参考依据，确定贮水的最大保存时间和警戒限，制定

贮罐的在线清洗程序和安全的清洗周期。

纯化水管道系统的性能监控有两方面内容，一是确认选用管道、管件、阀门的材质，管道的安装连接方法对制水系统的适用性。监控方法是通过复核工程公司提供的系统文件来证明。二是对纯化水流动状态的监控，其目的是证明系统控制管道内微生物滋生，阻止微生物膜生长的能力。监控方法是通过一定时间内的出水量来判断管内流速（管径已知）和流速分布情况，流速应大于 1m/s。

⑦ 消毒灭菌效果：对系统消毒灭菌程序进行监控的目的是，证明其降低和控制微生物污染的能力是否能够达到合格的水平。

a. 巴氏灭菌效果监控：活性炭过滤器和软化器上流侧的活性炭层和树脂层是微生物的聚集处，巴氏灭菌装置定期灭菌可控制微生物的数量。在巴氏灭菌处理前后取样，检测水中微生物的数量，监控工作应证明整个系统的温度都达到了灭菌要求的温度；进而确定巴氏灭菌的最短周期，制定出恰当的标准操作规程。

b. 紫外线消毒效果监控：通过检测，在保证紫外线杀菌强度的前提下，合理地确定灯管的更换周期，并以此监控数据制定管理和维护保养程序。系统如采用臭氧消毒装置，紫外线的消毒效果应包括使用点无臭氧存在。

c. 加药系统的抑菌效果监控：在监控化学消毒法时，重点要求证明达到最低浓度要求的消毒剂（如 NaClO）遍布于整个系统，消毒结束后水中的化学残留物（如 Cl^-）已有效去除。

d. 反渗透膜药洗系统的监控：应围绕药洗处方对膜的恢复能力和反渗透装置抵抗微生物污染的能力进行监控。

（2）注射用水系统运行确认要点　典型的注射用水系统的配置工艺为见图 B-18。当注射用水系统按照设计要求正常运行后，应对系统单元设备的性能安排监控。

① 多效蒸馏水机：多效蒸馏水机的性能监控分为设备的确认和水质的监控。设备的确认内容主要是检验多效蒸馏水机的第一效蒸馏器中壳管式换热器双重管壁结构的完好性。

a. 性能监控要点：进水量；工业蒸汽，包括进汽和出汽温度、压强、进汽量等指标；冷却水，包括进水和出水温度、水流量等；蒸馏后水蒸气压力；注射用水出水温度和水流量；注射用水的指标检测，包括 pH、TOC、内毒素、总氨、电导率、重金属、微生物；机组清洗系统。

b. 试验方法：系统运行稳定后，观察并记录工业蒸汽进汽和出汽温度、压强、进汽量；记录冷却水的进水和出水温度、水流量；记录蒸馏后水蒸气压力、冷却后注射用水的出水温度及水流量；对纯蒸汽冷凝水和注射用水进行取样，依据现行版中国药典质量标准进行检验，特别是细菌内毒素的检验；注射用水系统运行完毕后，运行蒸馏水机组的清洗系统，看能否正常运行。

② 配水循环泵：注射用水系统中采用的输送水泵应为卫生级离心泵。该泵应具

有较高的压头，保证循环系统中水的流动速度始终处于湍流状态所要求的 1m/s 以上。配水循环泵出水口应采用 45°角，保证泵内上部无容积式气隙。泵体必须具有端盖易拆卸、排水彻底、清洗方便等功能。

③ 热交换器：热交换器的性能监控内容包括换热能力、避免冷却水和注射用水之间混流的措施。如双重管壁结构的密封完好性，运行中注射用水系统与冷却水之间是否保持适当的压力差（0.10~0.15MPa）等。

④ 管道内注射用水流动速度的确认：水流的"湍流状态"可控制管道系统内微生物的滞留滋生，减少微生物膜生长的可能性。监控方法是通过一定时间内的出水量来判断管内流速（管径已知）和流速分布情况，流速应大于 2m/s。

3. 制药用水系统的性能确认要点

制水系统性能确认的第一阶段是对每个主要系统组件进行验证，通过系统中为数众多的取样点密集的取样来完成。对样品水进行化学分析和微生物评价。使用点取样应足够多。水系统应采用满负荷运行状态进行验证，以满足将来可能遇到的生产情况的需要。

制水系统性能确认的第二阶段是第一阶段的延续，但取样频率减少，其取样表应包括评价进入水处理贮罐和环形配水管上的各个用水点。每天从系统中取水样，并对其化学和微生物进行全面分析。当参加水系统验证的责任人员对数据感到满意和对系统的可靠性有信心时，可将系统移交生产部门。但无论系统什么时候投入生产使用，必须确定水质警戒限和纠偏限。全部的标准操作程序应该是书面写就，并且所有的操作和维修人员必须经过培训。设备的安装和运行确认报告和系统的验证报告也应是书面的、经过批准的。

按照国际惯例，制水系统的运行控制标准是指对系统设立警戒水平和纠偏限度，其目的是便于及时发现系统运行中的不良趋势，避免不合格的水用于生产过程。超过警戒水平是报警，尚不要求采取特别的纠偏措施；而超过纠偏限度，则必须采取措施。例如纯化水的微生物的警戒限一般设置为 40CFU/mL，纠偏限度为 80CFU/mL，而注射用水的警戒限设置为 5CFU/100mL，纠偏限度为 8CFU/100mL。

从设立运行控制标准的目的可以看出，制水系统运行控制标准与产品质量标准不同，它仅用于系统的监控，而不是用以判断产品是否合格。警戒水平和纠偏限度是建立在工艺和产品规格标准的基础上，并考虑到产品的安全因素而设定的标准，超出警戒水平和纠偏限度时，并不意味着产品已出现质量问题。当然也不允许制水系统在持续超过纠偏限度条件下运行。

4. 制水系统验证的合格标准

制水系统验证的第一阶段共分三个周期，每个周期 5~7 天，每天对纯化水贮罐、总送水口、总回水口及各使用点取样，分析纯化水水质，水质检测项目包括化学指标、温度、电导率及微生物指标等。通过对相关数据分析,确认运行参数、SOP、系统清洁和消毒的程序和周期。

验证的第二阶段每个制水工序点和使用点每天取样,连续进行 2～4 周,目的是确认水系统能持续生产出合格的水。

验证的第三阶段时间为 1 年,每天至少 1 个使用点取样,每周所有使用点轮换取样,目的是确认季节的变化对水的影响。

纯化水内控合格标准和注射用水内控合格标准见表 B-17、表 B-18。

表 B-17　纯化水内控合格标准

项目	合格标准	项目	合格标准
pH 值	5.0～7.0	细菌内毒素	无
电导率	4.3μS/cm (20℃)	其余化学指标	符合《中国药典》标准
总有机碳	0.5mg/L	微生物纠偏限度	80CFU/mL

表 B-18　注射用水内控合格标准

项目	合格标准	项目	合格标准
pH 值	5.0～7.0	细菌内毒素	0.25EU/mL
电导率	1.1μS/cm (20℃)	其余化学指标	符合《中国药典》标准
总有机碳	0.5mg/mL	微生物纠偏限度	8CFU/100mL

5. 制水系统验证周期

水处理系统的变更(如新建或改建),应由 QA 部门及使用部门评估、批准,变更后应进行再验证,变更包括用水点增删、取样点增删、管材变化、设备变化(包括滤器)、灭菌周期、预防维护计划。纯化水正常运行后一般循环水泵不得停止工作,若较长时间停用,在正式生产 3 周前开启纯化水处理系统并做 3～4 个周期的监控;纯化水系统改造或大修后,应做 3 个周期的监控;每月对纯化水系统消毒一次。每年对纯化水系统进行一次验证。

三、能力训练

本能力训练是纯化水系统的验证。

1. 实践目的

（1）掌握纯化水系统验证的项目。

（2）熟悉纯化水系统验证的取样方法。

2. 实践内容

纯化水系统在使用前应进行系统的验证工作，以确认设备符合生产要求，设备运行一段时间后，或者大修，或者其他原因往往会造成设备参数的漂移，影响设备的正常使用，因此有必要对设备进行回顾性验证。通过性能确认，证明纯化水系统能连续生产并向各使用点输送符合标准要求的纯化水。纯化水制备系统流程见图 B-19。

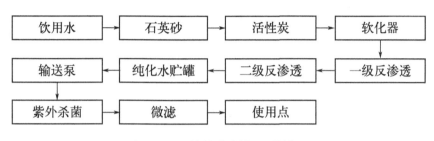

图 B-19　纯化水制备系统流程

（1）性能确认前的检查　在系统开机前，应检查系统状况，确认状态正常后才能进行性能确认。

（2）试验周期　纯化水系统性能确认为 3 周，连续运行 21 天。

（3）取样点及取样频率　纯化水储水罐每天 1 次；总送水口每天 1 次；总回水口每天 1 次；各使用点每周 1 次。

（4）取样方法

① 取样时的广口瓶有两种，普通广口瓶 500mL 供理化检验取样用，经 121℃、30min 灭菌的广口瓶 500mL 供微生物检测取样用。后者取样时还需使用 75％乙醇棉。

② 供理化检验的样品的取样步骤如下：打开水龙头，放流 3～5min。用广口瓶接取样点之水，冲洗瓶内 2 次，装取所需水量，密封。取样时水龙头不可开启过大。

③ 供微生物学检验的样品取样步骤如下：用 75％乙醇棉球擦拭取样点水龙头表面两遍进行消毒。打开水龙头，放流 3～5min。用 75％乙醇棉消毒手部及广口瓶外表。用广口瓶接取样点之水，冲洗瓶内 2 次，装取所需水量，密封。取样时水龙头不可开启过大。

（5）检测项目　理化指标、微生物指标。

（6）检测方法　纯化水质量标准及检验操作规程；微生物限度检查法操作规程。

（7）检测标准

① 理化指标：应符合纯化水质量标准。

② 微生物指标：<100CFU/mL。

（8）异常情况处理程序 在纯化水系统性能确认过程中，应严格按照系统标准操作程序、维护保养程序、取样程序、检验规程进行操作。按质量标准进行判定，当出现个别取样点纯化水质量不符合标准的结果时，应在不合格点重新取样，重新检测不合格项目或全项；必要时，在不合格点的前后分段取样，进行对照检测，以确定不合格原因；若属系统运行方面的原因，需报验证委员会，调整系统运行参数或对系统进行处理。

（9）合格标准 若连续3周（每7天为1个连续周期）的检测结果均在合格范围内，可作性能确认通过的评价。测试周的数据结果列在一个表中。

（10）再验证周期与日常监控 根据预定的要求审查并批准纯化水系统的生产过程，再验证周期为每年或对设备进行大修后。纯化水系统日常监测见表 B-19。

表 B-19 纯化水系统日常监测

	取样点	取样频率
日常监测取样	总送水口	1次/周全检，每 2h 由操作工进行电导率≤2μS/cm、酸碱度、氯化物、氨、硫酸盐、钙盐的检测*
	总回水口	1次/周全检，每 2h 由操作工进行电导率≤2μS/cm、酸碱度、氯化物、氨、硫酸盐、钙盐的检测*
	储水罐	1次/周全检，每 2h 由操作工进行电导率≤2μS/cm、酸碱度、氯化物、氨、硫酸盐、钙盐的检测*
	使用点	轮流取样，保证每个使用点 1～2 次/月全检
	质量指标	纯化水质量标准
	检验规程	纯化水检验规程
重新取样程序	出现个别取样点纯化水质量不符合标准的结果时，应按下列程序进行处理 1. 在不合格点重新取样，重新不合格项目或全部项目 2. 必要时，在不合格点的前后分段取样，进行对照检测，以确定不合格原因 3. 若属系统运行方面的原因，必要时报验证领导小组，调整系统运行参数或对系统进行处理	

＊检测项目供参考，具体项目和指标应与本企业制定的质量标准保持一致。

四、课后思考

（一）单选题

1. 制药用水系统运行时的必须进行在线监控的是（　　）

A. 热原　　　　　B. 微生物污染　　　C. 电导率　　　　D. 总有机碳

2. 有关水系统验证的说法错误的是（　　）

A. 水系统验证一般每年进行一次

B. 水系统验证第一阶段（2~4 周），需对每个主要系统组件进行密集取样，分析纯化水水质

C. 水系统验证第二阶段（4~12 周），是对储罐及环形配水管上各用水点取样，并进行化学和微生物全面分析

D. 水系统验证第三阶段（6~12 周），系统能在相当长时间内始终生产出符合质量要求的水

（二）多选题

1. 制水系统微生物污染来源可能有（　　）

A. 原料水　　　　B. 呼吸器　　　　C. 管道内表面　　D. 活性炭过滤器

E. 过滤器膜

2. 制药用水验证取样点的设置一般为（　　）

A. 纯化水储罐　　B. 总送水口　　　C. 总回水口　　　D. 各使用点

E. 排水口

（三）综合题

请简述反渗透装置在制水系统中的主要功能，并说明应如何对反渗透系统进行验证？

扫一扫

数字资源
课后思考答案

B-3　过滤系统验证

扫一扫

数字资源B-10
过滤系统验证视频

一、核心概念

对数细菌减少量（LRV）　评价除菌过滤器细菌去除率的指标，为过滤前后细菌浓度的对数值。按照美国 FDA 的要求，除菌过滤器每平方厘米有效过滤面积的对数细菌减少量应不小

于 7。

$$LRV = \log \frac{\text{过滤前细菌的浓度}}{\text{过滤后细菌的浓度}}$$

除菌过滤器　滤膜孔径在 $0.22\mu m$ 以下就可除去细菌，微孔滤膜滤器应用于无菌制剂生产过程中液体或气体的除菌使用的微孔滤膜过滤器称为除菌过滤器。

过滤除菌工艺　利用细菌不能通过致密具孔过滤介质的原理，将热不稳定的药品溶液或气体通过微孔滤膜以除去其中的细菌与杂质，从而达到无菌要求的方法即称为过滤除菌工艺。

起泡点　系推动空气通过被液体充满的滤膜所需的压力，当压力不断增加并达到克服滤膜上较大孔中液体表面张力时，则液体从孔中流出，气泡就挤压出来了，此时的压力值即是起泡点。

二、基本知识

过滤技术在医药工业中广泛用于水和气体的纯化、去除微粒、去除细菌以及分子分离及产品的浓缩。过滤装置由于滤材、结构等不同，过滤性能亦不同。目前有主要深层纤维过滤器和微孔过滤器两种基本形式的过滤器。深层纤维过滤器如滤纸、砂棒（芯）等滤材，见图 B-20，是利用不规则交错堆置的多孔结构在滤层中形成弯曲通道，将颗粒截留在通道的转折死角等处；过滤时难免有少量大颗粒进入滤液，尤其在压力波动情况下。另一类型的过滤器称为微孔过滤器，见图 B-21。因微孔滤膜的孔径较为均匀，能将液体中所有大于指定孔径的微粒全部阻拦，而对于气体中的微粒更是由于惯性和静电的作用，使其滞留的效率更高，能够挡住比孔径小 3～5 倍的尘粒。且微孔滤膜孔隙率高，因而阻力很小，对溶液或气体的过滤速度可较使用常规的滤材要快数十倍，由于其独特的优点常用于精滤。

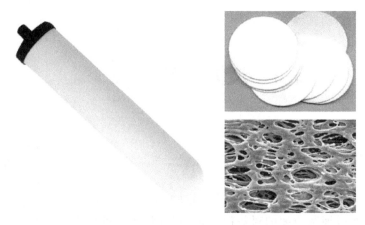

图 B-20　深层纤维过滤器

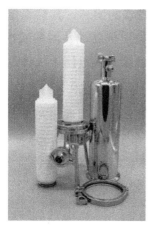

图 B-21 微孔过滤器

过滤除菌工艺是用物理阻留的方法将液体或空气的细菌除去，以达到无菌目的的工艺过程，主要用的就是微孔过滤器。在最终灭菌药品生产、非最终灭菌药品生产、制药用水系统及气体处理中广泛应用。而且过滤除菌工艺是最终灭菌产品和非最终灭菌产品生产中的关键工艺步骤。过滤除菌系统在投入生产使用前应当进行前验证。过滤系统的验证也主要针对微孔滤膜滤器，以下主要介绍这一类滤器及其验证。

（一）微孔滤膜及微孔滤膜过滤器

1. 微孔滤膜材料

大部分采用高分子纤维素酯材质，过滤时不会有纤维和碎屑脱落。选择过滤器滤芯的材料时应考虑其对化学溶液的抗腐蚀性，以及被过滤液体与滤芯材料之间的化学相容性。常用的过滤材料如下。

（1）混合纤维素酯　由硝酸纤维素和醋酸纤维素制成，它是一种多孔性薄膜过滤材料，具有孔隙率高、孔径分布均一、质地薄、阻力小、滤速快、无介质脱落、能耐受热压灭菌以及使用方便等优点，缺点是不耐酸、碱，只能适用于水溶液、油类、酒精、果汁及气体（空气、氮气等）中的微粒和细菌过滤。常用来制成圆形的单片平板滤膜，用于液体和气体的过滤。

（2）聚偏二氟乙烯（PVDF）　常用作精滤材料，有极佳的热稳定性和化学稳定性，能承受多次蒸汽灭菌，并可制成亲水性滤膜，广泛用于制药工业水针剂用水及注射用水的过滤。

（3）聚丙烯（PP）　常用作筒式过滤器的滤芯，有较大的孔隙尺寸范围，属粗效过滤材料，可用于空气过滤。

（4）聚砜　常用来做成筒式过滤器的滤芯，由于其耐热性及亲水性，可用于溶液的精滤。

（5）尼龙　常用来做成筒式过滤器的滤芯，可用于果汁、酒精的等过滤。

（6）聚四氟乙烯（PTFE）　可用作筒式过滤器的滤芯，其热稳定性及化学稳定性极佳，可承受较高的操作温度，对大多数化学物质抗腐蚀及耐酸碱性能良好，具有较高的化学适应性，疏水膜可用于气体过滤，改良亲水膜可用于液体过滤。

2. 滤膜的分类

根据微孔大小及用途，滤膜过滤器可分为微孔滤膜、超滤膜和反渗透膜。

（1）微孔滤膜　孔径有以下几种：$0.1\mu m$、$0.22\mu m$、$0.45\mu m$、$0.65\mu m$、$0.8\mu m$、$10\mu m$，用于去除微粒，其中 $0.1\mu m$ 可去除病原体，$0.22\mu m$ 可去除细菌。

（2）超滤膜　孔径约 $5nm$，主要用于分子分离、病毒分离、胶质分离、水质纯化。

（3）反渗透膜　孔径约 $0.5nm$，主要用于去盐、水质纯化、抗生素浓缩。

3. 滤膜滤器的形式

医药工业中最常用的滤膜滤器有平板式过滤器和筒式过滤器两种。使用平板式滤器过滤时，由于膜的筛网阻留作用只限于膜的表面，又极易受到大于孔径微粒或凝胶物质堵塞，需要经常调换新膜。为解决这个问题，往往将滤膜做成折叠式的筒式过滤芯，可大大增加过滤面积。

（1）平板式过滤器　常做成圆形，平板滤膜有混合纤维素酯膜、醋酸纤维素酯膜、醋酸格栅膜及醋酸蛋白电泳膜等，最常见的为混合纤维素酯膜。见图 B-22。

图 B-22　平板式过滤器

（2）筒式过滤器　滤膜的材料主要是尼龙、聚砜、聚丙烯及聚四氟乙烯，其中聚丙烯材料属于粗过滤（深层过滤），其余均为精过滤。各种材质的过滤器适用于不同的对象。

（二）过滤系统的验证方法

过滤除菌系统需进行的验证项目有过滤器性能试验和过滤器完整性试验。

过滤器性能试验包括尘粒去除率（纯化）测定、细菌去除率测定（即细菌挑战性试验）、化学兼容性、吸附性能、溶出物、析出物等。

过滤器完整性试验项目包括起泡点试验、气体扩散试验、保压试验，目的是证明安装正确性、膜完整性、密封良好性、孔径分布率。

1. 过滤器性能试验

（1）尘粒去除率测定　在过滤膜的上游侧放置一定数量或浓度的试验用粉尘，在过滤膜的下游侧用粒子计数器测定透过滤膜的尘粒数，上游侧和下游侧尘埃数差值可表征纯化膜的尘粒去除能力。

（2）细菌去除率测定　检测除菌过滤器去除溶液中微生物能力的方法是进行生物指示剂的挑战性试验。某种微孔滤膜过滤器在给定的药液及其工艺条件下确定了起泡点的临界压力后，还必须应用生物指示剂进行挑战性试验，只有在通过挑战性试验的条件下，临界压力才能成为该条件下起泡点试验的判断标准。

模拟药品实际生产条件下，用过滤器对缺陷假单胞菌 ATCC19146 的截留性能来判断除菌过滤器的截留能力。

2. 过滤器完整性试验

过滤除菌的验证和热力灭菌的验证有很大区别。热力灭菌的温度、时间及压力参数均可以进行全过程监控；而过滤除菌全过程中关键设备除菌过滤器的参数，如孔径的大小、孔径的分布、滤膜在使用过程中的完好性及除菌效率尚无法进行全过程的监控。因此，在进行除菌过滤前后，都要对滤膜的验证性进行测试，以保障除菌工艺的可靠性。

过滤器的完整性测试（integrity test）系指对滤芯（膜）、滤器以及过滤器进出端的管道（例如硅胶管）等组件组合在一起的过滤器进行的一系列试验，通过对试验得出的数据进行分析判断，来证明安装是否正确、膜是否破损、密封是否良好、孔洞率是否正确。完整性检测试验的目的是确定滤芯孔径、滤芯安装是否正确、滤芯受损情况及滤芯厂家认证是否一致。除菌过滤器在使用前后均需做完整性检测。

知识链接

除菌过滤器的微生物挑战性试验

一、试验条件

（1）生物指示剂　采用缺陷假单胞菌 ATCC 19146 作为生物指示剂，该菌种为革兰氏阴性杆菌，平均直径为 0.3μm，具有体积小、能透过 0.45μm 的微孔滤膜、容易造成污染的特点。在适当的培养条件下，缺陷假单胞菌能在短时间内大量繁殖成单细胞形态，并且其生化活性较小，用于验证试验安全性好。

（2）菌液浓度　应能保证每平方厘米有效过滤面积达到 10^7 个菌的挑战水平。选择该浓度进行挑战性试验的原因有两点：一是滤膜单位面积的微孔数目也处在这一数量级；二是该浓度下试验安全性好。在过滤过程中，微孔孔径越大，单位时间内通过该微孔的药液就越多，细菌通过滤膜的可能性就越大，能经受这一挑战水平的滤膜，其孔径必然小于 0.3μm。

（3）试验的压力　约为 0.20MPa。

（4）流量　对筒式过滤器而言，试验流量可达到 2~3.86L/（0.1m^2·min）。

该试验要求按照滤膜上应加载的试验指示菌的数量为 10^7 个/cm^2。

判断的标准：除菌过滤器滤膜截获微生物要求对其直径在 0.3μm 附近呈正态分布的缺陷假单胞菌的截留能力应达到 10^7 个/cm^2。

除菌过滤器微生物挑战试验装置见下图。此试验中，可以使用生理盐水或蛋白胨作阴性对照。

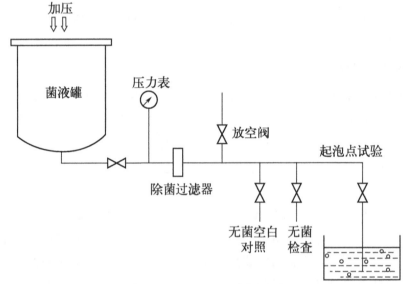

除菌过滤器微生物挑战试验装置

二、操作步骤

① 将过滤系统灭菌。

② 用无菌生理盐水或 0.1%蛋白胨水湿润过滤器后，进行过滤器的完整性试验。

③ 将此溶液用于阴性对照，用无菌过滤器压滤，培养并检查无菌。

④ 将事先标定浓度的微生物悬浮液装入适当容器，并对待试验的过滤器进行挑战性试验，操作同上。

⑤ 进行过滤器的完整性检查，确认试验过程中滤膜没有损坏。

⑥ 培养并观察结果。

三、结果评价

如阴性对照过滤器获得阳性结果，则试验无效；如挑战性试验的滤液中无菌落出现，则此过滤器合格，若长菌，则过滤系统不合格。

目前，生产中已采用全自动过滤器完整性测试仪（图 B-23）对过滤材质及过滤器进行起泡点和保压测试，见图 B-23。该设备既可进行离线测试，又可完成在线测试，判断滤材精度是否合格、检查滤壳以及密封件是否完好。为防止污染，同一过滤装置的使用以不超过一个工作日为宜，否则应再验证。

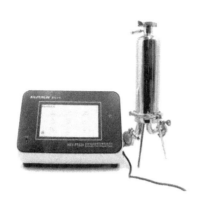

图 B-23　全自动过滤器完整性测试仪

过滤器完整性试验的验证原理：假设滤膜由许多互相平行且孔径相同的毛细孔组成，这些毛细管垂直于滤膜表面。当滤膜湿润时，产生了毛细管现象，见图 B-24。在一个密闭系统中，加大滤膜一侧的气体压力，空气在通过推动被液体饱和的毛细管时，必须克服液体的表面张力。当孔径变大时，表面张力下降，即临界压力值下降，以此可以判断滤膜是否受损。

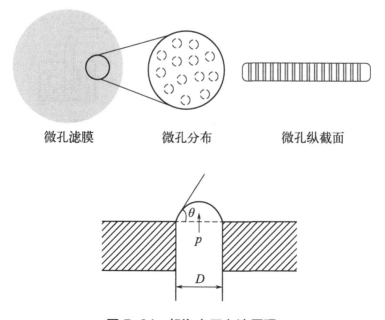

微孔滤膜　　　　　微孔分布　　　　　微孔纵截面

图 B-24　起泡点压力法原理

起泡点压力测定方法：以筒式过滤器为例，测定装置如图 B-25 所示。先将滤膜用纯化水或异丙醇湿润，亲水性滤膜用纯化水完全湿润，疏水性滤膜用 60% 异丙醇水溶液完全湿润，然后根据膜孔径大小选用表面张力系数不同的液体进行测定。测定时，首先关闭压缩空气与通向水槽的阀，拧下过滤器上端压力表，从此口向过滤器内注入适宜溶液，直至从此口有溶液溢出为止。将压力表安装好，由过滤器进口处通入压缩空气，并按 34.3kPa/min 的速度加压，将过滤器出口用软管连接浸入水中，当压力升到一定值，滤膜上的水层开始有连续气泡逸出，记录气泡第一次出现时的压力，此压力即为起泡点压力，亦称起泡点临界压力值。

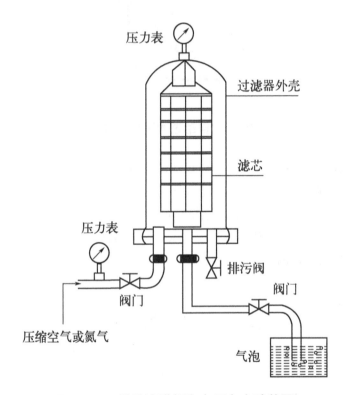

图 B-25 微孔滤膜起泡点压力实验装置

临界压力值与滤膜孔径有关，因此可以用来判断滤膜的完好性。如滤器在使用过程中受损，孔径变大，临界压力就会降低，如在使用前、使用后均处在完好的状态，则起泡点试验中的临界压力值应保持不变。

> **知识链接**
>
> ### 起泡点压力计算
>
> 设毛细孔的直径为 D，液体的表面张力为 γ，液体和毛细孔壁之间的夹角为 θ。此时，根据拉普拉斯等式，圆周任何一点表面张力的分力 f_y 为：

$$f_{\gamma} = \gamma \cos\theta$$

总的表面张力 F_{γ} 为：

$$F_{\gamma} = \pi D \gamma \cos\theta$$

当在毛细孔上面施加的气体压力逐渐增加至临界压力时，毛细孔内的液体刚能被排出，于是毛细孔内液面两侧的力相平衡：

$$p\pi(D/2)^2 = \pi D \gamma \cos\theta$$

设在毛细孔内液体是完全浸润的，达到临界压力时 $\theta = 0$，即 $\cos\theta = 1$

化简后得到：

$$p = 4\gamma/D$$

从上式可以看出，使液体通过滤膜毛细孔所需的临界压力反比于它的孔径并取决于液体表面张力的大小。从下表某一筒式过滤器不同滤膜孔径下以纯水测定的起泡点试验及压力保持值数据可以看出三者的关系。

滤膜孔径与起泡点压力对照表

滤膜孔径 /μm	孔隙率 /%	厚度 /μm	最低起泡点压力 /MPa	压力保持值 /MPa
0.1	70		0.67	0.48
0.22	75		≥0.34	0.24
0.45	79	100～150	≥0.24	0.17
0.65	81		≥0.15	0.15
0.80	82		≥0.12	0.15

需注意的是，上面的公式是以若干假设为依据的。尽管滤膜结构的功能和毛细孔在一定程度上相似，但滤膜实际上并不具有互相平行而且孔径相同的毛细孔结构。因此，公式 $p = 4\gamma/D$ 并不能用于准确地计算滤膜的孔径，也无法确认对微生物的滤除能力。如将除菌滤膜的孔径 0.2μm 及蒸馏水的表面张力 7.2×10^{-4} N/cm 代入 $p = 4\gamma/D$，可从理论上计算出该滤膜起泡点的临界压力为 1.44MPa，实测值约为 0.31MPa。由于理论计算值与实测数相差较大，所以当某种滤膜过滤器在给定的药液和工艺条件下确定了起泡点试验的临界压力后，还应用生物指示剂对其进行挑战性试验。只有在通过挑战性试验的条件下，临界压力才能成为该条件下起泡点的判断标准。

保压试验与起泡点试验的原理相同，均以溶液表面的毛细管现象为基础。该试验仍使用起泡点压力试验装置，将微孔滤膜过滤器用液体充分浸湿后，逐步加大气体的压力至起泡点临界压力的80%，将系统密闭，在规定的时间内观察并记录压力的下降情况。

在正常情况下，气体会从滤膜的高压侧向低压侧扩散，造成高压侧压力的下降，这一现象与不同压力下气体在滤膜中液体的溶解度有关。因此在保压试验中规定了压力下降的范围。如在规定时间内压力下降值超过标准，则说明滤膜在使用过程中损坏，或过滤器出现其他漏点。0.22μm滤膜的保压试验的参考标准为0.26MPa，10min内压力下降应小于5%。扩散流量试验与保压试验过程相同，合格标准是保压15~20min应无连续气泡逸出。

过滤器完整性测试仪往往可以同时做起泡点测试和保压测试。如先进行保压试验，待其结束后，继续升压直至过滤器下侧浸入水中的管道中有稳定的气流发生，就可以确定临界压力值。

（三）除菌过滤器结构灭菌的验证方法

在过滤除菌系统中，除菌过滤器本身就是一个累积微生物的污染点，因此，除菌过滤器结构应定期进行清洗灭菌并实施验证。过滤器结构清洗灭菌的采用湿热灭菌，有灭菌器内蒸汽灭菌和在线蒸汽灭菌两种方式。

选用灭菌器内蒸汽灭菌时，应将滤器及其组件用注射用水浸泡冲洗，用专用灭菌袋包好后置于高压蒸汽灭菌柜内，用121℃、清洁蒸汽灭菌30min，或按滤器生产厂家提供的灭菌条件灭菌，冷却后，在无菌状态下连接配管，使用该过滤器过滤注射用水，并按照设计取样频率定时抽取过滤后水样检测，应符合《中国药典》规定的注射用水质量标准。

在线蒸汽灭菌即整体联机灭菌，应在蒸汽压0.1MPa、121℃蒸汽灭菌30min，同时应在滤筒排气阀处及前后排气处排冷凝水。灭菌时需监控过滤器前后的压差。

除菌过滤器结构的灭菌验证应通过过滤器的完整性试验来证明过滤结构本身没有受到损伤，每平方厘米有效过滤面积的LRV值应不小于7。

（四）气体过滤器的完整性确认

对于非最终灭菌工艺制造的无菌制品，药品生产中不仅使用液体除菌过滤器，也使用气体除菌过滤器。如参与制造工艺的惰性气体（如N_2、CO_2）、压缩空气等均应经过除菌过滤处理，其验证项目与可接受标准如表B-20所示。有些设备的内部也需要送入高品质的过滤空气，如注射用水或纯化水储罐的通气口、干热或湿热灭菌器的通气口、冻干机真空干燥处理药品的干燥箱上的真空解除口等均安装有不脱落纤维的疏水性除菌滤器（俗称呼吸器）。这些气体除菌过滤器定期进行完整性试验是非常必要的。

表 B-20 气体除菌过滤的验证项目与标准

验证指标 \ 验证项目	可接受标准		
	压缩空气	N₂	CO₂
纯　度	含氧＜20％	99.9％	99.9％
微　粒	0.1mg/m³ （粒径 0.1μm）	0.1mg/m³ （粒径 0.1μm）	0.1mg/m³ （粒径 0.1μm）
菌　检	＜1CFU/m³	＜1CFU/m³	＜1CFU/m³
干湿程度	露点－40℃		
含油量	＜0.1mg/m³		

下面以疏水性聚四氟乙烯为滤芯的筒式过滤器的完整性试验为例说明其验证确认过程。

将聚四氟乙烯筒式滤芯经蒸汽121℃灭菌30min以后，与经过蒸汽灭菌的接收装置和0.2μm滤膜组件、过滤筒、阀门组件等组装在一起。在接收装置内充入经过灭菌的生理盐水，然后将带有细菌的压缩空气或氮气经聚四氟乙烯滤芯过滤后注入接收装置内的灭菌生理盐水中，要求气体注入灭菌生理盐水的过程维持一段时间（10min以上）。过滤后将位于接收装置进口端的0.2μm孔径滤膜浸渍于培养基中，在35℃恒温条件下培养3天后进行无菌检查，滤膜无菌检查的结果要求应为阴性。该试验需作阳性空白对照试验，另取一盛有灭菌生理盐水的接收装置通入未经过滤的氮气或压缩空气进行通气对照试验，对照试验的滤膜应统计其生菌数。

气体除菌过滤器的完整性也可以采用起泡点实验或液体浸入法来判断，由于气体过滤器滤材多采用疏水性材料制造，因此，气体过滤器起泡点试验使用有机溶剂（如异丙醇）来进行。

三、能力训练

本能力训练为过滤系统验证。

1. 实践目的

（1）掌握过滤系统验证的项目和评价标准。

（2）熟悉过滤系统验证的具体操作。

2. 实践内容

对于非最终灭菌的无菌制剂，除菌过滤是整个工艺流程中保证药液无菌的重要环节。除菌过滤系统由粗滤系统和精滤系统组成，包括滤芯、滤壳、硅胶管、蠕动泵。滤芯为聚醚砜滤芯，规格为 5 英寸、通过精度为 $0.2\mu m$；滤壳为 316L 不锈钢滤筒；硅胶管为药用级硅胶管。

灭菌前、过滤前、过滤后必须进行滤器完整性测试。按验证结果控制泵速。按验证结果清洗滤芯。滤芯的使用次数不得超过 10 次。

（1）安装确认

① 验证目的：确认设备完整并完好；确认设备主要部件的材质符合 GMP 及设计要求；确认设备系统的密闭性符合工艺要求。

② 验证标准：设备安装完整并完好；5min 内，压力表的压力指示不得降低。

③ 设备完整性检查：根据采购合同及设备装箱单检查设备及技术资料、备品备件，并确认完整并完好。

④ 系统密闭性检查：按图 B-26 所示，连接整个过滤系统，不安装滤芯。封闭出料口，将进料口与压缩空气管道相连。缓慢开启压缩空气阀门，待压力表压力显示为 0.4MPa 时，关闭压缩空气阀门，记录 5min 内压力表的压力变化。系统内的压力不降低，表明系统的密闭性良好；压力降低则表明系统有漏点。

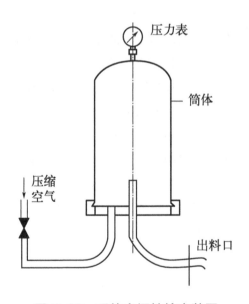

图 B-26　系统密闭性检查装置

（2）滤膜完整性验证

① 验证目的：用于确定使用的过滤系统滤膜孔径与验证规定使用的孔径相符，完整性达到要求。

② 验证标准：如仪器测试则可自动给出结果是否合格，手工测试则需观察连续有气泡冒出时的压力值必须等于或大于厂家的最小起泡点值。不合格，要查找原因，管路是否有泄漏，否则此滤膜不符合生产要求，应更换，并重新进行此实验，直至滤膜符合生产要求。

a. 滤膜起泡点试验（以手工测试为例）

ⓐ 滤芯的"预湿润"：为增加流通量，滤芯要用表面张力较低的液体（一般为纯化水）预湿润。

ⓑ 起泡点试验步骤：起泡点试验装置见图 B-27。装上滤筒后关闭阀 1；旋转取下压力表，将纯水慢慢倒入过滤器；当液体溢出时，将压力表装好，保证密封；开启压缩空气或氮气，开启阀 1、阀 2；缓慢加压到 0.31kg/cm² （约 0.03MPa），维持 30s，观察滤器的气泡处。如在筒体连接处及 O 形密封圈安装不严密或者滤膜没有被完全润湿，则将有连续气泡出现，此时应检查所有连接处或调换 O 形圈或重新润湿滤芯；若无气泡产生，则连续加压，直到在烧杯中观察有连续或稳定气泡来出现，此时所显示的压力即为最小起泡点压力。

b. 压力保持实验：将微孔滤膜过滤器用纯水充分浸湿后，逐步加大气体的压力至起泡点临界压力的 80%，将系统密闭，在 10min 内观察并记录压力的下降情况。继续升压，直至在过滤器下侧浸入水中的管中观察到有稳定的气泡。记录气泡第一次出现时的压力。见表 B-21。

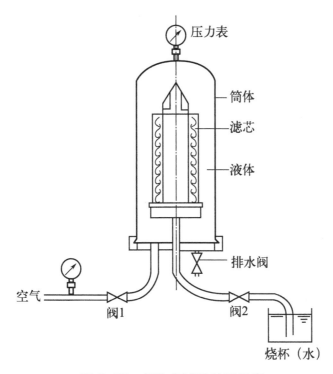

图 B-27 起泡点试验装置示意

表 B-21 试验记录及表格

实验次数	所用滤芯		起泡点压力值/MPa	压力保持时间	压力下降值
	规格	类型			
1					
2					
3					
4					
5					

（3）对微生物的截留验证

① 验证目的：用过滤含有定量指示细菌的培养基，模拟实际过滤工艺的方法来确认除菌过滤器的过滤能力。

② 指示菌：缺陷假单胞菌 ATCC19146，该菌平均直径 0.3μm，不能穿透孔径为 0.22μm 的滤膜；指示菌量＝过滤器膜面积（cm^2）×10^7 个/cm^2，所用 0.22μm 聚醚砜滤芯的有效过滤面积为 0.7m^2，故所需指示菌量为：7000（cm^2）×10^7＝$7×10^{10}$ 个。缺陷假单胞菌规格为 10^{10} 个/菌片，所以投入的指示菌量为七片菌片。

③ 试验压力及流量：试验压力 0.2MPa，流量 2L/min。

④ 试验用培养基：胰酪大豆胨液体培养基。

⑤ 试验步骤

a. 将过滤系统灭菌。

b. 用空白培养基浸润过滤器，再进行过滤器的完好性试验。

c. 将上述空白培养基用一阴性对照用无菌过滤器过滤，培养并检查无菌。

d. 将事先标定浓度的微生物悬浮液装入适当容器，并对待试验的过滤器进行挑战性试验，操作同上。

e. 进行过滤器完好性检查，确认试验过程中滤膜没有损坏。

f. 培养观察结果。

g. 结果评价。

如阴性对照过滤器获得阳性结果，则试验无效；如挑战性试验的滤液中长菌，则过滤系统不合格。见表 B-22。

表 B-22 试验记录及表格

实验次数	日期	所用微生物菌种	微生物挑战性菌量	所用滤芯		过滤后液体带菌量/(个/mL)	阳性对照生长情况
				规格	类型		
1							
2							
3							
4							
5							

（4）对药液质量影响的确认

① 试验要求：a. 试验用药液为 0.9％氯化钠溶液；b. 试验进行 3 次。

② 操作方法

a. 将药液用蠕动泵打入过滤系统中，将系统的进、出液口封闭，放置 4h，作为样品 1。同时，将同一批配制的药液，不打入过滤系统，放置 4h，作为样品 2。

b. 将样品 1 从过滤系统中放出混匀，测量 pH 值，同时测量样品 2 的 pH 值。

c. 以样品 2 为空白，对样品 1 进行紫外扫描，波长范围为 200～800nm。

d. 分别测定样品 1 和样品 2 中氯化钠的含量。方法见药典生理盐水的氯化钠含量检验方法。

③ 判定标准

a. pH 值：浸泡前后变化不得超过 0.05。

b. 溶出物：200～800nm 波长范围内的吸收度最大值不得过 0.03。

c. 过滤后氯化钠含量≥97％过滤前氯化钠含量。

表 B-23 实验表格及记录

浸泡前后 pH 值变化				
次数	浸泡前 pH 值	浸泡后 pH 值	前后变化值	标准规定	是否符合是√/否×
1					
2				浸泡前后变化不得超过 0.05	
3					

续表

过滤系统溶出				
次数	测量值		标准规定	是否符合 是√/否×
	最大吸收度波长	最大吸收度	最大吸收度	
1				
2			0.03	
3				
含量变化				
次数	过滤前	过滤后	标准规定	是否符合 是√/否×
1			过滤后氯化钠含量≥97％ 过滤前氯化钠含量	
2				
3				

3. 实践要求

（1）按操作过程对过滤系统进行验证，记录结果并进行分析。见表 B-23。

（2）评价过滤系统是否符合要求。

四、课后思考

（一）单选题

1. 过滤除菌工艺的验证，应该采用（　　）

A. 前验证　　　　B. 同步验证　　　　C. 回顾性验证　　D. 再验证

2. 细菌挑战性试验中，上游指示菌的数量每平方厘米应达到（　　）

A. 10^5 个　　　　　B. 10^6 个　　　　　C. 10^7 个　　　　D. 10^8 个

（二）多选题

过滤除菌系统需要完成的验证项目包括（　　）

A. 过滤器性能试验

B. 过滤器完整性试验

C. 过滤器选型验证

D. 过滤方式验证

扫一扫

数字资源
课后思考答案

（三）思考题

请简述起泡点实验原理，说明如何证明滤膜完整性。

 知识图谱

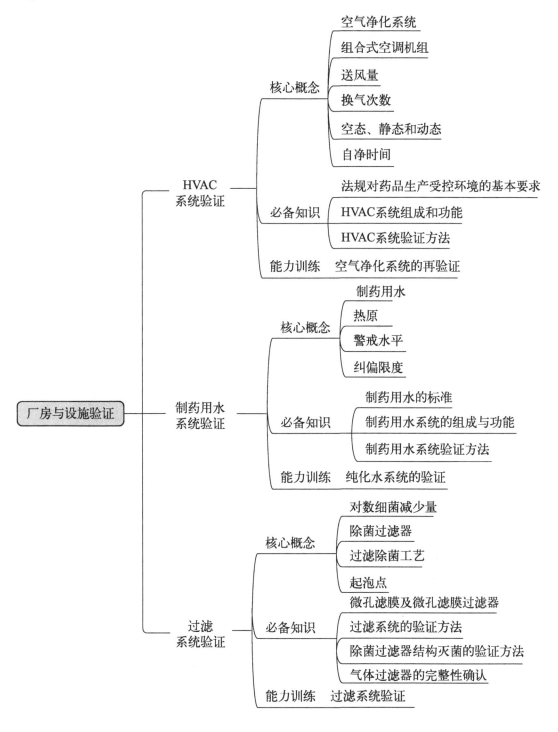

C
制剂设备的确认

 学习目标

1. 掌握　设备确认的基本步骤。
2. 熟悉　设备终身管理概念。
3. 了解　设备的变动控制、设备选型原则。
4. 能　说出设备确认常用术语含义。
5. 会　进行制剂设备确认。

C-1　制剂设备管理

数字资源C-1
制剂设备的确认视频

一、核心概念

设备管理：系指以设备为研究对象，追求设备综合效率，应用一系列理论、方法，通过一系列技术、经济、组织措施，对设备的物质运动和价值运动进行全过程（从规划、设计、选型、购置、安装、验收、使用、保养、维修、改造、更新直至报废）的科学型管理。

二、基本知识

（一）制剂设备管理的目的与意义

药品设计不仅指产品本身的设计和生产工艺的设计，也包括与生产工艺密切相关的制药设备的设计。目前，我国制药企业多采用自动化设备大规模生产模式，使药品的质量不仅取决于生产工艺的设计质量，也受到生产设备设计质量的影响。设计良好的生产工艺只有依托于与该工艺具有良好适应性的制药设备才能生产出质量符合标准的产品。因此，制药企业从自身的生产工艺出发，根据工艺对设备的性能、材质、结构的特定要求开展设备设计确认工作，通过执行在设备开发设计制造阶段的确认，并以此为基础建立有效、规范的"设备管理"体系，有助于将 GMP 管理理念在设计阶段就融入药品的生产系统中，确保所有生产相关设备自投资计划、设计、选型、安装、改造、使用直至报废的设备生命周期全过程均处于有效控制之中，并能做到设备活动都有据可查，便于追踪，最大限度降低药品生产过程发生的污染、交叉污染、混淆和差错，从而真正体现"质量是设计和生产出来的"现代质量管理价值观。

（二）　GMP 对设备的要求

鉴于设备质量与产品质量的密切相关性，现行版 GMP 第五章从各方面对设备提出了专门要求。

1. 净化、清洗和灭菌的要求

根据 GMP 对洁净车间的要求，设备自身不应对生产环境产生污染。原则上，在药品加工中凡是存在药品暴露或人机污染风险的可能，均应在设备上设计有相应净化功能。如粉碎过筛、压片等环节所需生产设备在设计上应采用密闭结构，避免粉尘散发。

受设备结构因素影响，设备人工清洗可能存在清洗不到位现象，且易造成新的污染。

GMP 对药品质量的要求，使设备在线清洗（CIP）技术在制药设备及输送管路上得到了广泛的使用。CIP 技术包括设备、管道、操作规程、清洗剂配方、有自动控制和监控要求，能在不拆卸、不挪动设备、管线的情况下，根据流体力学的分析，利用受控的清洗液的循环流动，洗净污垢。另外设备的在线灭菌功能（SIP），尤其是在线蒸汽灭菌也是无菌生产设备选择时应考虑的。设备的清洗详见 D-2 清洁验证。

2. 材质和安全设计要求

GMP 规定生产设备不得对药品质量产生任何不利影响。与药品直接接触的生产设备表面应当平整、光洁、易清洗或消毒、耐腐蚀，不得与药品发生化学反应、吸附药品或向药品中释放物质。因而在设备选用中，应考虑设备材质的性质，与药物等介质接触时，在腐蚀性、接触性、气味性的环境条件下应不发生反应、不释放微粒、不易附着或吸湿等。

制药设备多为金属制成。潮湿环境下工作的设备及设备与药物直接接触部位均应选用低含碳量的不锈钢材料、钛及钛复合材料或铁基涂覆耐腐蚀、耐热、耐磨等涂层的材料制造，如 316L 不锈钢。304、312 不锈钢均存在被药物腐蚀的风险，需限定使用范围。设备的同一部位（部件）所用材料需保持一致性，不应出现不锈钢件配用普通螺栓的情况。制药设备中的非金属材料零部件选用原则为无毒性、不污染，即使用过程中无掉渣、掉毛现象。部分非金属零部件视用途还应考虑其耐热、耐油、不吸附、不吸湿等性质，密封填料和过滤材料尤应注意卫生性能的要求。

根据药物自身性质和设备工作内容，设备管理时需考虑防尘、防水、防过热、防爆、防渗入、防静电、防过载等保护功能，部分设备还应考虑在非正常情况下的保护，如高速运转设备的"紧急制动"，高压设备的"安全阀"，粉体动轴密封不得向药物方面泄漏的结构以及无瓶止灌、卡阻停机、异物剔除等。

3. 结构设计要求

设备的结构具有不变性，即是指在设备投入使用后，很难对不合理的结构进行改变，因此设备的结构设计需预先考虑使用、维修、清洁等方面因素。

（1）制药设备结构应有利于各种物料的流动，与药物接触部位均应具高光洁度，避免物料附着。为避免设备制造过程中抛光不到位，要求外部轮廓结构简洁，无抛光死角。

（2）制药设备的轴结构在设计时应避免润滑剂接触药物风险，包括润滑剂掉入、渗入的可能性。

（3）设备内的凸凹、槽、台、棱角易产生物料清除和设备清洗死角，因此这些部位的结构要素应尽可能采用大的圆角、斜面、锥角等，以免挂带和阻滞物料。

4. 在线监测、控制要求

在线监测与控制功能主要指设备具有分析、处理系统，能自动完成几个工步或工序工作的功能，这也是设备连线、联动操作和控制的前提。实践证明，在制药工艺流程中设备的协调连线与在线控制功能是最有成效的。

设备的在线控制功能取决于机、电、仪一体化技术的运用，随着工业 PC 机、计量、显示分析仪器的设计应用，多机控制、随机监测、即时分析、数据显示、记忆打印、程序控制、自动报警等新功能的开发，使得在线控制技术得以推广。目前在线自动质量检测装置在一些合资企业得到了广泛的运用。

5. 对公用工程的要求

生产设备与厂房设施、动力与设备以及使用管理之间都存在互相影响与衔接的问题。通常工程设计中设备选型在前，故要求设备接口及工艺连线设备要标准化，在工程设计中处理好接口关系。此外，厂房设施的荷载、设备的动力能源和废水废弃排放系统应与设备相匹配，并与设备同时设计、同时施工、同时验收。

（三）设备的生命周期

对于一台设备而言，其生命周期起始于提出要求，终止于报废。由于设备生命周期每一个环节的问题都会引起整个过程的连锁反应，因此需要建立设备终身管理制度，从整体上保证和提高设备的可靠性、维修性和经济性。根据设备生命周期各阶段的任务与目的，设备的终身管理可分为前期管理与后期管理两阶段，涉及的流程如图 C-1 所示。

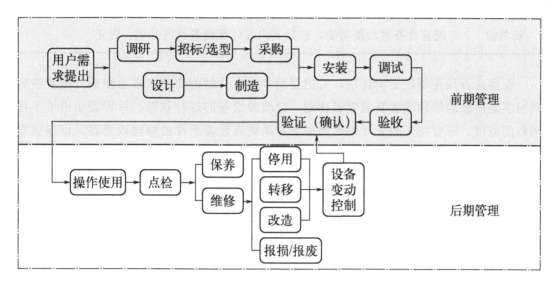

图 C-1　设备终身管理流程

在设备的生命周期中，以最有效的设备利用为目标，以维修预防、改善维修、事后维修综合构成生产维修运行体制，由设备的计划、使用、维修等有关人员，从最高经营管理者到一线操作人员全体参与，以自主小组活动推行全员生产维修（TPM），实现限制和降低六大损失：①设备停机时间损失；②设置与调整停机损失；③闲置、空转与短暂停机损失；④速度降低损失；⑤残、次、废品损失；⑥产量损失（由启动到稳定生产间隔）。

（四）设备的变动控制

设备的变动指对一个已进行了验证的设备所进行的除了日常清洁、润滑、调整以外的任何修理或更新，类型如表 C-1 所示。

表 C-1　典型变动控制类型

变动类型	描述
扩展	新设备与现有设备的连接，如需要扩大产能；扩展不包括引进新生产线
连接	现有设备与其他现有设备的连接
替换	设备的一部分或者整个设备被不同型号替换

续表

变动类型	描述
移除	因设备不再需要而被移除（非终止）
新功能	现有设备增加新功能，包括其内在计算机系统的升级、更正

　　根据是否预先制定变动计划，可把变动分为有计划的变动和紧急变动。前者指变动前事先所做的修理或更新纲要或计划，以改善设备的运行状态；后者表示由于不可预料的原因，需要在无前置计划的前提下对系统或设备所作的修理或更新，以保证安全操作和防止产品损失。

　　国内药监部门飞检及国内外 GMP 审计中，因变动控制中验证活动评估不到位实施不全面，造成设备验证状态未有效维护的警告信及审计缺陷项屡见不鲜。因此设备变动过程需要设备使用部门或维修部门需制定相应的申请表，并通过相关部门审核批准。

1. 相关部门责任

　　（1）当已验证的设备有计划地或紧急变动时，设备使用部门或修理部门必须立即通知质量保证部及验证主管。

　　（2）质量保证部及验证委员会（或小组）决定此设备变动后是否需要进行再确认或再验证。

　　（3）质量部门及其他相关部门包括环境、健康、安全部（EHS）的负责人认可设备的变动，质量保证部最终批准此方案并判断紧急修理或变动后是否存在不良影响。

2. 设备变动的控制方法

　　（1）有计划的变动

　　① 设备使用部门或修理部门填写设备变动控制申请表，注明设备已经验证并投入正常运行。申请表上应体现设备或硬件的名称和安装部位、修理、调换或改造计划的理由与详细描述。

　　② 设备变动控制申请表送有关部门及验证委员会、质量保证部审查并批准。批准后，维修部门即可实施并更新原有已竣工的设备安装图和电气接线图。

　　③ 维修部门完成设备变动后，填写修理报告，注明实际做了哪些工作，然后将控制表返回验证委员会。

　　④ 验证委员会对此变动进行研究，然后通知设备使用部门设备是否需要进行再验证及验证所需项目；设备修理后生产的产品暂处于待验状态，由质量部门控制，直到再验证结束，设备变动控制表中申请的变动内容被确认批准。

　　（2）紧急变动　当设备发生了异常情况紧急修理或更换时，为了不影响生产，可先修理再补办手续。

① 设备紧急修理或更新后的当天，修理部门或设备使用部门需通知质量保证部。

② 紧急变动时申请表中的方案预审程序可以省略，但需备注"紧急情况"并填写相关的修理报告，注明实际进行的工作，然后将控制表递交给验证委员会审核、批准。

（五）设备的技术资料管理

建立一套有效的、规范的、切实可行的设备技术资料管理模式，保证设备资料的编写、修订、存档、发放及收回工作安全、可靠、有序，有利于保证资料提供的完整性与及时性，使生产、维修活动得以正常进行。

1. 设备技术资料内容

（1）设备项目计划、购买合同、技术要求、用户需求。

（2）设备使用说明书、设备维修手册、备件手册、外购件技术资料。

（3）到货装箱单、材质证明、生产许可证明、仪表鉴定证明。

（4）设计、制造、安装过程施工记录和确认文件。

（5）竣工图纸。

2. 设备技术资料的管理流程

（1）资料的接收

① 项目竣工资料交付，应由技术人员审核，符合设计要求和现场实际方可接收。

② 在编写或修订技术资料和图纸时，建议统一编号管理，应包含正确、恰当的信息，并由相关人员进行审核。

③ 通过对资料的原始电子版本备份、限制访问权限等方法确保其安全。

（2）资料的存档、分发与收回

① 常用技术资料（如设备使用说明书、设备维修手册、备件手册等），原则上应不少于两套，一套交资料室存档，另一套可用于生产、维修活动的借阅。

② 资料相关技术进行电子化，并有备份，谨防修改。

③ 设备报废后，应通知资料管理员，收回所有被借阅的技术资料和复制件，并与该设备同时处理。

（3）技术资料的保管和借阅

① 设备技术资料应保存在资料柜中，由专用的资料室保管，资料室应干燥通风。

② 存档资料应与可借阅资料分开保管。

③ 保存的资料和记录有详细的台账。

④ 可被借阅的资料应有对应的资料借阅登记表，并体现借阅日期和归还日期。

⑤ 为达到资源共享目的，技术资料管理者应定期进行外借资料的普查工作，并督促借阅者按期归还所借资料。

⑥ 所有资料借阅人员都应严格遵守保密协议，履行保密义务。

（六）设备的使用日志管理

现行版 GMP 第五章第八十六条指出，用于药品生产或检验的设备和仪器，应当有使用日志，记录内容包括使用、清洁、维护和维修情况以及日期、时间、所生产及检验的药品名称、规格和批号等（表 C-2）。设备使用日志建立了一个标准化的生产设备状况（如维修、校验、验证、清洁等）的记录和跟踪体系，有助于体现企业的 GMP 实施情况、便于进行药品生产过程追溯，并对操作人员起一定监督和提醒作用。

表 C-2　设备使用日志

使用日期：＿＿＿＿年＿＿月＿＿日

设备名称			安装位置				
规格型号			资产编号			使用部门	
使用前 状况	□ 正常 □ 异常 □ 故障		安全状况	情况说明：			
			□ 安全 □ 不安全				
使用 情况	使用时间		检验（称量）品名	规格	批号/编号	用途	使用人
	开始	结束					
清洁（消毒） 情况	清洁剂：				消毒剂：		
	清洁方法：				消毒方法：		
维护保养情况	□日常维护 □定期维护		保养内容：				

续表

维修情况	维修人员	维修内容：
备注		

记录人：

设备使用日志的填写如下。

（1）设备使用日志（除另有规定外）应在设备生产运行、维护保养的每班或每天由操作人员或指定人员填写，没有运行、维护保养等操作行为则不用填写。

（2）发生异常或故障，应对异常或故障情况及处理情况进行说明。

（3）如当班发生设备维修等情况未完成的或有需要向下一班交代的情况应在"备注"栏填写清楚。

（4）每班操作结束后由岗位班长或指定人员检查确认日志的填写内容并签名。如设备有清洁、维护或维修情况的，使用人应对填写内容签字确认。

（5）设备使用日志的填写应字迹清晰，词句简练、准确，无漏填或差错，如因差错需要重新誊写时，应保留原单元栏，注明作废原因，由注明人签名并填写日期，不得撕掉造成缺页。

三、能力训练

本能力训练为总混设备管理。

（1）实践目的　熟悉设备管理的相关内容。

（2）实践内容　查阅资料，以小组为单位完成以总混设备为对象开展设备管理。

（3）实践要求　介绍总混设备在材质和安全设计方面的要求，制定总混设备技术资料管理方案并建立总混设备技术资料目录。

四、课后思考

（一）单项选择题

1. 以下环节属于设备前期管理的是（　　　）

A. 更新　　　　B. 验收　　　　C. 技改　　　　D. 点检

2. 以下不属于设备技术资料的是（   ）

A. 使用日志   B. 使用说明书

C. 竣工图纸   D. 确认文件

（二）综合题

请简要概括 GMP 对设备有哪些方面的要求。

扫一扫

数字资源
课后思考答案

C-2　设备确认

一、核心概念

设备确认　证明设备能正确运行并达到预期结果的有文件证明的一系列活动。

设计确认（DQ）　有文件记录的对厂房、设施、设备等的设计所进行的审核活动，目的是确保涉及符合用户所提出的各方面的需求，经过批准的设计确认是后续确认活动的基础。

安装确认（IQ）　有文件证明厂房、设施、设备的建造和安装符合设计标准；主要是在机器设备安装后进行的各种系统检查及技术资料的文件化工作，以确认设备安装符合制造商标准、GMP 及本公司技术要求、技术档案归档。

运行确认（OQ）　有文件证明厂房、设施、设备的运行符合设计标准；即是为证明设备达到设计要求而进行的运行试验及文件化工作。通过空载运行试验，检查和测试设备运行技术参数及运转性能，通过记录并以文件形式证实制药机械（设备）的能力、使用功能、控制功能、显示功能、连锁功能、保护功能、噪声指标，确认设备符合相应生产工艺和生产能力的要求。

性能确认（PQ）　有文件证明厂房、设施、设备在正常操作方法和工艺条件下能够持续符合标准；是为证明设备或系统达到设计性能的试验，通常是进行模拟生产试验。在制药工艺技术指导下进行工业性负载试生产，或用模拟试验的方法，确认制药机械（设备）运行的可靠性和对生产的适应性。

二、基本知识

（一）设备的选型

1. 设备选型的原则

（1）生产性　生产性特指设备的生产效率，又体现在设备的高效率上。高效率设备的主要特点为大型化、高速化、自动化。

（2）工艺性 工艺性是指设备满足生产工艺要求的能力。机器设备最基本的一条是要符合产品工艺的技术要求，制药设备必须符合 GMP 要求。

（3）可靠性 可靠性是表示一个系统、一台设备在规定的时间内、在规定的使用条件下、无故障地发挥规定机能的程度。规定条件是指工艺条件、能源条件、介质条件及转速等。规定时间是指设备的寿命周期、运行间隔期、修理间隔期等。

（4）维修性 维修性指设备结构简单，零部件组合合理；维修的零部件可迅速拆卸，易于检查，易于操作，实现了通用化和标准化，零件互换性强等。

（5）节能性 节能性主要指原材料消耗和能源消耗。

（6）安全性 机械部件、电气件布局不应对生产产品和人员造成危害。

（7）环保性 环保性指设备本身的噪声、是否排放有害物质。

（8）成套性 设备本身及各种设备之间的成套配套是形成设备生产能力的重要标志（考虑因素有联动线、匹配、通用互换、售后服务）。

（9）通用性 一种型号的机械设备的适用面要广。强调设备的标准化、系列化、通用化。

（10）操作性 操作简便（自动化程度高）、数据自动记录。

2. 设备选型的步骤

首先要进行设备市场信息的收集和预选，信息的收集来源于纸媒广告、网络广告、展销会、技术交流会等途径。其次初选设备型号和供货单位，对预选的机型和厂家进行大量的资料掌握。分析、比较，从中再选出最适合的 2～3 个机型和厂家。最后选型评价决策，选型评价决策从药品生产工艺要求、设备性能要求、市场供应情况、市场价格等多角度去评价。

（二）设备确认

通过对设备设计、选型、安装、试运行全过程监控确认，来完成设备的添置或改造。为最终产品—药品的生产质量提供设备保证。通过验证完善 SOP，为以后设备的长期投运提供操作标准。建立完整的验收资料，指导以后的投资工作并帮助企业顺利通过整体 GMP 验收。验证的生命周期如图 C-2。

药品生产企业（简称使用方）是制药设备验证工作的实施主体，制药机械制造企业（简称制造方）应积极配合使用方的设备验证工作。验证工作由使用方组织并完成。验证工作的方案应根据制药机械产品标准、用户需求标准（URS）、制药机械符合药品生产质量管理规范的通则（JB20067）、药品生产质量管理规范（GMP）和制药工艺等要求制定，验证方案应经使用方技术负责人审核批准后实施。制药机械（设备）验证应严格按照验证方案规定的内容和步骤进行。制药机械（设备）验证的各阶段工作完成后，均应形成确认的相关文件。

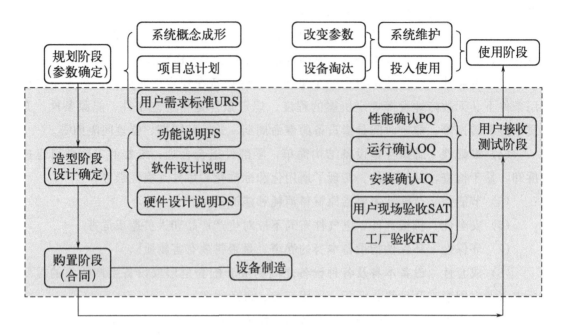

图 C-2　设备验证生命周期示意

1. 目的

（1）确认制药设备设计与制造工艺符合产品标准，满足 URS 和 GMP 要求。

（2）确认制药设备安装符合安装规范，产品相关资料和文件的归档管理符合要求。

（3）确认制药设备在运行情况下的使用功能和控制功能符合规定。

（4）确认制药设备在实际使用条件下的生产适用性和符合制药工艺与质量要求。

2. 程序

设备确认有五个重要过程，依次是：①技术参数确认（specification qualification，SQ）、②设计确认（design qualification，DQ）、③安装确认（installation qualification，IQ）、④运行确认（operational qualification，OQ）、⑤性能确认（performance qualification，PQ）。在各确认阶段均应形成阶段性确认的结论性文件，达不到确认要求的不应进行下阶段的确认工作，整改复验达到要求后方可进行下阶段的确认工作。制造方在制药设备交付使用方前应完成制药机械新产品的设计确认和文件化工作。设备到达使用方后，制药设备的安装确认（IQ）、运行确认（OQ）和性能确认（PQ）由使用方完成。必要时可由双方协议共同完成。

3. 范围

制药机械（设备）验证范围的确定原则应依据制药工艺要求而定。直接或间接影响药品质量的，与制药工艺过程、质量控制、清洗、消毒或灭菌等方面相关的制药机械设备，属于必须验证的范围，其他辅助作用或不对药品质量产生影响的制药机械设备可不列为验证的范围。

与产品接触的设备要求进行广泛的 IQ/OQ 确认，IQ 必须进行整体系统、纯水系统、洁净压缩空气系统、延伸系统、管道、控制系统确认；OQ 必须进行使用点上的供给质量相关参数确认，如体积、压力、流量、温度、露点、干燥分馏、化学性质、微生物水平、微粒数等。

公用系统如建筑物和非产品接触的设施，所需 IQ/OQ 确认程度略低。

> **知识链接**
>
> ### 系统/设备影响性评估（SIA）
>
> 系统/设备影响性评估（SIA）指评估系统或设备的运行、控制、报警和故障状况对产品质量影响的过程。SIA 将系统或设备分为三类：直接影响系统/设备（DIS）、间接影响系统/设备（IIS）与无影响系统/设备（NIS）。
>
> 其中，DIS 需按照良好工程质量管理规范要求进行设计、调试，并进行相关确认；IIS 和 NIS 只需按照良好工程质量管理规范要求进行设计、调试，不要求进行确认。

4. 实施

在对设备进行确认时，必须设计出一套审慎周密的设备确认计划及有效的测试方法；但首先要强调的是，设备确认与测试并不相同，前者是着重于评价系统是否按预期的功能运行，它的重点在于核对文件是否完整正确，而测试则是指对系统中误差的鉴定，重点在于评估预测值与实际结果的差异。因此可以说设备确认包含设备测试。一套完整的设备确认计划书（即设备确认方案）通常包含三个部分：IQ、OQ 及 PQ。DQ 一般不放入方案中，因为这一部分是一个设备选型、供应商选择等设备采购的前期工作。这些工作完成后才能制订该设备的验证方案。但部分制剂车间（如医院制剂室）往往要求进行 4Q 确认，即将设计确认的指标性参数和具体要求写入验证方案中，并对之前的工作进行确认。

（1）设计确认　设计确认（DQ）即《药品生产验证指南》中明确解释为"预确认，即设计确认，通常指对待订购设备技术指标适应性的审查及对供应厂商的选定。"同时，在《GMP 实施指南》中明确"预确认：是对设备的设计与选型的确认。内容包括对设备的性能、材质、结构、零件、计量仪表和供应商等的确认。"

使用方对制造方生产的制药设备的型号、规格、技术参数、性能指标等方面的适应性进行考察和对制造商进行优选，对制药机械新产品的设计是否符合 GMP、产品标准、用户需求标准（URS）及相应生产工艺等方面进行审查与确认，最后确认与选定订购的制药机械（设备）与制造商，并形成确认文件。其内容一般包括：①产品的规格、参数和技术指标；②产品的生产方式、能力与适用性；③产品的材质、结构、外观、制造工艺性、噪声、传动机构、辅助系统、润滑系统、安全系统、运行性能等；④电气和控制功能，含调速、显示、连锁保护、操作系统、安全报警、联机性等；⑤对环境和设施与工艺的配套性；⑥易清洗、易灭菌、易操作维护、不污染性能等。

（2）安装确认　安装确认（IQ）主要是通过设备安装后，确认设备安装符合设计要求，文件及附件齐全，通过检验并用文件的形式证明设备的存在。也就是说，通过检查文件和其他项目，来证明这台安装在这的设备就是我们要的那台，并且已经正确地安装了。安装确认范围包括制药装备的外观检查、测试方法、文件和合格标准，以证实制药装备的安装确实按制造商的安装要求进行。

IQ一般由设备制造方与使用方共同来参与，在安装完后对设备做现场安装后的测试。IQ完成后，我们就可以进入OQ阶段。制药设备在安装完毕后，根据验证方案进行安装确认，经实施提出IQ结论。制药机械制造方应提供给使用方内容翔实、完整、有效的设备安装指导文件。

安装确认内容一般包括文件检查和现场检查。①检查随机文件与附件齐全：设备原始文件资料（使用说明书、购买合同、操作手册、合格证、装箱单等）；图纸索引（安装及地基基础图、电气原理图、备件明细、易损件图等）；设备清单（安装位置、设备编号、生产厂家、备品备件存放地及一览表）；相关配套系统（压缩空气、真空气体、水质与供水、蒸汽、制冷等）；公用工程检查表（公用工程清单、验收合格证）；润滑位置表和仪器仪表安装一览表（仪器清单、安装位置、编号、生产厂家、校验、校准周期）等。②依据设备安装图的设计要求，检查下列几方面：检查设备的安装位置和空间能否满足生产和方便维修的需要；检查外接工艺管道是否符合匹配和满足要求；检查外接电源；检查主要零件的材质；检查设备的完整性和其他问题。

（3）运行确认　制药设备运行确认（OQ），主要是通过空载或负载运行试验，检查和测试设备运行技术参数及运转性能，通过记录并以文件形式证实制药机械（设备）的能力、使用功能、控制功能、显示功能、连锁功能、保护功能、噪声指标，确认设备符合相应生产工艺和生产能力的要求。确认内容一般包括：①运行前检查，如电源电压、安全接地、仪器仪表、过滤器、控制元件及其他需运行前检查；②验证用测试仪器仪表的确认；③设备运转确认，依据产品标准和设备使用说明书，在空载情况下，对空负荷运转状态、运转控制、运转密封、噪声等项确认；④设备操作控制程序确认；⑤机械及电气安全性能确认；⑥设备各项技术指标确认。

制药机械（设备）在安装确认后，根据验证方案进行运行确认，经实施提出OQ结论。制药机械制造方应提供给使用方具体指导设备正确运行和各功能操作及控制程序的相关文件。

(4) 性能确认　制药设备性能确认（PQ）是在制药工艺技术指导下进行工业性负载试生产，也可用模拟试验的方法，确认制药机械（设备）运行的可靠性和对生产的适应性。在试验过程中通过观察、记录、取样检测，搜集及分析数据验证制药机械（设备）在完成制药工艺过程中达到预期目的。

PQ 是模拟生产的过程，由使用者按照药品生产的工艺要求进行实际生产运行。IQ 和 OQ 的执行类似于有完整文件记录的技术性测试验收；而 PQ 则需要按每套设施设备及其相关工艺程序制定个别的确认方案。

性能确认内容一般包括：①在负载运行下产品性能的确认；②生产能力与工艺指标确认；③安全性确认；④控制准确性确认；⑤药品质量指标确认（包括药品内在质量、外观质量、包装质量等）；⑥设备在负载运行下的挑战性试验。

(5) 设备确认结论　经过一系列的确认，即得到了相关文件证明。将所有的确认结果统计、分析、整理成报告，报告内容至少包括以下几项。

① 简介：简要概述设备确认的内容和目的。

② 系统描述：对设备的组成、功能、在线仪表仪器灯进行简要描述。

③ 相关确认文件：将相关的计划、方案、报告等进行索引，便于后续追溯调查。

④ 人员及职责。

⑤ 实施情况：包括预计进行的实验与实际实施情况。

⑥ 合格标准：若涉及药典标准或 GMP 通用标准，应注明出处。

⑦ 设备确认实施结果。

⑧ 偏差及措施。

⑨ 设备确认结论。

⑩ 设备确认状态维护：包括预防性维护计划、年度质量回顾分析、校验与再确认。

对于设备确认过程中所出现的偏差，由验证小组对其进行分析评价，认为结果可以接受或对其偏差项进行纠正能达到生产及 GMP 的要求，此设备的设备确认项目才能算结束。需要说明的是，只有直接或间接影响药品质量的，与制药工艺过程、质量控制、清洗、消毒或灭菌等方面相关的制药设备才需要进行设备确认。其他辅助作用或不对药品质量产生影响的设备可不列为设备确认的范围，如贴标机、理瓶机等。

(6) 设备再确认　设备已经进入正式使用的阶段，下列情况发生时一般需要对设备进行非例行性再验证。

① 设备或公用工程系统大修后或有重大变更时。

② 相关 SOP 有重要修改。

③ 趋势分析中发现有系统性偏差。

确定变更是否会引起一系列问题，应对这些变更的信息进行风险评估（Risk Assessment，RA），是组织确定信息安全需求的一个重要途径，属于组织信息安全管理体系策划的过程。

> ### 知识链接
>
> #### 设备的风险评估
>
> 设备风险评估是在设备状态评价的基础上，评估设备出现故障的可能性和后果的严重程度，确定设备面临的和可能导致的风险。设备风险评估应包括设备本身的风险、设备运行风险和外界条件对设备影响的风险。
>
>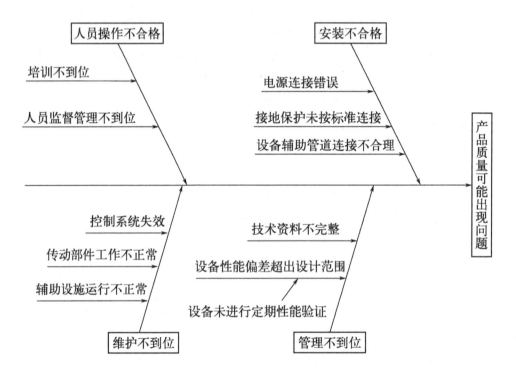
>
> 设备风险评估采用风险系数（RPN）进行风险优先数量等级判定，计算公式如下：
>
> $$RPN = S \times P \times D$$
>
> 其中，S 为严重程度，代表设备对药品质量的影响；P 为可能性程度，代问题出现的频次；D 为可检测性，代表风险发生时能够检测的程度。S、P 和 D 按从轻到重依次分为 1~5 五个等级。
>
> 根据 RPN，可将设备风险等级分为低、中、高三类。低风险表示可接受，无需采取额外措施；中风险通过降低 P 和提升 D 来降低最终风险；高风险需采取控制措施以降低风险。

（三）验收测试

1. 工厂验收测试（factory acceptance test，FAT）

即指制药设备依据设计完成生产，发货前在购买方的见证下，由制造商对交付的设备做工厂验收测试。该测试旨在保证设备已经严格按照要求完成了组装调试，各项指标符合客户验收要求，可以安排交货。FAT 由设备的制造方在设备使用方或其委托有资质的第三方的见证下进行，完成测试后签字确认。

2. 现场验收测试（site acceptance test，SAT）

当设备到达设备的使用场所后，需在用户制定的人员见证下进行 SAT。与 FAT 相似的是，SAT 的目的也是保证设备已经按要求完成了组装和调试，所以有些测试项目与 FAT 相同。所不同的是，FAT 是由设备的制造商在制造工厂测试，而 SAT 是由设备的使用方在设备的使用场所做的测试，所以更偏向于一些在设备的制造工厂无法做的测试。

SAT 方案由设备供应商进行编写，并在测试开始前由用户审核、批准。SAT 结果中符合 GMP 文件要求的数据可用于支持设备确认，在进行设备确认时，无需重复测试。

3. 设备确认与 FAT、SAT 的关系

FAT 和 SAT 更像是一个货物交接的过程。双方按合同要求对货物进行验收，因为设备比较复杂，所以需要对其进行多项检测，这些检测有一部分在货物还没发出之前检测，检测的项目及结果形成的报告就是 FAT，还有一些项目必须到客户处才能测，就是 SAT。

IQ、OQ 和 PQ 虽然很多项目与 FAT 和 SAT 重复，但目的不同，IQ、OQ 和 PQ 确认的目的是确认设备设计和制造符合产品标准，满足 GMP 等法规和用户需求标准的要求，是设备使用方对自己产品生产的过程满足质量和法律法规的一种证明。

IQ、OQ 和 PQ 中如果有一些项目在 FAT、SAT 或其他检查时已做过，那我们可以将这些结果的记录直接附在确认报告中，不需要重复检查；如果没有，则需要在确认时检查这些项目。

三、能力训练

本能力训练是总混设备确认。

1. 实践目的

（1）掌握总混设备确认的要素。

（2）熟悉总混设备确认的操作过程。

2. 实践内容

对混合机进行验证，检查并确认其安装符合设计和 GMP 要求，资料和文件符合

GMP 要求；运行性能符合设计要求；确认颗粒均匀性，从而验证混合机的性能。

（1）安装确认　验证该设备的安装是否符合设备安装的要求。可接受标准：文件资料齐全，设备性能设计符合要求；设备安装符合设计规范。外观检查和文件检查见表 C-3 和表 C-4。

表 C-3　设备外观检查标准及结论

检查项目	标准及要求	结论
设备定位	混合整粒间	
材质	与物料接触部位为不锈钢	
内外部结构	便于清洗、无死角	
操作间	生产环境能满足要求，便于操作，有与之匹配的电源	
设备标牌	完整、清晰	

表 C-4　设备文件名称及存放地点

文件名称	存放地点
使用说明书	档案室、保障部、生产车间各一本
产品合格证	档案室一本
设备开箱验收单、安装调试记录	档案室一本

（2）运行确认　验证该设备在空载运行时，符合设计要求，并检查设备操作规程的适用性。按照设备技术参数及《三维运动混合机使用操作规程》，对设备进行足够的空载运行，应符合设计要求：空载运行 30min，检查设备运行各部位功能正常，符合设计要求。

① 合格标准：主机应平稳运转，无异常现象，电控仪表指示正常，灵敏可靠。

② 测试条件：设备安装到位稳固；电气连接符合要求；环境符合设计要求。

③ 验证程序：启动设备空运转，调节转速，进行测试，分别以不同转速测试三次，每次 30min。见表 C-5。

表 C-5　设备设计要求、检查结果及结论

检查项目	设计要求	检查结果/(r/min)			结论
		400	500	600	
整机	各部件稳固				
仪器仪表	准确灵敏				
整机运行	平稳，无异常声响				
环境	温度 18～26℃，相对湿度 45%～65%				

（3）性能确认

① 验证目的：在进料情况下，检查确认三维运动混合机混合均匀效果是否符合设计，是否满足工艺要求。

② 合格标准：混合效果应符合工艺要求。本试验用三批淀粉和氯化钠粉末，按该设备操作规程进行操作，各点氯化钠含量符合标准。检查项目、质量标准见表 C-6。

表 C-6　检查项目、质量标准及取样方法

检查项目	标准	取样方法
混合均匀度	按氯化钠的检测方法测定混合粉末中氯化钠的含量，各样品之间的相对偏差在 5% 以内	混合结束后，用取样棒取样，每批取 6 个样。在三维运动混合机出料口出料，将粉末装入中转桶内

③取样方法：取样应在混合机中直接抽取，不要将物料卸到小桶后抽取在相同的工艺操作参数下进行。从混合机中交叉多个地方的样品，取样位置应包括最难混合的位置。取样量一般为剂量活性成分的 1～3 倍量或检验量的 3 倍量。

④ 检验方法：按化学滴定法测定。精密称取氯化钠样品约 1.2g（称量至 0.0001g）置于 100mL 烧杯中，用少量纯化水溶解后，定量转入 250mL 容量瓶中，纯化水稀释至标线，摇匀。过滤，用 25mL 移液管移取上述续滤液 25.00mL 置于 250mL 锥形瓶中，加 20mL 纯化水稀释，加 2% 糊精溶液 5mL，再加荧光黄指示剂 5～8 滴，在不断振摇下，用 $AgNO_3$ 标准溶液滴定至溶液从黄绿色变至粉红色沉淀为滴定终点。记录消耗的 $AgNO_3$ 标准溶液的体积。

计算样品中含 NaCl 的质量分数和相对平均偏差，计入含量测定记录表（表 C-7）中。

表 C-7　含量测定记录

品名：　　　　　　规格：　　　　批号：　　　　　　物料重量：

检查项目	样品号						平均值	结　论
	上 1	上 2	中 1	中 2	下 1	下 2		
含量								
含量相对偏差								

⑤ 验证接受标准：总混质量控制的关键点是均匀度，总混均匀度验证的可接受标准一般如下。

a. 多次测试的平均含量必须达到产品质量标准。

b. 相对标准偏差（RSD）不得超过 5％。

c. 每个样品含量测试结果必须达到平均值的 95％～105％，从而保证装量和最终成品的含量测试结果符合产品的质量标准。

3. 实践要求

根据总混设备确认方案，对总混设备进行安装确认、运行确认和性能确认，并出具验证报告以数据形式分析结果。

四、课后思考

（一）单项选择题

1. 以下哪台设备不需要进行设备确认（　　　）

A. 加热夹套　　　　B. 压片机　　　　　C. 理瓶机　　　　D. 泡罩式铝塑包装机

2. 以下哪种情况不需要再验证（　　　）

A. 设备日常保养、维护后

B. 关键工艺和质量控制方法变更

C. 生产操作规程变更

D. 趋势分析中发现有系统性偏差

扫一扫

数字资源
课后思考答案

（二）综合题

请简要概括一下设备确认包含哪几个环节？每个环节的确认内容一般包括哪些？

知识图谱

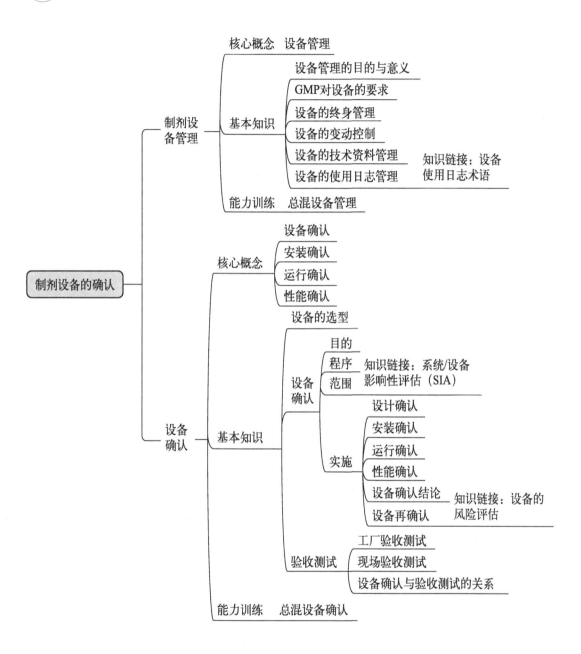

D
清洁验证

 学习目标

1. 掌握　基本清洁方法，清洁验证的基本流程。
2. 熟悉　基本清洁程序，清洁验证合格标准的制定。
3. 了解　清洁验证的取样方法及其验证要求。
4. 能　进行设备清洁。
5. 会　设计清洁验证方案。

D-1　清洁方法与清洁程序

扫一扫

数字资源D-1
制剂设备的清洁验证视频

一、核心概念

清洁　系指设备中各种残留物（包括微生物及其代谢产物）的总量降低至不影响下批产品的质量和安全性的状态。

清洁规程　是以文件形式制定的有效清洗方法，应包括：清洗方法及影响清洁效果的各项具体规定（如清洗前设备的拆卸、清洁剂的种类、浓度、温度、清洗的次序和各种参数，清洗后的检查或清洁效果的确认）以及生产结束后等待清洗的最长时间，清洗后至下次生产的最长存放时间等。

在线清洁（cleaning in place，CIP）　采用专门的清洗装置按一定的程序自动完成整个清洁过程。

二、基本知识

（一）清洁的目的和意义

微生物、原辅料、设备润滑剂和生产过程中的其他异物（如空气浮尘、灰尘、中间体等），以及清洗过程使用的清洗剂都可能会污染制剂成品或原料药，如图 D-1 所示。清洁可防止发生可能改变药品质量，使其安全性、均一性、浓度、纯度达不到规定要求的事故或污染，是避免污染和交叉污染的重要措施。

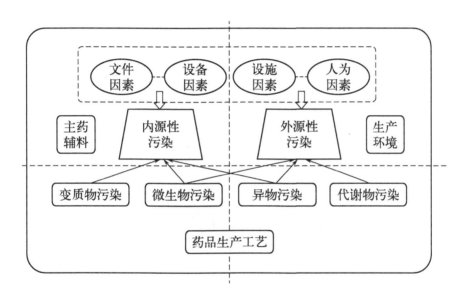

图 D-1　药品生产过程可能产生的污染

药品生产每道工序完成后，都需进行清洁，通过有效的清洗除去药品生产过程中残留的原辅料、微生物及其代谢产物。原料药（或称活性成分，active pharmaceutical ingredient，API）是在设备清洁及清洁验证中需优先考虑的残留物，因为这些原料有药理活性，若污染下一品种将会带来严重的后果。微生物在适当的温湿度下以残留物中的有机物为营养可进行大量繁殖，并产生各种代谢物。

严格意义上来说，不含任何残留物的清洁状态是不存在的。设备的清洁程度取决于残留物的性质，设备的结构、材质和清洗的方法。对于某一产品和与其相关的工艺设备，清洁效果取决于清洗的方法。

良好的清洁效果可降低交叉污染的风险，降低产品受污染而报废的可能性，延长设备的使用寿命，降低患者产生负面效应的概率，同时降低产品投诉的发生率，也降低卫生部门或其他机构检查不合格的风险。

（二）清洁方法

清洁的方法有多种，其作用机理可概括为机械作用、溶解、去污、化学反应等。清洁的每一步骤可能包括这四种机理中的一种或多种。机械作用包括刷、吸及水流冲洗，用高压水流喷射设备表面可清洗到其他方法难以到达的部位，见图 D-2 所示，亦可用超声波清洗小件器具。溶解即用水或有机溶媒去除残留物，也可添加某些助剂，如酸性残渣用碱性清洁剂、碱性残渣用酸性清洁剂等。去污是采用表面活性剂通过增溶、润湿、乳化、分散等作用去除残留物。化学反应则是通过氧化、水解、酶催化等作用分解大分子，使其更易除去。

图 D-2　高压水流喷射方法

清洁方式通常可分为手工清洁方式、自动清洁方式以及半自动清洁方式。选择清洁方式时应当综合考虑设备的结构和材质、产品的性质、设备的用途以及清洁方法能达到的效果等因素。

1. 手工清洁方式

手工清洁方式由操作人员持清洁工具按一定的程序清洗设备，根据目测结果确定清洁程度。常用的清洁工具有刷子、清洁布以及能喷洒清洁剂和淋洗水的喷枪等。采用这种方式清洗前，通常需要将设备进行一定程度的拆卸，并转移到专门的清洗场所。如固体制剂生产设备的干法制粒机、压片机、胶囊填充机，液体类制剂的灌装设备等，因死角较多或生产的产品易黏结在设备表面等情况而难以清洁，需拆卸至一定程度并采用人工清洗方式。对手工清洁的设备建议每年进行一次随机检查。

2. 自动清洁方式

该方式由专门的清洗装置按一定的程序自动完成整个清洁过程。采用 CIP 只要将清洗装置同待清洗的设备相连接，由清洗装置自动完成整个清洁过程。清洁过程不需要人为干预，结束时通常不需要目测检查。在线清洁具有以下特点：①设备、容器、管道能够自动进行清洗；②对容器采用喷淋法清洁，对管道采用压力法清洁；③重现性好。比如注射用水贮罐、配液罐等体积庞大且内表面光滑无死角的设备，残留的物料易溶于水或某种清洁剂，即采用自动或半自动的在线清洗方式。清洁剂、淋洗水在泵的驱动下以一定的温度、压力、速度和流量流经待清洗设备的管道，或通过专门设计的喷淋头均匀喷洒在设备内表面从而达到清洗的目的。

3. 半自动清洁方式

半自动清洁方式即手工和自动结合的清洁方式，可以在设备执行在线清洗前进行部分手工拆卸和清洁，也可能在程序执行后进一步进行手工清洁，以达到清洁效果。半自动清洁方式通常适合于粉尘较多的固体制剂设备，带有 CIP 装置，但部分小部件需拆卸，或采用在线清洗仍有少量残留物者，如包衣机、快速搅拌制粒机等。

> **知识链接**
>
> **清洁方法开发**
>
> 清洁方法开发时应根据设备自身特点进行选择，尤其是可能采用半自动或全自动在线清洗的大型设备，要检查管道系统，识别阀门。清洁时还需注意以下几点：湍流的清洁速率优于层流的清洁速率；在盲管和垂直管道中的清洁液的所需速率则要大于湍流所需的速率，通常要求大于 1.52m/s；在设备设计时需要考虑盲管的清洁问题，通常要求 $L/D < 2.0$（L 为分叉口或交接口处长度，D 为管的直径）；设备喷淋球的覆盖率检查要求溶液应能分布在喷淋球上部的 25%～30% 区域；采用 CIP 清洗时应避免设备底部的积水；有效、可靠和反复的清洁要求湍流。

（三）清洁程序

制定清洁程序是验证的前提，每一台设备都必须制定详细的设备清洗程序，从而保证每个操作人员都能获得相同的清洁效果。清洁规程应遵循的原则包含：①有明确的清洗方法和清洗周期；②有明确的关键设备的清洗验证方法；③清洗过程及清洗后检查的有关数据要有记录并保存；④无菌药品生产设备的清洗，尤其是直接接触药品的部位和部件必须灭菌，并标明灭菌日期，必要时要进行微生物学的验证，经灭菌的设备一般应在 3 天内使用；⑤某些可移动的设备可移到清洗区进行清洗、消毒和灭菌，设备设计应尽量采用自动化清洗（CIP）；⑥同一设备连续加工同一无菌产品时，每批之间要清洗灭菌；同一设备加工同一非无菌产品时，至少每周或每生产 3 批后进行全面的清洗。

清洁程序中涵盖的要点如下。

1. 拆卸

设备在清洁前需要拆卸的程度，如压片机、干法制粒机、小容量注射剂的灌装机等在清洁前均需预先拆卸到一定程度。拆卸规程制订时应包括完整的拆卸操作步骤，最好附有示意图和图表以便于理解。

2. 预洗

预洗的目的是除去大量的（可见的）残留物料，为此后的清洗和淋洗等操作创造一个基本一致的起始条件，确保重现性。采用水管或喷枪，以流动的饮用水或经过滤后的饮用水进行清洗，可见残留物消失即为预洗终点。如清洁程序可做如下规定：用热饮用水持续喷淋机器的所有表面，使所有可见的残留颗粒消失，特别注意不易清洁的部位。

3. 清洗

操作程序必须明确规定清洁剂的名称、规格、组成，清洁溶液的浓度、配制方法、溶液量、配制用水质量。配制清洁剂的水可根据需要采用饮用水或纯化水。

清洗是溶剂对残留物的溶解过程，而溶解往往随温度的升高而加快，因此，清洗时必须规定清洁剂的温度控制范围及控制温度的方法。

4. 淋洗

淋洗是用水对设备表面进行充分冲洗，使残留物的浓度降至预定限度以下，并且不造成新的潜在污染。淋洗水应根据产品的类型选用纯化水或注射用水，最初阶段可使用饮用水。

清洁程序中应明确清洗方式及以下清洗工艺参数：时间、温度、流速、压力及频次。采用自动清洗较手工清洗效果可靠。

根据需要可进行消毒或灭菌，程序中需明确消毒剂浓度、消毒方法、消毒剂用量或灭菌条件。

5. 装配

应规定将被拆卸部件重新装配的各步操作，与拆卸要求相同，最好附以图表和示意图便于理解。此外，要注意装配期间避免污染设备和部件。

6. 干燥

残留在设备上的水虽然是最高质量的水（具有最小的可溶性固体，最低的微生物污染水平），但仍会滋生微生物。干燥可防止微生物生长。如需暴露保存的设备应进行干燥；如设备要进行灭菌处理，或是采用高温、无菌的注射用水淋洗后并保持密闭的设备则不一定要进行干燥处理。

7. 检查（包括目检）

经过验证的清洁程序应保证清洁后的设备符合设定的标准。采用目检，则要求无可见的残留物；如发现残留物，应及时采取补救措施而不危及下批产品。

8. 贮存

规定已清洁设备和部件的储存条件和最长储存时间，以防止再次污染。保持设备及系统清洁完好状态的方法，如倒置、放在层流罩下、在线灭菌、规定存放时间。

9. 清洁工具的清洁

明确清洁工具的清洁方法，避免污染和交叉污染。

清洁工具应满足不易脱落纤维和微粒，不得使用木质材料；专区专用，不同洁净级别的区域不得混用；擦拭不同部位的抹布应易于分辨，使用后应分别清洗、存放、管理。

评估清洁规程是否完整，应考察以下要求：①是否包括了所有的设备；②规程是否足够详细以便可以进行持续一致的操作；③是否规定了干燥方法，干燥方法是否正确；④是否规定了生产结束至开始清洁的最长时间（即待清洁设备保留时间）；⑤是否规定了已清洁设备用于下次生产前的最长存放时间（也即接近保留时间）；⑥是否规定了连续生产的最长时间；⑦是否详细描述了在完成检查后如何确保存储是安全的。

知识链接

清洁剂的选择

设备清洁常用的清洗介质有水和（非水）有机溶媒。设备表面的残余物可溶于水时应选择水作冲洗介质，最终的冲洗应用纯化水或注射用水。用水做清洗介质的优点是无毒、无残留物，但对不锈钢表面可能有不良影响，如生锈或腐蚀。当设备表面的残余物可溶于有机溶媒时，如蜡、凡士林、油脂等，可选择丙酮、二氯甲烷、庚烷等有机溶媒进行清洗。对于极性较大的残余物可选用能与水混溶的有机溶媒（如低级脂肪醇、乙醚）或与水的混合物。环境保护、操作者的安全及费用问题限制了有机溶媒的选用。

选择清洁剂应符合几点要求：①应能有效溶解残留物，不腐蚀设备，且本身易被清除；②符合人用药品注册技术要求国际标准协调会（ICH）在"残留溶剂指南"中的使用和残留限度要求；③清洁废液对环境尽量无害或可被无害化处理；④满足以上前提下应尽量廉价。

根据以上原则，对于水溶性残留物而言水是首选的清洁剂，亦可选择一定浓度的酸、碱溶液。但不宜采用一般家用清洁剂，因其成分复杂、质量波动大，生产过程中微生物污染不加控制等，且无有效方法检测清洁剂残留达到标准。所以，应根据清洁目标、清洁限度、人力、物力等条件，选择处方已知且固定的清洁剂，并建立质量标准及检验规程。供应商还应提供清洁剂的安全性数据，以供确定清洁剂残余限量时参考。

常用清洁剂

清洁剂种类	举例	用途
酸	磷酸、柠檬酸、乙醇酸	调节 pH，可清洗碱式盐、微粒、生物碱及某些糖
碱	氢氧化钠、氢氧化钾	调节 pH，可清洗酸式盐、片剂赋形剂，蛋白质及发酵产品
螯合剂	EDTA	增加金属离子的溶解度
助悬剂	低分子聚丙烯酸酯	残余物悬浮在冲洗液中而不沉积在设备上
氧化剂	次氯酸钠	氧化有机化合物成为小分子，清除蛋白质沉积
酶	蛋白酶、脂肪酶、淀粉酶	选择性催化底物降解

三、能力训练

本能力训练是按 SOP 设备的清洁。

（1）实践目的　熟悉清洁的基本概念和基本要求。

（2）实践内容　按 SOP 进行设备的清洁工作。

（3）实践要求　按 SOP 进行自动清洁、半自动清洁、手工清洁等多种方式的清洁工作，达到设备清洁目的。

扫一扫

数字资源D-2
槽型混合机的清洁
标准操作程序

四、课后思考

（一）单项选择题

1. 以下哪些是清洁的关键工艺参数 （　　　）

A. 清洗水的温度　　　　　　　　　B. 清洗水的压力

C. 清洗时间　　　　　　　　　　　D. 以上都是

2. 以下不属于清洁工艺清洁剂的种类的是 （　　　）

A. 水　　　　　　　　　　　　　　B. 有机溶剂

C. 酸碱　　　　　　　　　　　　　D. 家用洗洁精

扫一扫

数字资源
课后思考答案

（二）综合题

请简要概括一下清洁规程需要遵循的原则有哪些？

D-2 清洁验证

一、核心概念

清洁验证 系通过文件证明清洁程序有效性的活动。其目的是确保产品不会受到来自同一设备上生产的其他产品的残留物、清洁剂以及微生物污染。

允许残留限度（allowable residual limit，ARL） 指某一设备经清洗后，其表面残留的药物（或清洁剂）的最大允许量。

制定验证合格标准的关键问题 如何确定最难清洁物质、最难清洁部位、最大允许残留限度以及如何准确定量残留量。

二、基本知识

我国现行版 GMP 第一百四十三条对清洁验证有明确表述："清洁方法应经过验证，证实其清洁的效果，以有效防止污染和交叉污染。清洁验证应综合考虑设备使用情况、所使用的清洁剂和消毒剂、取样方法和位置以及相应的取样回收率、残留物的性质和限度、残留物检验方法的灵敏度等因素"。为证明按制定并经批准的清洁标准操作规程清洁后，设备能始终如一地达到预定的清洁效果，要通过科学的方法在生产设备有代表性的部位取样进行相关检测，将检测结果与预先设定的标准进行比较，判断是否通过清洁验证。

（一）清洁验证方案的合格标准

制定验证合格标准时，要确定最难清洁物质、最难清洁部位、最大允许残留限度以及准确定量残留量。

1. 确定清洁的目标物（最难清洁的物质）

一个清洁过程实际上是溶剂对残留物的溶解过程，因此最难溶解的物质的残留量最大，也就是最难清洁的物质。在清洁验证中，可以采取制定最难溶解物质的残留量限度标准来证明设备的清洁效果。

对于一个复方制剂，一般将残留物中的活性成分确定为最难清洁物质。当制剂中存在两个以上 API 时，通常将其中最难溶解的成分定为最难清洁物质。不必为所有残留物制定限定标准并一一检测。如复方氨基酸注射液（18AA）有 18 种氨基酸，均为活性成分。其中最难溶解的为胱氨酸，可将其确定为最难清洁物质。对于中药片剂，特别是一些各组分含量不确定的中药片剂压制和包衣，最难清洁的产品可定义为溶解度最小或颜色最深的产品。如果这些产品中既有最具活性，又有最难清洁的，则取其中允许残留浓度值较低的产品作为代表产品。原料药生产过程可能会有部分反应物和不必要的副产物，除主要反应物外，还应考虑可能更难清除的其他化学反应产物。某些致敏性（如青霉素、头孢菌素）和高活性的物料（如类固醇、细胞毒素），残留量即使用目前最好的分析方法也不能被检出。因此其生产必须使用专用设备。

2. 确定最难清洁部位和取样点

无论哪种清洁方式，清洗过程都是先依靠机械摩擦力和清洁剂对残留物的溶解作用，然后依靠流动的清洗液对残留物的冲击作用，最终实现预定的清洗效果。以下几种情况应视为最难清洁部位：①死角、清洁剂不易接触的部位，如混合搅拌机中搅拌叶片与轴之间的连接处、带密封垫圈的管道连接处等；②管道内压力、流速迅速变化的部位，如有歧管或岔管处及管径由小变大处等；③容易吸附残留物的部位，如内表面不光滑处等。而取样点则应包括各类最难清洁部位。

3. 确定最大允许残留限度

不同的药品生产，产品、工艺、设备都不同，无法设立统一的清洁验证限度标准和检验方法。已被世界各国普遍接受的确定残留量限度标准的一般性原则，即①以目测为依据的限度；②化学残留可接受限度；③微生物残留可接受限度。

（1）根据肉眼观察限度要求——不得有可见的残留物　若设备内表面抛光良好，残留物与设备表面有较大反差，目检能发现低于 $4\mu g/cm^2$ 的残留。目测一般要求是不得有可见的残留物，每次清洗完后都必须进行检查并对检查结果进行记录，此项检查应该作为清洗验证接受限度的第一个接受标准。

现行版 GMP 附录《确认与验证》第八章第三十九条规定，目视检查是一个很重要的标准，但通常不能作为单一可接受标准使用。目视检查能直观、定性地评估清洁的程度，有助于发现已验证的清洁程序在执行过程中发生的偏差，可以作为定量标准的补充。

（2）化学残留可接受限度　计算化学残留可接受限度有两种传统方法：浓度限度（十万分之一）和生物活性限度（最低日治疗剂量的 1/1000）。而基于健康的暴露限度（HBEL）的可接受标准（如 PDE 值）在评估化学残留数据时更具有科学性和优势，可以对活性物质及其他多种物料建立残留限度标准。

① 残留物浓度限度标准：十万分之一（10×10^{-6}，10ppm）。

依据分析方法客观能达到的能力，由上一批产品残留在设备中的物质全部溶解到下一批产品中所致的浓度不得高于 10ppm（10×10^{-6}）。残留物浓度限度（10×10^{-6}）也可进一步简化成最终淋洗水中的残留物浓度限度为 10mg/kg。从控制微生物污染及热原污染角度也比较安全，除非是高活性、高敏感性的药品，该限度的安全性是足够的。

验证时，一般采用收集清洁程序最后一步淋洗结束时的水样，或淋洗完成后在设备中加入一定量的水（小于最小生产批次量），使其在系统内循环后取样，测定相关物质的浓度。常规实验分析仪器，如高效液相色谱仪、紫外-可见分光光度计、薄层色谱仪等的灵敏度一般都能达到 10×10^{-6} 以上，因此该限度标准不难被检验。

设备内表面的单位表面积残留物限度（L）可从残留物浓度限度推导计算。即假设残留物均匀分布在设备内表面上，并全部溶解在下批生产的产品中。

设下批产品最小批生产量为 M（kg），设备总内表面积为 S_A（cm^2），残留物浓度为 10mg／kg，则单位表面积残留物限度 L 可按式（D-1）计算：

$$L = \frac{10M}{S_A} \, (mg/cm^2) \tag{D-1}$$

为确保安全，一般应除以安全因子 F。如取安全系数 F 为 10，则可得式（D-2）：

$$L = \frac{10M}{S_A F} = 10^3 M/S_A \, (\mu g/cm^2) \tag{D-2}$$

② 生物学活性可接受限度：最低日治疗剂量的 1/1000。

依据药物的生物学活性数据——最低日治疗剂量（minimum treatment daily dosage，MTDD）确定残留物限度是制药企业普遍采用的方法。取最低日治疗剂量的 1/1000 为残留物限度的理论依据是：不同人群对不同药物产生活性或副作用的剂量存在个体差异，某些患者即使服用某种药物低于最低日治疗剂量仍会产生药理反应；根据临床药理学、毒理学和临床应用的统计和报道，至今尚未见到个体差异达到 1000 倍的报道，即使对于某些高敏患者，MTDD 的 1/1000 残留量是不会产生药理反应。1/1000 是基于三个因素：药物的十分之一处方剂量是无效的，安全因子，耐受因子综合考虑而得。因此高活性、敏感性的药物宜使用本法确定残留物限度。

例：某生产设备上先后生产 A、B 两种产品，其中 A 为先加工产品，B 为后续加工产品。清洁验证的目的是保证在使用 B 时，不出现 A 的生理作用。当 B 每天服用数增加，则安全性下降；因此最低日治疗剂量的 1/1000 系指 B 产品最多日使用数中允许带入 A 产品的残留量，不超过 A 产品的最低日治疗剂量的 1/1000。

已知①产品 A、产品 B 最低日治疗剂量 MTDD（mg），最小生产批量 M（kg），单位制剂的重量 U_W（g）和每日最多使用制剂数 D。②生产设备内表面积 S_A（cm^2）、特殊部位面积 S_{SA}（cm^2）。见表 D-1。

表 D-1　表面残留物限度计算信息

信息 产品	产品信息				生产设备信息	
	MTDD/mg	M/kg	U_W/g	D/片	S_A/cm^2	S_{SA}/cm^2
先加工 产品 A	5	150			3000	500

续表

信息 / 产品	产品信息				生产设备信息	
	MTDD/mg	M/kg	U_W/g	D/片	S_A/cm^2	S_{SA}/cm^2
后续加工产品 B		120	0.5	6	3000	500

解：后续加工产品 B 的批产品理论成品数 U 可按式（D-3）计算

$$U = 1000M/U_w = 1000 \times 120/0.5 = 240000 \text{ 片}; \qquad (\text{D-3})$$

$$允许残留物总量 = MTDD/1000 \times U \times 1/D$$
$$= MTDD/1000 \times 1000M/U_w \times 1/D$$
$$= 5/1000 \times 240000/6 = 200 \text{mg}$$

一般表面残留物限度 (L) = 允许残留物总量/总表面积

$$L = MTDD/1000 \times 1000M/U_w \times 1/D \times 1/S_A \times 1000 \ (\mu g/cm^2)$$
$$= MTDD \times M/U_w \times 1/D \times 1/S_A \times 1000 \ (\mu g/cm^2) \qquad (\text{D-4})$$
$$= 200 \times 1000/3000 = 66.67 \mu g/cm^2$$

特殊表面残留物限度 (L_d) = 允许残留物量/特殊部位面积

$$L_d = MTDD/1000 \times 1/D \times 1/S_{SA} \times 1000 \ (\mu g/cm^2)$$
$$= MTDD/D \times 1/S_{SA} \ (\mu g/cm^2)$$
$$= 5/6 \times 1/500 = 0.00167 \mu g/cm^2$$

（3）微生物限度　微生物污染限度的确定应满足生产和质量控制的要求。如为灭菌制剂，强调生产过程中降低或消除微生物及热原对注射剂的污染，对葡萄糖、氨基酸产品而言，它们的残留物对微生物生长有利，因此清洁验证的可接受标准确定为残留物小于 10×10^{-6}。清洗的微生物验证可以和清洗的化学验证同步进行。微生物的特点是在一定环境条件下会迅速繁殖，数量急剧增加。而且空气中存在的微生物能通过各种途径污染已清洁的设备。设备清洗后存放的时间越长，被微生物污染的概率越大。因此，企业应综合考虑其生产实际情况和需求，自行制定微生物污染水平控制的限度及清洗后到下次生产的最长贮存期限。

通常微生物限度一般为 $<25 \sim 100$CFU/25cm^2，也可以参考环境中的表面微生物要求。如 C 区为 <25CFU/碟（55mm），D 区为 <50CFU/碟（55mm）。同时还应考虑致病菌污染如大肠埃希菌和铜绿假单胞菌。

（二）取样与取样方法的验证

清洁验证的另一关键技术是取样与取样方法的验证。取样方法有擦拭取样（棉签取样）和淋洗液取样两种。选择取样方法时要综合考虑两种方法的优缺点，并考虑所要验证设备的特点，综合两个因素才能到达预期的取样目的和验证效果。

1. 擦拭取样

（1）擦拭取样方法

① 擦拭取样的原则是选择最难清洁部位取样，通过考察有代表性的最难清洁其残留物水平来评价整套生产设备的清洁状况。

② 取样点的选择是清洁验证方案的关键内容之一，应能够代表设备的"最脏点"。一般选择设备的最差区域作为取样点，即在清洁难度和残留水平方面代表着对清洁规程最大限度的挑战，例如料斗的底部、搅拌桨桨叶底部和阀门的周围。如果进行微生物取样，取样计划应包括微生物的可能最差区域，例如：较难靠近的地方以及可收集水的排水区域。微生物和化学取样应在不同区域进行，测试方案中应包括设备及其取样点的描述或图表。

（2）擦拭工具　擦拭工具为擦拭棒，有一定长度的尼龙或塑料棒，一端缠有不掉纤维的织物，常用棉签（图 D-3），应能被擦拭溶剂良好润湿。

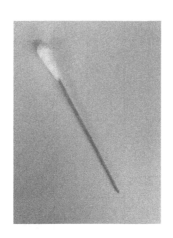

图 D-3　擦拭棉签

（3）**擦拭溶剂**　擦拭溶剂用于溶解残留物，并将吸附在擦拭工具上的残留物萃取出来以便检测。用于擦拭和萃取的溶剂一般为水、有机溶剂或两者的混合物。选择溶剂时，应注意保证擦拭取样有较高的回收率并不得对随后的检测产生干扰。

（4）**擦拭取样操作规程**　每个擦拭取样面积应保证擦拭获取残留物的量能用常规检测方法检测。通常设定大于 $25cm^2$。取用适宜溶剂润湿的擦拭棒，使棒头按在取样表面上，平稳而缓慢地擦拭取样表面。擦拭轨迹如图 D-4 所示，在改变擦拭移动方向时翻转擦拭棒，用擦拭棒的另一面进行擦拭，擦拭过程应覆盖整个表面。

擦拭完成后，将取样擦拭棒放入试管，并用螺旋盖旋紧密封，在试管上注明有关取样信息。用同样溶剂润湿的空白擦拭棒作为对照样品放入试管并旋紧密封，送检。

（5）**擦拭取样方法的验证**　清洁方法验证包括取样方法验证和检验方法验证。通

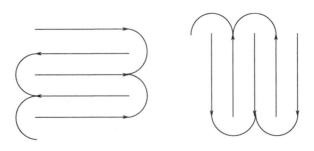

图 D-4　擦拭取样轨迹

过回收率试验验证取样过程的回收率和重现性。通常将取样回收率和检验方法回收率结合进行。要求二者的综合回收率不低于 50%（亦有规定为 70%，企业根据实际情况确定），体现重现性的多次取样回收率的相对标准差（RSD）不大于 20%。取样验证流程见图 D-5。

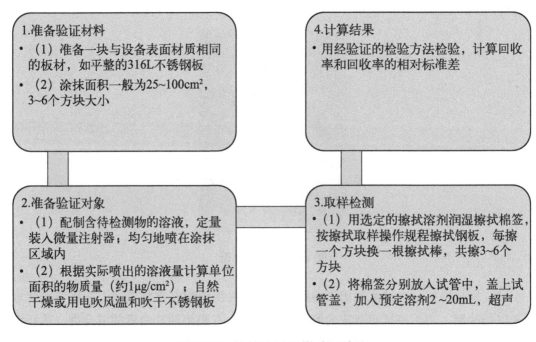

图 D-5　棉签擦拭取样验证流程

棉签擦拭取样的不足之处是在很多情况下需拆设备后方能接触到取样部位，对取样工具、溶剂、取样人员的操作等都有一定的要求。适用于万能粉碎机、压片机等。

2. 最终淋洗水取样

（1）最终淋洗水取样方法　最终淋洗水取样方法为大面积取样方法。该方法根据淋洗水流经设备的线路，选择淋洗线路相对最下游的一个或几个排水口为取样口，分别按照微生物检验样品和化学检验样品的取样规程收集清洁程序最后一步淋洗即将结束时的水样。

对于残留物难溶于水或干结在设备表面时，可采用淋洗完成后在设备中加入一定量的工艺用水（用量必须小于最小生产批量），使其在系统内循环后在相应位置取样，其结果的可靠性要好一些。取样过程中需注意取样操作的规范性，且执行取样的人员同执行清洁操作人员不能为同一人。

（2）适用范围　适用于设备表面平坦、管道多而长的液体制剂的生产设备；适用于擦拭取样不宜接触到的表面，因此对不便拆卸或不宜经常拆卸的设备也能取样。淋洗水取样的缺点是基于溶解与流体力学原理，当溶剂不能在设备表面形成湍流进而有效溶解残留物时，或者残留物不溶于水或"干结"在设备表面时，淋洗水就难以反映真实的情况。

对淋洗水样一般检查残留物浓度和微生物污染水平，如生产有检查澄明度与不溶性微粒项目的制剂，通常要求淋洗水符合相关剂型不溶性微粒和澄明度的标准。

（3）最终淋洗水取样方法的验证　最终淋洗水取样方法为根据淋洗水流经设备的线路，选择淋洗线路相对最下游的一个或几个排水口为取样口。分别按照微生物检验样品和化学检验样品的取样规程收集清洁程序最后一步淋洗即将结束时的水样。

通常淋洗水限度检查不需做回收率验证；定量检查应做回收率验证，可以利用淋洗溶剂冲洗已知量（在限度附近）的分析物确定回收率，回收率通常应不低于95％。

淋洗水取样检测可对冲洗液直接检测也可对冲洗液做稀释后检测；无论直接检测还是稀释检测都应在接到样品后首先将样品同空白溶剂做视觉检查，确定是否有颜色差异和异物存在；如果有上述现象发生，可直接判定样品不合格。

知识链接

清洁验证中的检验方法的验证

清洁验证中的检验方法分为限度检查和定量检查，其验证参数也不尽相同。检验方法对被检测物质应具有足够的专属性。定量检查一般要求线性范围应达到残留物限度的50％～150％，线性相关系数不低于0.98，相对标准偏差RSD<10％。方法回收率可与取样回收率结合进行。限度检查需确定在确定的试验条件下，试样中被测物能被检测出的最小量，即检测限，一般是信噪比为3：1时被分析物的浓度；定量检查需确定在确定的试验条件下，试样中被测物能被准确测定的最小量，即定量限，一般是信噪比为10：1时被分析物的浓度。限度检查时通常不要求精密度和线性范围，仅做检测限验证。

（三）制定清洁验证方案

验证方案一般包括验证目的、清洁规程、建立验证小组、确定残留物限度标准、确定取样方法及检验方法、验证报告等内容。

清洁验证方案的基本格式包含以下六个部分。

1. 验证目的

验证××设备（或生产线）按××清洁规程进行清洗后的清洗效果能始终达到预定要求。

2. 清洁规程

待验证的清洁规程应根据设备的结构、产品中物料的性能与特点在验证工作开始前制定。清洁规程应明确清洁方法、清洁工具、清洁剂、清洁时间与相应的清洁程序、待清洁设备的结构以及设备清洁后如何预防再污染的措施等内容。

3. 建立验证小组

列出验证小组成员名单，明确各自的职责，确定相关操作人员的培训要求。

4. 确定残留物限度标准

说明确定残留物限度标准的依据以及确定该限度标准的计算过程和结果。残留物包括生产中涉及的活性成分、难溶性成分、残留溶剂以及清洁剂残留等。

残留溶剂的限度标准可依据 ICH-Q3C（R3）残留溶剂指南的要求来制定。指南中将溶剂分为三个级别，分别为：一级溶剂为由于毒性或危害环境等原因应避免在制药生产中使用的溶剂；二级溶剂为可能有神经毒性或致畸等不可逆转性毒性并怀疑有其他明显可逆转毒性的溶剂；三级溶剂为具有潜在低毒性的溶剂，在无法避免时，可作为清洁剂，在下批生产中允许的溶剂残留浓度不得超过初始浓度的 0.5%。所谓三级溶剂常见的有乙酸、甲酸、丙酮、乙醇、四氢呋喃、乙酸乙酯、乙酸丙酯等。

5. 确定取样方法及检验方法

选择合适的取样方法和正确的检测方法非常重要。如选择擦拭取样，由于擦拭速度、擦拭轨迹和擦拭力不能有效地控制等原因，样品采集容易产生较大误差。检测方法的选择应注意其他成分对被检物的干扰及仪器的灵敏度。确定取样方法和检测方法后，必须用示意图、文字等方法指明取样点的具体位置和取样计划，说明取样方法、工具、溶剂，主要检验仪器，取样方法和检验方法的验证情况等。

6. 可靠性判断标准

为证明待验证清洁规程的可靠性，应规定验证试验必须重复的次数（一般为连续3次），所有数据均应符合限度标准。

（四）清洁验证方案的实施

当清洁验证方案获得批准，即进入了验证阶段。实施验证应严格按照批准的方案执行。实施过程如下。

1. 清洁设备

按照清洁规程执行清洁过程，及时、准确地填写清洁规程执行记录。

2. 取样

取样应由经过专门培训并通过取样验证的人员进行，样品立即贴上标签，封存送检。

3. 检验

检验应按照预先开发并经过验证的方法进行。所用的试剂、对照品、仪器等都应符合预定要求。检验机构出具的化验报告及其原始记录应作为验证报告的内容或附件。

4. 偏差处理

验证过程中出现的偏差均应记录在案，并由专门人员讨论并判断偏差的性质。比如个别检验结果超出限度，必须详细调查原因。

5. 验证报告

验证报告应包括以下内容。

（1）清洁规程的执行情况描述，附原始清洁作业记录。

（2）检验结果及其评价，附检验原始记录和化验报告。

（3）偏差说明，附偏差记录与调查。

（4）验证结论。

验证结论应在审核了所有清洁作业记录、检验原始记录、检验报告、偏差记录后，方能做出合格或不合格的结论。

（五）清洁验证的范围

为证明清洁程序的有效性，每批生产后按照清洁规程清洁，按验证方案检查清洁效果、取样并化验。重复上述过程三次，三次试验的结果均应符合预定标准。对于专用设备，清洁验证可以不必对活性成分（API）进行考察，但必须考虑清洁剂残留以及潜在的微生物污染等因素，对于一些特殊的产品，还应考查降解产物。对于没有与药物成分接触的设备，如加工辅料用的流化床或包衣片所使用的包装设备，清洁验证可以不必对活性成分进行考察，但必须考虑清洁剂残留及微生物污染等因素。

通常只有接触产品设备表面的清洁规程需要验证，但也需考虑产品有可能会移动进去的部位，如封口、法兰、搅拌轴、烘箱风扇、加热元件等。清洁验证应验证设备使用与清洁的间隔时间，以及已清洁设备可保留的时间，并通过验证确定清洁的间隔时间和清洁方法。

清洁验证包括但不限于以下三个方面：①生产结束至开始清洁的最长时间（也称待清洁设备保留时间）；②已清洁设备用于下次生产前的最长存放时间（也称洁净保

留时间）；③连续生产的最长时间。

通常来说，如果是同一产品的连续生产，则不需要每批生产之后都要进行一次清洗，则可确定一定的时间间隔和检测方法。对于那些难清除的产品，其设备是很难清洁，或者对于那些有着高安全风险，在清洁后不可能达到要求的清洁限度的产品，就应当使用专用设备。

（六）清洁规程的再验证

同药品生产工艺过程一样，经验证后的清洁规程即进入了监控与再验证阶段。验证过程中进行的试验往往是有限的，它不能包括实际生产中可能出现的特殊情况，通过对日常监控数据的回顾可以进一步考核清洁规程的科学性和合理性，以确定是否需要再验证或确定再验证的周期。

另外，在发生下列情形之一时，须进行清洁规程的再验证，即改变清洁剂或清洁程序，增加生产相对更难清洁的产品，设备有重大变更或有定期再验证要求的清洁规程。

三、能力训练

本能力训练为槽形混合机的清洁验证。

1. 实践目的

① 掌握槽形混合机清洁验证要素。

② 熟悉槽型混合机清洁验证的具体过程。

2. 实践内容

CH-200 型槽形混合机主要用于板蓝根颗粒和氢氧化铝片产品生产过程中颗粒的制粒，是板蓝根颗粒和氢氧化铝片产品生产的共用设备。

该验证是对生产产品时的换品种的清洁验证，活性成分残留采用擦拭取样，微生物及水溶性残留采用最终冲洗水取样（以空白冲洗水作为对照）验证。验证实施前满足以下条件：设备、动力及环境正常；已有 CH-200 型槽形混合机操作规程和清洗规程，有经过培训的合格的操作工。应符合以下标准：不得有可见的残留痕迹；主要活性成分残留量可接受标准为最低剂量×0.001；水溶性成分（包括清洁剂）的潜在残留指标为紫外分析，波长范围 223nm，A 值≤0.025（以清洗用水为空白对照）；微生物接受标准≤25CFU/mL。

（1）活性成分残留的验证 依据《中国药典》中主药水中溶解性，选择水溶性最小的含氢氧化铝的氢氧化铝片作为清洁验证对象。设备最难清洗部位为 CH-200 型槽形混合机内表面。

① 操作步骤：氢氧化铝片生产结束，按《槽形混合机清洗规程》清洁完机器，用

沾有氢氧化钠的清洁棉签 30 支擦拭设备的上下冲轨道、冲模等表面各 25cm²，然后将棉球取下，置于锥形瓶中，加稀盐酸与水各 50mL 溶解，取出棉球，挤干，用滤液，检测氢氧化铝片中氢氧化铝残留量（化验方法同氢氧化铝片成品含量测定）共验证 3 批次。

② 数据处理：残留物氢氧化铝污染量指标计算如下。

a. 产品数据统计如下。

产品名称	板蓝根颗粒	氢氧化铝片
每批重量/kg	300	50
能显示药理活性的最低剂量/mg	5000	600
每日最高剂量/mg	40000	2700
产品接触设备面积/cm²	38042	38042

b. 氢氧化铝残留量可接受标准计算如下。

产品批号				
取样次数				
检测结果				
执行人及日期				

（2）微生物及水溶性残留验证

① 仪器：紫外分光光度计，电热恒温培养箱。

② 检测方法

a. 水溶性残留：紫外分析，波长范围 223nm，以清洗用纯水为空白对照。

b. 微生物残留：细菌培养，37℃培养 48h 后计数，以无菌生理盐水为空白对照。

③ 操作步骤：接收最后一次清洗槽形混合机内表面纯水各取 100mL，分别检测水溶性成分残留（包括清洁剂残留）和按《细菌检查法》培养细菌测定计数。共取样验证 3 批次。

项 目	水溶性成分（包括清洁剂）潜在残留			微生物检测	
产品批号					
检测结果					
执行人及日期					

3. 实践要求

（1）残留量可接受标准计算。

（2）记录分析结果和微生物检验结果判断是否符合标准。

四、课后思考

（一）单项选择题

1. 在一个复方制剂生产线的清洁验证方案中，把哪种物质作为最难清洁的物质
（   ）

A. 含量最大的辅料   B. 溶解性最差的辅料

C. 活性成分   D. 油溶性基质

2. 以下属于淋洗水取样的缺点的是（   ）

A. 取样后通常无需重新清洁

B. 适用于无法采用擦拭取样的区域

C. 适合在线分析检测

D. 必须确保淋洗液接触到所有表面

（二）综合题

请简述确定最大允许残留量限度的方法有哪些?

扫一扫

数字资源
课后思考答案

知识图谱

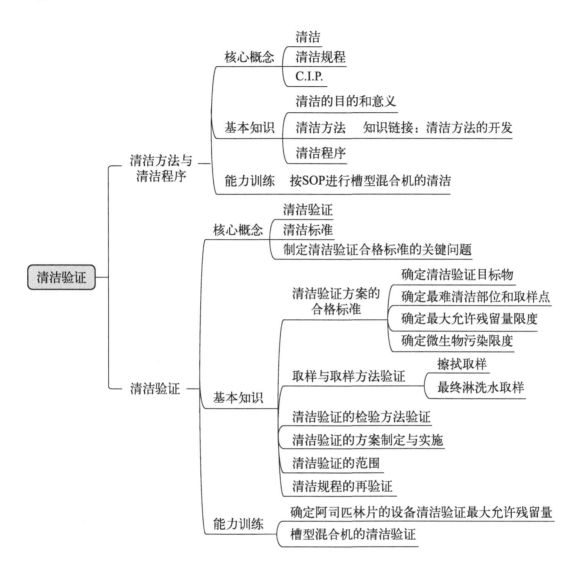

E
灭菌工艺验证

 学习目标

1. **掌握** 无菌保证的参数含义，湿热灭菌工艺验证的项目。
2. **熟悉** 灭菌方法和适用情况。
3. **了解** 湿热灭菌评价指标。
4. **能** 选择合适的灭菌方法灭菌。
5. **会** 进行湿热灭菌工艺验证。

扫一扫

数字资源E-1
灭菌工艺验证视频

E-1 灭菌与无菌保证

一、核心概念

　　灭菌　系指以适当的物理或化学手段杀灭或除去一切存活的微生物（包括繁殖体和芽孢）使之达到无菌。细菌的芽孢具有较强的抗热力，不易杀死，因此灭菌效果应以杀死芽孢为衡量标准。

　　无菌保证水平（sterility assurance level，SAL）　又称微生物存活概率，是一项灭菌工艺赋予产品无菌保证的程度，用产品中非无菌品的概率来表示。无菌物品是指物品中不含任何活的微生物，但对于任何一批无菌物品而言，绝对无菌既无法保证也无法用试验来证实。因此无菌特性只能通过物品中活微生物的概率来表述，对无菌保证进行数学性评估而提出了"无菌保证水平，SAL"。通常 SAL 要求为 10^{-6}。

F₀值 蒸汽灭菌程序赋予被灭菌物在121℃下的等效灭菌时间，通常用于不同灭菌程序灭菌能力的评价。

二、基本知识

（一）灭菌方法的选择

在无菌药品生产过程中，灭菌效果与灭菌设备的性能、污染物的特性、被灭菌品的性质、受污染的程度等因素有关，因此对具体的产品（包括最终容器及包装）来说，选择哪一种灭菌方法最合适、最有效，必须在实际应用前对其灭菌效果进行验证。

> **知识链接**
>
> **我国2010版GMP中对灭菌工艺验证的要求**
>
> 第六十二条 可采用湿热、干热、离子辐射、环氧乙烷或过滤除菌的方式进行灭菌。每一种灭菌方式都有其特定的适用范围，灭菌工艺必须与注册批准的要求相一致，且应当经过验证。
>
> 第六十三条 任何灭菌工艺在投入使用前，必须采用物理检测手段和生物指示剂，验证其对产品或物品的适用性及所有部位达到了灭菌效果。
>
> 第六十四条 应当定期对灭菌工艺的有效性进行再验证（每年至少一次）。设备重大变更后，须进行再验证。应当保存再验证记录。
>
> 第六十五条 所有待灭菌物品均须按规定的要求处理，以获得良好的灭菌效果，灭菌工艺的设计应当保证符合灭菌要求。
>
> 第六十六条 应当通过验证确认灭菌设备腔室内待灭菌产品和物品的装载方式。

无菌保证与灭菌前微生物污染水平、灭菌工艺、包装密封性等有关，见图E-1。在灭菌工艺选择时需多视角地进行质量风险评估和决策，从无菌保证角度选择最可靠的灭菌工艺，权衡无菌保证和产品稳定性的风险和利益，选择对产品破坏小的灭菌工艺。对于非法规规定的最终灭菌工艺，只要无菌保证水平（SAL）达到了官方认可的灭菌方法要求，且该方法经过验证后，可以作为替代的灭菌方法。

1. 灭菌方法

无菌产品的灭菌可采用湿热灭菌、干热灭菌、环氧乙烷灭菌、过滤除菌以及辐射灭菌等方法，首选热力灭菌法。耐湿、耐热物品的灭菌宜选择湿热灭菌法。

耐热物品以及不宜用湿热灭菌的物品（如油、粉末）的灭菌和去热原（如设备、玻璃容器），可选择干热灭菌法，如甘油、油类、凡士林、石蜡。干热灭菌法也可用

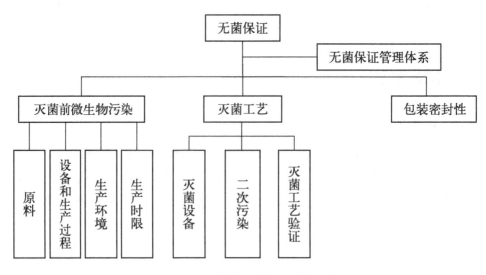

图 E-1 无菌保证主要环节示意

于某些粉状的药物组分如滑石粉、磺胺类药物以及玻璃和不锈钢设备的灭菌。

产品应尽可能在最终容器中使用热力学方法进行灭菌。如果药液热不稳定、不能最终灭菌，可采用孔径为 $0.22\mu m$（或更小）的无菌过滤器进行除菌过滤和（或）无菌生产。无菌过滤器能够滤除绝大多数细菌和霉菌，但不能全部滤除病毒或支原体，必要时应同时考虑采用热力学方法来弥补过滤除菌法的不足。

氮气、压缩空气等气体净化、除菌宜选择过滤除菌法。

热敏性包装材料、对热不稳定的药品及对前述灭菌方法不适宜的容器均可选用辐射灭菌法。采用本法必须经实验确认射线对灭菌物无破坏作用。

玻璃、金属、橡胶、塑料等固体表面的灭菌可选用环氧乙烷气体灭菌法。但由于环氧乙烷本身有毒性、与空气混合后易爆以及使用后的残留量问题，只有确认其对产品或材料无破坏作用，并与所灭菌的材料不形成有毒物质后方可采用。

在选择灭菌方法时，灭菌方法对产品外观的影响也应加以考虑。例如，塑料内包装用瓶可用环氧乙烷灭菌法或辐射灭菌法灭菌，但某些塑料暴露在高剂量的射线中会外观表面的变色，所以环氧乙烷灭菌法就成为优选的方法。

2. 溶液型产品灭菌方法选择

为了保证产品的质量和安全，确保无菌保证水平符合规定，可参考欧盟的灭菌方法选择决策树（以溶液型产品为例，见图 E-2），选择最佳的灭菌方法，同时控制灭菌前微生物污染水平。

（二）热力灭菌的有关参数

将微生物杀灭的灭菌法的基本原理是使细胞内的蛋白质或核酸发生不可逆的凝固或破坏，而导致微生物死亡。因此，各种灭菌方法使微生物死亡的速度都符合一级动

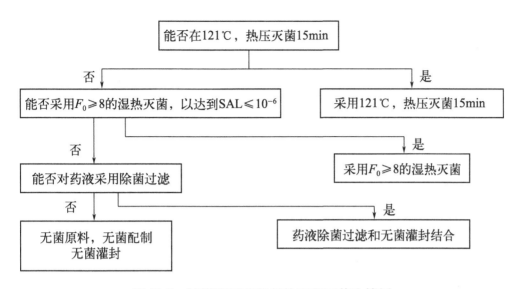

图 E-2　溶液型无菌制剂的灭菌工艺决策树

力学方程。以湿热灭菌为例，在特定灭菌温度下，某种微生物孢子的死亡速度仅与该时刻的浓度有关，可用下式表示为：

$$N_t = N_0 e^{-kt}$$

或
$$\lg N_t = \lg N_0 - \frac{kt}{2.303} \tag{E-1}$$

式中　N_0——灭菌开始时的微生物数；

　　　N_t——灭菌 t 时间后残存的微生物数；

　　　k——致死速度常数（与微生物耐热性、灭菌温度相关）。

以 $\lg N_t$ 对 t 作图得一残存曲线，线性回归直线的斜率为 $-k/2.303$。可见灭菌 t 时间后残存的微生物数是给定灭菌方法的某些参数的函数，对热力灭菌而言，残存数是在固定灭菌条件下（如加热温度、介质环境等）暴露时间的函数。

1.　D 值（微生物耐热参数）

微生物的热耐受性可用微生物残存曲线求得，以 D 表示。D 值定义为：在一定灭菌温度下，被灭菌物品中微生物数减少 90% 所需的时间，单位为 min。D 值愈大，表明微生物的耐热性愈强。

根据 D 的定义，当 $t = D$，则 $N_t = N_0/10$，由式（E-1）可以推导出式（E-2）、式（E-3）。

$$D = t = \frac{2.303}{k}(\lg N_0 - \lg N_t) \tag{E-2}$$

$$D = \frac{2.303}{k} \tag{E-3}$$

从式（E-3）可知，不同的微生物在不同条件下具有各不相同的 D 值（表 E-1）。

表 E-1　　生物指示剂在不同条件下的 D 值

生物指示剂	灭菌工艺	温度/℃	样品或介质	D 值/min
嗜热脂肪芽孢杆菌	饱和蒸汽	105	5％葡萄糖水溶液	87.8
嗜热脂肪芽孢杆菌	饱和蒸汽	110	5％葡萄糖水溶液	32.0
嗜热脂肪芽孢杆菌	饱和蒸汽	115	5％葡萄糖水溶液	11.7
嗜热脂肪芽孢杆菌	饱和蒸汽	121	5％葡萄糖水溶液	2.4
嗜热脂肪芽孢杆菌	饱和蒸汽	121	注射用水	3.0
嗜热脂肪芽孢杆菌	饱和蒸汽	121	葡萄糖乳酸林格液	2.1
梭状芽孢杆菌	饱和蒸汽	105	5％葡萄糖水溶液	1.3
梭状芽孢杆菌	饱和蒸汽	105	注射用水	13.7

D 值的影响因素主要有：①悬浮液和恢复生长用培养基种类；②用作生物指示剂的微生物种类；③微生物贮存条件、恢复生长和培养的条件；④具体灭菌工艺及其参数；⑤D 值测定开始前的起始温度；⑥灭菌结束后的放置温度与时间；⑦蒸汽的饱和度；⑧原始包装材料。

2. Z 值（灭菌温度系数）

Z 值系指使某一种微生物的 D 值下降一个对数单位，灭菌温度应升高的度数。在一定温度范围内，$\lg D$ 与温度 T 之间呈线性关系，用式（E-4）表示。

$$Z = \frac{T_2 - T_1}{\lg D_1 - \lg D_2} \tag{E-4}$$

即

$$\frac{D_2}{D_1} = 10^{\frac{T_2 - T_1}{Z}} \tag{E-5}$$

式中　D_2——温度为 T_2 的 D 值；

　　　D_1——温度为 T_1 的 D 值。

当 $Z=10℃$，$T_1=110℃$，$T_2=121℃$，则 $D_2=0.079\,D_1$，即 110℃灭菌 1min 与 121℃灭菌 0.079min 的灭菌效果相当。

不同的微生物孢子在不同的溶液中有各不相同的 Z 值。而同种孢子的 Z 值在不同溶液中亦有差异（表 E-2）。

表 E-2　嗜热脂肪芽孢杆菌在不同溶液中的 Z 值

溶液	Z 值
葡萄糖水溶液	10.3
注射用水	8.4
葡萄糖乳酸林格液	11.3
磷酸盐缓冲液	7.6
平均 Z 值	9.4

为简化计算，在没有特定要求时，Z 值通常取 10。

Z 值可被用于定量地描述微生物对灭菌温度变化的"敏感性"。Z 值越大，微生物对温度变化的"敏感性"就越弱，通过升高灭菌温度的方式加速杀灭微生物的效果就越不明显。

3. F_T 值

F_T 值系指在一定恒定温度 T、给定 Z 值时，某一灭菌程序的灭菌效果（单位为 min），亦称"T 灭菌值"。

数学表达式如下：

$$F_T = D_T \times (\lg N_0 - \lg N_t) \tag{E-6}$$

式中，D_T 为在温度 T 下微生物的 D 值；$\lg N_0 - \lg N_t$ 为在温度 T 下灭菌程序使微生物数下降的对数单位数。

当药液灭菌前微生物总数为 N_0 时，则在温度 T 下将其全部杀灭至 10^0 所需要的时间为：

$$F_T = D_T \times \lg N_0 \tag{E-7}$$

由于 D 值是随温度的变化而变化，所以在不同温度下要达到相同的灭菌效果，F_T 值将会随 D 值的变化而变化。灭菌温度高时，F_T 值变小；灭菌温度低时，F_T 值就大。

4. F_0 值

F_0 值是指在一定灭菌温度 T，Z 值为 10℃时，某一灭菌程序相当于 121℃、Z 值为 10℃相同灭菌效果的灭菌时间，亦即 $T = 121℃$、$Z = 10℃$ 时的 F_T 值（单位为 min）。因为 121℃ 是湿热灭菌的标准灭菌温度状态，所以 F_0 值亦称标准灭菌时间。F_0 值目前仅限于验证热压灭菌的效果。

物理 F_0 值的数学表达式如下：

$$F_0 = \Delta t \sum 10^{\frac{T-121}{10}} \tag{E-8}$$

5. F_H 值

F_H 值是指在一定灭菌温度 T，Z 值为 20℃时，某一灭菌程序相当于 170℃、Z 值为 20℃相同灭菌效果的灭菌时间（单位为 min）。F_H 值目前仅限于验证干热灭菌的效果。

物理 F_H 值的数学表达式为：

$$F_H = \Delta t \sum 10^{\frac{T-170}{20}} \tag{E-9}$$

6. 灭菌率 L

L 值系指在某温度下灭菌 1min 所相应的标准灭菌时间（min），即 F_0 和 F_T 的比值（$L = F_0/F_T$）。

F_0 和 F_T 之间的关系可由以下推导得出：

由式（E-6）知，$F_T = D_T \times (\lg N_0 - \lg N_t)$，则

$$F_0 = D_{121} \times (\lg N_0 - \lg N_t) \tag{E-10}$$

要求达到同样灭菌效果时，式（E-6）、式（E-10）中 $\lg N_0 - \lg N_t$ 等值。

所以，灭菌率 $\qquad L = F_0 / F_T = D_{121} / D_T = 10^{(T-121)/Z}$ $\qquad$ (E-11)

当 $Z = 10$℃时，不同温度下的 L 值是不同的（表 E-3）。不同温度、不同 Z 值下的灭菌率 L 亦不同（表 E-4）。

表 E-3　不同温度下的灭菌率和灭菌时间对照表

温度 (T) /℃	灭菌率 (L)	灭菌时间 (F_T) /min
121	1.00	1.00
120	0.794	1.259
118	0.501	1.995
116	0.316	3.162
115	0.251	3.984
114	0.199	5.012
112	0.126	7.943
110	0.079	12.600

续表

温度 (T) /℃	灭菌率 (L)	灭菌时间 (F_T) /min
108	0.050	20.000
106	0.032	31.250
105	0.025	40.000
104	0.020	50.000
102	0.013	76.923
100	0.008	125.00
备 注	$L=F_0/F_T$，L 在数值上等于 T（℃）下灭菌 1min 所相当的 F_0	本表中 F_T 系指在温度 T（℃）时相当于 $F_0=1$ 时的灭菌时间；Z 值设定为 10℃

表 E-4　不同温度和 Z 值下的灭菌率

温度 /℃	灭菌率 (L)					
	$Z=7$℃	$Z=8$℃	$Z=9$℃	$Z=10$℃	$Z=11$℃	$Z=12$℃
100	0.001	0.002	0.006	0.008	0.012	0.018
102	0.002	0.004	0.008	0.013	0.019	0.026
104	0.004	0.007	0.013	0.020	0.028	0.038
106	0.007	0.013	0.022	0.032	0.043	0.056
108	0.014	0.024	0.036	0.050	0.066	0.083
110	0.026	0.042	0.060	0.079	0.010	0.121
112	0.052	0.075	0.100	0.126	0.152	0.178
114	0.100	0.133	0.167	0.200	0.231	0.261
115	0.139	0.178	0.215	0.251	0.285	0.316

温度 /℃	灭菌率（L）					
	$Z=7℃$	$Z=8℃$	$Z=9℃$	$Z=10℃$	$Z=11℃$	$Z=12℃$
116	0.193	0.237	0.278	0.316	0.351	0.383
117	0.268	0.316	0.359	0.398	0.433	0.464
118	0.373	0.422	0.464	0.501	0.534	0.562
119	0.518	0.562	0.599	0.631	0.658	0.681
120	0.720	0.750	0.774	0.794	0.811	0.825
121	1.00	1.00	1.00	1.00	1.00	1.00
122	1.39	1.33	1.29	1.25	1.23	1.21
123	1.93	1.78	1.67	1.59	1.52	1.47
124	2.68	2.37	2.15	2.00	1.87	1.78
126	5.18	4.22	3.59	3.16	2.85	2.61
128	10.0	7.50	6.00	5.01	4.33	3.83
130	19.3	13.3	10.0	7.94	6.58	5.62

（三）生物指示剂

生物指示剂是一类特殊的活微生物制品，可用于确认灭菌设备的性能、灭菌程序的验证、生产过程灭菌效果的监控等。生物指示剂的被灭杀程度则是评价一个灭菌程序有效性最直观的指标。在使用生物指示剂对各种灭菌方法验证时，可以用任何方式放置于指定的位置，但应避免接触被灭菌物质。见表 E-5。

表 E-5　不同灭菌工艺常用生物指示剂

灭菌工艺	常用生物指示剂
湿热灭菌法	嗜热脂肪芽孢杆菌孢子（如 *NCTC* 10007、*NCIMB* 8157、*ATCC* 7953）
	生孢梭菌孢子（如 *NCTC* 8594、*NCIMB* 8053、*ATCC* 7955）

续表

灭菌工艺	常用生物指示剂
干热灭菌法	枯草芽孢杆菌孢子（如 *NCIMB* 8058、*ATCC* 9372）
滤过灭菌法	黏质沙雷菌（*ATCC* 14756）
	缺陷假单胞菌（*ATCC* 19146）
辐射灭菌法	短小芽孢杆菌孢子（如 *NCTC* 10327、*NCIMB* 10692、*ATCC* 27142）
环氧乙烷灭菌法	枯草芽孢杆菌孢子（如 *NCTC* 10073、*ATCC* 9372）

使用时应按供应商的要求保存和使用生物指示剂，并通过阳性对照和 D 值测试来确认其质量。如嗜热脂肪芽孢杆菌孢子其 D 值在 $1.5 \sim 3.0 \text{min}$，每片或每瓶 $5 \times 10^5 \sim 5 \times 10^6$ 个，在 $121℃$ 19min 下应被完全杀灭；生孢梭菌孢子 D 值在 $0.4 \sim 0.8 \text{min}$。干热灭菌的 D 值的定义与湿热灭菌类似，但参照温度取 $170℃$，Z 取 $20℃$，枯草芽孢杆菌孢子 D 值大于 1.5min，每片活孢子数 $5 \times 10^5 \sim 5 \times 10^6$ 个。如应用于去热原，则参照温度取 $170℃$，Z 取 $54℃$，大肠癌细菌内毒素，加量不少于 1000 个细菌内毒素单位。对于辐射灭菌法，每片含短小芽孢杆菌活孢子数在 $10^7 \sim 10^8$，置于放射剂量 25kGy 条件下，D 值约 3kGy。但应注意灭菌物品负载的微生物可能比短小芽孢杆菌孢子显示更强的抗辐射力。因此短小芽孢杆菌孢子可用于监控灭菌过程，但不能用于灭菌辐射剂量建立的依据。

市售的生物指示剂有片状生物指示剂（strip biological indicator）和自含式生物指示剂（self－contained biological indicator）。活的细菌孢子既可以滤纸、玻璃纤维或不锈钢等为载体，也可直接接种到产品中去。当孢子接种到液体产品时，孢子的耐热性有时会出现增强或减弱现象；有时所用耐热孢子甚至与产品完全不相容。在后一情况下，可用生理盐水或其他溶液来代替产品进行试验，但所用的替代品与产品必须具有相似的物理和化学性质（如黏度和 pH）。此外，耐热孢子在替代品中的 D 值不得低于其在产品中的 D 值。

（四）无菌保证

从理论上讲，无菌产品应当是没有任何微生物污染的产品，但是，这种绝对的定义无法建立可以应用的技术标准，也无法用科学的方法来验证。对于一个批的产品，无菌检查不是也不可能百分之百地检查，而仅以抽样检查的结果进行批的无菌的判别，因此含有少量微生物污染产品的批也有可能被误判为合格。批产品的染菌率越低，这种根据无菌检查的结果来判定批无菌的风险也就越大。灭菌产品无菌保证概念的引入则是人们努力探索确保无菌制剂无菌可靠性所获得的成果之一。

1. 无菌保证水平（SAL）

无菌保证水平（SAL）用于表示某一灭菌程序赋予产品无菌保证的程度。《中国药典》在论述一项灭菌工艺的无菌保证水平时指出，当用灭菌柜对无菌产品或关键性设备进行最终灭菌时，通常要求灭菌工艺赋予产品的 $SAL \leqslant 10^{-6}$，即灭菌后微生物残存概率不得大于百万分之一，也即表示在一百万个已灭菌品中活菌的数量不得超过一个。残存微生物的概率越低，无菌保证的风险越低。无菌保证值的数学表达式：

$$lgSAL = lgN_0 - F_0/D$$

2. 灭菌效果的评价

正确评价灭菌效果，需计算微生物的残存数或残存概率。在灭菌过程中，F_0 值可作为比较参数，将产品灭菌全过程中不同灭菌温度下的灭菌效力计算到相当于 121℃ 热压灭菌时的灭菌效力。

假设灭菌过程中药液的升温和降温能在瞬间完成，灭菌温度恒定不变，此时利用式（E-6）$F_T = D_T \times (lgN_0 - lgN_t)$ 即能满足灭菌程序和无菌保证等有关参数计算的需要。当药液灭菌前微生物总数为 N_0 时，则在温度 121℃ 下将其全部杀灭至 10^0 所需要的时间为：

$$F_{121} = D_{121} \times lgN_0$$

然而，灭菌过程不可能始终在恒定温度下完成。通常，根据物品的性质可选择如下条件进行湿热灭菌：$T = 115℃$，30min；$T = 121℃$，20min；$T = 126℃$，15min。

根据 $L = 10^{(T-121)/Z}$ 或查表 E-4，可以获得不同温度 T 下的灭菌率 L，并把温度-时间曲线转换成灭菌率-灭菌时间曲线，如图 E-3 所示。

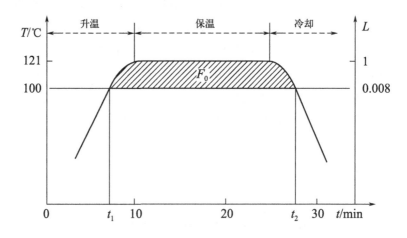

图 E-3　湿热灭菌的温度-时间曲线

一个灭菌程序的总的标准灭菌时间 F_0（L-t 曲线所围的面积）可以用灭菌率对时

间求积分的方法计算而得式（E-12）。

$$F_0 = \int_{t_1}^{t_2} L \cdot \mathrm{d}t = \int_{t_1}^{t_2} 10^{(T-121)/Z} \mathrm{d}t \tag{E-12}$$

式中　t_1，t_2——灭菌过程的起止时间；

　　　　L——灭菌率。

例1：设10％葡萄糖溶液采用湿热灭菌法灭菌，当灭菌温度达到100℃（药液温度）以后以每分钟上升2℃的速度升温。第8分钟时温度达115℃，保温至第38分钟，然后以每分钟平均下降3℃的速度均匀地降至100℃。已知$Z=10$℃，求产品在此灭菌过程中获得的标准灭菌总值F_0。

解：根据公式$F_0 = \Delta t \sum 10^{\frac{T-121}{10}}$可计算$F_0$值。

已知条件：$\Delta t = 1\min$，T为灭菌温度115℃前每分钟记录的温度，代入公式可得

$$F_0 = 1 \times 10^{\frac{100-121}{10}} + 1 \times 10^{\frac{102-121}{10}} \cdots\cdots + 1 \times 10^{\frac{114-121}{10}} + 1 \times 10^{\frac{115-121}{10}} = 8\min$$

例2：已知某品种适宜的灭菌温度为116℃，设从该产品中分离出来的污染菌的D_{121}不超过1min，$Z=10$℃，如果将升温和冷却阶段的F_0忽略不计，求达到F_0等于8所需的灭菌时间。

解：对比两个不同温度之间的灭菌效果，可根据公式$\dfrac{D_2}{D_1} = 10^{\frac{T_2-T_1}{Z}}$计算。

$$D_{121} = 1\min，\ T_2 = 121℃，\ T_1 = 116℃$$

$$D_{116} = D_{121} \times 10^{\frac{T_2-T_1}{10}} = 1 \times 10^{\frac{121-116}{10}} = 3\min$$

（五）热力灭菌程序的设计

从SAL的定义式$\lg\mathrm{SAL} = \lg N_0 - F_0/D$可以看出，产品灭菌前的污染程度越严重，污染菌的耐热性越高，SAL越大，无菌保证程度则越差。同一污染条件下，标准灭菌时间越低，无菌保证的程度就越差。

因此在制药工业中，设计热力灭菌程序必须以强化工艺过程监控、降低产品灭菌前的污染程度为前提，兼顾无菌保证、产品降解、容器/密封完好性及整个贮存有效期内的稳定性要求。

1. 过度杀灭法

采用过度杀灭法（overkill method）时，假设初始菌的数量和耐热性都高于实际微生物，即全部为D值不小于1.0min的耐热微生物（常指嗜热脂肪芽孢杆菌），经灭菌后至少下降12个对数单位。按此计算，过度杀灭的F_0值不低于12。很少发现自然生成的微生物拥有$D_{121} > 0.5$，也即大多数微生物的耐热性都比较低，因此采用过度杀灭程序，能提供很高的无菌保证值。由于该法对初始菌数量和耐热性都作了最坏的假设，因此从技术角度看，对被灭菌品不需要考虑灭菌前的污染问题，无需进行常规的初始菌监控。但生产过程中仍需注意对污染的控制，即对初始菌进行周期监测，

并最好定期采用生物指示剂测试。

因此，过度杀灭法设计的灭菌程序可定义为能使被灭菌品获得 $F_0 \geqslant 12$ 的灭菌程序。对热稳定的物品，灭菌工艺首选过度杀灭法，以保证被灭菌物品获得足够的无菌保证值。但由于提高 F_0 时可能会给产品的降解、贮存稳定性或密封系统带来不良影响，应当在处方及工艺上改进，采用充氮保护或采用多腔室袋将在灭菌过程中容易发生化学变化的组分分隔开等措施。

2. 残存概率法

对于热稳定性较差的产品使用过度杀灭法可能导致产品降解。因此灭菌程序的确认需研究产品的微生物数量和耐热性。以小容量注射剂来说，其标准湿热灭菌的条件121℃、15min，而实际上有些品种只能在 105℃ 灭菌 30min，有些品种甚至不能接受大于 100℃ 的灭菌温度，只能采用流通蒸汽灭菌，这些灭菌条件存在着灭菌不完全的风险。因此对这类产品的灭菌工艺而言，灭菌前产品的污染水平及其耐热性是获得必需的无菌保证值的决定性因素。一旦明确了微生物负载的数量和耐热性，就可以设计出能达到 $SAL \leqslant 10^{-6}$ 的灭菌程序。

因此热稳定性较差产品灭菌程序可采用残存概率法（或称生物负载法，bioburden method）设计，日常生产全过程应对产品中污染的微生物进行连续地、严格地监控，并采取各种措施降低物品微生物污染水平，特别防止耐热菌污染。具体防护措施有：规定灭菌前产品微生物污染的内控限度标准；对非无菌操作条件下生产的每批产品，在灌装作业前后取样，严格监控灭菌前微生物污染的水平；按 GMP 要求对制药用水、灌装区洁净度、与药液接触的包装材料实施动态监控等。

三、能力训练

本能力训练为根据 SOP 进行热压蒸汽灭菌器灭菌操作。

（1）实践目的　熟悉热压灭菌操作过程和注意事项。

（2）实践内容　对待灭菌物品按 SOP 进行高压蒸汽灭菌器灭菌操作。

数字资源E-2
高压蒸汽灭菌器
标准操作规程

（3）实践要求　按 SOP 完成热压灭菌操作。

四、课后思考

（一）单项选择题

1. 灭菌效果应以杀死（　　）为准。

A. 微生物　　　　B. 蛋白质　　　　C. 衣原体　　　　D. 芽孢

2. 湿热灭菌的标准灭菌时间 F_0 不小于（　　）min

A. 8　　　　　　　　B. 12　　　　　　　　C. 6　　　　　　　　D. 9

3. 关于 D 值说法错误的是（　　）

A. D 值越小说明灭菌效率越高

B. 嗜热脂肪芽孢杆菌在同一溶液中的 D 值随着温度升高而减小

C. 不同微生物在同一溶液中、同一温度下的 D 值相同

D. D 值表示杀灭 90% 微生物所需的时间

（二）综合题

根据灭菌率请说明：流通蒸汽灭菌法与热压灭菌法灭菌效果相比作用微乎其微。

扫一扫

数字资源
课后思考答案

E-2　湿热灭菌工艺的验证

一、核心概念

湿热灭菌工艺验证　通过文件证明湿热灭菌设备对被灭菌品的适用性，并获得有效合理的灭菌参数，体现不同灭菌程序的可靠性和重现性。实际上是对被灭菌产品、灭菌设备和装载方式的验证。验证活动包括：①对照灭菌设备设计的灭菌参数来确认灭菌器的性能；②建立某产品及装载方式的灭菌程序的有效性和重现性；③预估灭菌过程中产品可能发生的变化。

生物指示剂挑战性试验　将生物指示剂放置于温度探头的测试点附近，灭菌后的生物指示剂通过复活、相关的微生物测试程序，证实灭菌程序可以实现低于 10^{-6} 的存活概率，为负载各位置具有同样的杀灭效率提供必要的证据。

二、基本知识

（一）湿热灭菌程序的开发

目前，国内已开发应用的湿热灭菌工艺有：采用附加排气系统的饱和蒸汽灭菌工艺、采用附加真空系统的饱和蒸汽工艺、采用附加空气加压系统的饱和蒸汽灭菌工艺。湿热灭菌程序决策树见图 E-4。湿热灭菌工艺程序开发时应根据灭菌前带菌量进行设计，基于对灭菌前产品所含微生物的耐热特性和数量以及产品的热稳定性，灭菌后产品的污染概率需小于 10^{-6}。采用过度杀灭法应基于工艺程序能杀灭更加耐热微生

物，并且再加上一定的安全系数。

湿热灭菌器应满足的条件：①灭菌釜内热分布均一，要求从产品达到灭菌温度时起，直至加热结束，整个过程中温度都能够保持在±0.5℃的波动范围内；②检查每种灭菌物装载方式的热分布是否一致；③灭菌釜内部及灭菌物的温度不得低于预定的灭菌工序所规定的温度；④确定灭菌釜抽真空所需的时间，满足热分布的要求；⑤确定灭菌物达到灭菌温度的时间；⑥确定灭菌后可以将设备冷却至40℃以下所需的时间；⑦湿热灭菌的标准灭菌时间 F_0 不小于8。

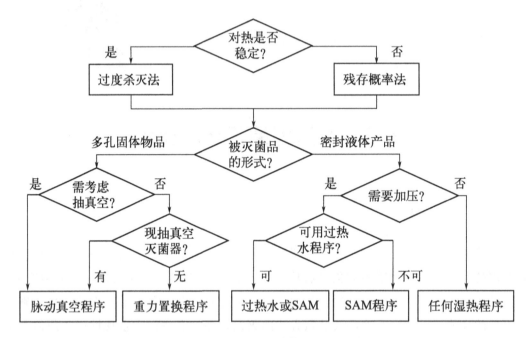

图 E-4   湿热灭菌工艺选择决策树

制药企业可根据产品设定的灭菌工艺选用不同的湿热灭菌器，其类型有下排式（饱和蒸汽）灭菌器、过热水灭菌器（分喷淋式和水浴式）、蒸汽/空气混合物（SAM）作为灭菌介质的灭菌器、脉动真空灭菌器等。

（二）湿热灭菌验证内容

灭菌程序的验证是无菌保证的重要内容。使用未经验证的灭菌工艺，就谈不上产品的无菌保证。要想使一个灭菌设备在受控的验证状态下运行，必须充分了解微生物学和工程学方面的基本原理；设备的设计、安装和运行都必须合理、恰当；必须通过科学的试验，用数据来证明设备的运行不但稳定，而且可靠。从早期的工艺设计到验证的实施和监控的所有文件记录，均应归档保存。

一个湿热灭菌工艺的验证报告通常包括以下内容。

① 对灭菌设备构造、其组成部分功能、辅助系统的概述（包括生产商和型号）。

通常需要附工作原理图，并在图中标明设备运行控制系统、记录系统的功能。

②　所使用的灭菌方式（如饱和蒸汽、水浴、水喷淋式等）。

③　灭菌的工艺参数和运行标准（如温度、压力、时间、最大及最小 F_0 值等）。

④　装载情况（如装载方式、产品处方、容器大小、灌装体积、最大及最小装载量等）。

⑤　灭菌程序的监控方法（如热电偶、监控温度用产品模拟瓶、生物指示剂的数量、位置以及合格/不合格标准）。

⑥　关键参数允许的变化范围（最大值及最小值）。

⑦　自动及手动控制操作步骤的详细阐述。

⑧　验证时异常情况下手工操作的记录要求和格式。

⑨　产品所能承受的 F_0 值限度。

⑩　对灭菌工艺波动情况所作统计分析的评估报告。

（三）湿热灭菌设备的确认

安装确认及运行确认一般由设备供货商与使用单位共同完成，供货商通过运行确认，将灭菌设备调至适当的工作状态，同时培训企业的人员。湿热灭菌设备的确认内容包括检查设备构造、控制/监测系统、运行系统、安全系统及所有零部件均与采购要求相同；控制/监测仪表的校验，包括程序控制器、温度压力和时间控制设备，以及计时器、记录测量仪等。

对于湿热灭菌设备，应具备如下条件：①设备能够承受内部灭菌工艺所需的蒸汽压力，同时为保证灭菌腔室内蒸汽分布的均一性；②湿热灭菌设备的门，应设计有防止在蒸汽压力下门被打开的安全装置；③在内腔室内部和夹套上分别设置疏水装置；④湿热灭菌设备应具有较强的温度控制能力；⑤具有热风干燥功能的设备，还应设置灭菌腔室对外的进气通道，该通道应设置截留微生物的呼吸过滤器；⑥湿热灭菌设备应安装有一系列的计量仪器装置（例如温度传感器、温度计、压力传感器、压力表等）。

1. 博维-狄克实验（BD 实验）

用于检查高真空多孔物品本身及其灭菌器腔室内的空气是否成功排除。

实验过程：将测试包放置在灭菌腔内，空载进行灭菌，不需要干燥。实验结束后查看灭菌测试包中的指示卡。

判定方法：蒸汽快速平稳地渗入测试垫板（或测试包），使内部指示卡色条呈现均匀变色，符合要求。

可能失败的原因：①没有充分进行真空排气作业；②排出空气阶段出现泄漏；③蒸汽源中存在不凝性气体。

2. 气密性实验（真空状态下泄漏试验）

气密性测试用于验证在排除空气的过程中，渗入灭菌腔室的气体量不应干扰蒸汽的渗透，并且在干燥过程中不会受到二次污染。

实验过程：将测试压力表安装在灭菌腔室上（设备如具有相应的绝对压力表，可以不再安装），抽真空室内室压力为 7kPa（或以下），关闭全部与灭菌室相连的阀门、真空泵、观察时间 t_1 和压力 p_1，至少等待 300s，但不得超过 600s，让灭菌器的冷凝水汽化，然后记录时间 t_2 和压力 p_2。600s±10s，再记录一次。计算 600s 内的升压速率。

判定标准：不应超出 1.3kPa/10min。

（四）湿热灭菌工艺验证

一台湿热灭菌设备在安装确认及运行确认后，需要进行性能确认，由使用单位完成。验证试验应根据设定的灭菌程序，证实待灭菌品灭菌运行的可靠性及灭菌程序的重现性。具体验证试验包括：灭菌柜的空载热分布试验、满载热分布和热穿透试验以及微生物挑战性试验等。灭菌效力评价可从生物学手段和物理手段来评价。生物学手段即用特定的生物指示剂作为标准微生物制剂，数据可直接反映灭菌效果，优点在于可取代物理手段的不足（如探头无法放入安瓿瓶），缺点在于较难进行统计学分析；物理手段即采用灭菌值 F_0 作为评价标准，可精确测定热分布和热穿透状况。便于准确计算不同灭菌条件下的灭菌效果，测量数据便于统计分析。

1. 空载热分布试验

根据设定的灭菌工艺，对瓶内药液进行升温、保温、降温的整个灭菌过程中，灭菌柜内部任何一点的温度都应达到工艺规定的温度。局部药液温度过高，将会导致药液变色、有效成分降解；局部药液温度过低或静止时间过长，可产生颗粒沉淀或灭菌不彻底等不良效果。

试验中采用的各个参数（如灭菌条件 121℃ 15min 或 115℃ 35min）应与正常生产相同。

（1）探头校准　目前有成套的自动温度记录仪，包含软件、标准温度计、有线或无线的温度探头、干阱等系统，温度探头应经过前校准、后校准，自动记录相关数据，并提供分析结论。校验时可选择 0℃ 和 125℃ 两个条件，各探头校准偏差应小于 ±0.5℃。

（2）空载热分布试验　在空载下进行热分布试验，灭菌柜内不放置灭菌产品，即为空载。热分布试验的目的是确认灭菌柜内保持温度均匀性的能力和灭菌介质蒸汽的稳定性，测定灭菌腔内不同位置的温差状况，确定可能存在的冷点。

热分布试验至少选择 10 个温度探头（较大灭菌器可选择 15～20 个探头），编号后通过验证接口固定在灭菌柜内不同位置。灭菌柜内以水平向和垂直向进行分割，选择有代表性的几何中心和角落，另外需在温度控制传感器相连的冷凝水排放口（可能的最冷点）放置探头。以 10 个为例，1 个探头固定在温度控制和记录的传感器旁，其余标准热电偶置于腔室各处，各标准热电偶的测温头不得与金属及其他表面接触（分布点如图 E-5 及表 E-6 所示)。

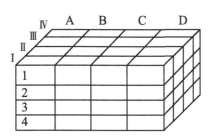

图 E-5　空载热分布试验

表 E-6　标准热电偶分布

探头号	探头位置	探头号	探头位置
1	4-B-Ⅱ	6	2-B-Ⅲ
2	4-C-Ⅲ	7	2-A-Ⅰ
3	4-A-Ⅰ	8	1-B-Ⅱ
4	3-A-Ⅰ	9	1-C-Ⅳ
5	3-D-Ⅳ	10	1-A-Ⅰ

在空载状态下按预定的灭菌条件连续灭菌 3 次必须呈现均匀的热分布，没有冷点，全部温度探头与平均值差值 <1℃。如存在低于平均值 1℃ 及以上的点，则存在最冷点，要求最冷点温度大于要求温度。探头应覆盖被分化成体积大致一致的整个空间，有三个点必须进行监测：最冷点的产品探头、设备本身附带的温度探头、冷凝水排水口探头。

干热灭菌工艺相比于湿热灭菌工艺需要的温度更高，因此在灭菌工艺验证温度设计时，空载热分布验证范围要求运行温度高于规定值，灭菌腔室内各点的温差范围应不超过 ±15℃。试验连续进行 3 次，证明热分布重现性。

> **知识链接**
>
> **干热灭菌工艺验证**
>
> 干热空气对微生物杀灭的效果远低于湿热蒸汽，因而干热灭菌需要更高的温度或较长的时间。干热灭菌法根据灭菌目的的不同，可分为灭菌工艺和除热原工艺。评价干热灭菌程序的相对能力时，灭菌效果必须保证 F_H 值大于 60min，去热原效果必

须保证 F_H 值大于 1365min。

干热灭菌器的确认与湿热灭菌器的确认相似，进行设计确认、安装确认后，在运行确认时进行控制仪表及记录仪的校正和测试、控制器动作确认、整体空机系统确认、高效过滤器的定期完整性测试、空载热分布试验。性能确认需进行热穿透和满载热分布试验、微生物挑战性试验等项目。

（1）空载热分布试验　测试条件与湿热灭菌相似，温度探头至少 10 支以上，安装时不与金属接触，至少有一支在设备自身的温度探头附近。空载热分布验证范围要求运行温度高于 250℃ 时，灭菌腔室内各点的温差范围应不超过 ± 15℃。试验连续进行 3 次，证明热分布重现性。

（2）热穿透和满载热分布试验　干热灭菌设备的热穿透测试应选择规格和类型有代表性的材料进行测试，并适当降低灭菌效率。如干热烘箱，可降低设定温度、缩短灭菌时间；隧道式烘箱，可提高输送带速度、降低设定温度。

满载热分布试验典型装载方式包括极端状态下的物品（难以穿透的物料，如捆扎较紧）和极端状态下的装载（即最大装载）。由于空气导热性差，不同灭菌物品的冷点和热点有可能变动。如物料的加热速度也不同，则更易发生这种现象。因此，对于干热烘箱，每次试验过程中都应该适当改变温度探头的位置，完整反映热穿透状况准确确定"冷点"。干热灭菌的热穿透不仅与腔室内热分布有关，也与灭菌对象的特性、包装情况等密切相关。热穿透测试时温度探头置于容器、物料、西林瓶或其他物品内部，可反映物品内表面温度。

为保证灭菌对象能在灭菌温度下暴露足够长的时间，灭菌器的温度设定值常高于灭菌、除热原过程中所要求的最低温度值。在验证文件中应体现产品暴露于最低灭菌温度的全部时间以及累积的 F_H 值。

容器类物品的灭菌过程，在热分布及热穿透测试中发现若干个冷点时，应在冷点区域放置足够的温度探头加以检测。当热分布和热穿透测试符合标准时，应连续运行 3 次，证明灭菌工艺（或除热原）具有重现性。重复试验时，应在冷点区域集中安放一定数量的温度传感器以证明"冷点"区域的最小 F_H 值达到规定。

（3）微生物挑战性试验　干热灭菌工艺的灭菌、去热原验证试验，可通过微生物或内毒素挑战试验证实，可以与热穿透同步实施，也可独立实施。

对灭菌工艺验证而言，可将生物指示剂放置在每一个冷点进行测试，也可选择负载中最冷点和最小 F_H 值放置，即最差条件。常采用枯草杆菌黑色变种芽孢进行测试。

对于除热原工艺的验证，生物指示剂一般选择大肠埃希菌内毒素进行内毒素挑战性试验，以证明去热原的有效性。可用国产 9000EU/安瓿或 10^8EU/瓶的工作对照品，操作时可将 1000 个单位（或以上）的内毒素标准接种入待去热原处理的物品中，放置于热电偶附近。去热原前后分别用鲎试剂检查，经去热原处理后，内毒素含量应下降 3 个对数单位。

内毒素灭活验证时，应在极端状态下的装载，升温最慢的区域放置样品，每个点 2 个样品，且应有一只探头放置在最差点附近。由于除热原工艺条件比杀灭孢子的条件苛刻，因此进行内毒素挑战性试验时不必再进行生物指示剂挑战性试验。

2. 满载热分布和热穿透试验

满载热分布探头与空载热分布测试放置同一位置，可监控灭菌介质的均匀性和稳定性。其标准为最冷点与灭菌腔平均温度间的差值应不超过 ±1℃。满载热分布可确定灭菌柜装载中的"最冷点"，热穿透是为了确认灭菌柜针对某品种能进行有效灭菌，了解灭菌程序对产品的实用性，合格标准应保证"最冷点"在预定的灭菌条件中获得足够的无菌保证值。

（1）针对过度杀灭法　采用过度杀灭法的灭菌工艺，满载热分布和热穿透试验可同时进行，以下仅以热穿透试验进行表述。测试时只需连续进行 3 次灭菌全过程，确保测试点持续到达足够的杀灭效力。

热穿透温度探头可根据热分布数据放置在可能"最冷点"的灭菌物中。同种物品灭菌（如水针剂）时探头应均匀分布；多种物品混装灭菌时探头放置点应具有代表性，获得的温度数据可最终确定"最冷点"。热穿透的探头数量无硬性规定，但最小 F_0 值必须大于 12min。每个循环从开始到灭菌的时间应保持一致，具有重现性。

对过度杀灭法，满载热分布数据主要用于考察随着使用时间延长设备本身的性能变化。满载热分布与热穿透测试同时实施时，热穿透探头数量和热分布探头推荐比例为 5:1。

设备负载有一定的灵活性，实际生产中可能部分装载。对于均一的灭菌物（如胶塞），负载中的冷点较易识别，热探头一般分布在系统蒸汽最难到达的区域如几何中心、角落、柜顶部和底部，部分装载可视为已验证的整体装载的一部分。但多种物品混装、待灭菌物的包装方式和类型等，可能导致冷点的不同。因此，实施热穿透试验时，应明确装载布置图。

（2）针对残存概率法　采用残存概率法的灭菌方式，满载热分布和热穿透测试应分别实施，并制定详细的温度探头分布图。

满载热分布温度探头分布与空载一致。通常采用最小装载、最大装载、典型装载三种装载方式。每种装载需进行连续 3 次测试，证实温度分布的重现性。满载热分布要求同一时刻各点之间的差值不超过 2℃。

热穿透测试探头随灭菌器容积大小而变化。一般的装载托盘或装载车至少配制 10 个探头，全部插入相应的产品容器，将容器固定在难以穿透的位置进行测试。通过热穿透试验确认热点、冷点、选择的温度控制点之间的关系。热穿透数据可以证实负载内所获取的最高温度和最大 F_0，应不影响产品的质量稳定性；同时确保冷点达到足够的杀灭效果。

对于肠外大输液产品及黏性液体产品而言，必要时，可在容器内放置多个温度探头，以确定容器内"冷点"的位置。如采用喷淋式旋转式灭菌柜灭菌时，则无需确认冷点。

干热灭菌设备可用相类似的方法进行验证试验。应当指出，干热灭菌设备保温期间各点间的温差比较大，在 250℃ 以下干热灭菌时，如在强制对流式或隧道式干热灭菌器内，各点间温差可高达 ±15℃。此外，与湿热灭菌相比，干热灭菌设备内不同类型的被灭菌品及其装载方式，对热穿透效果的影响要大得多。

3. 微生物挑战性试验

确认蒸汽灭菌工艺的真实的灭菌效果往往使用生物学手段，即生物指示剂法，又称微生物挑战性试验。热穿透数据确认负载后各位置温度接近，而微生物挑战试验可以进一步确认负载后各位置具有相同的杀灭微生物的效率。对于湿热灭菌程序，该试验是将一定量的生物指示剂接种入待灭菌产品中，在设定灭菌条件下进行灭菌。通常和热穿透测试同时进行。标定的生物指示剂也可用于 F_0 的计算，并证实温度探头所获取的温度测试数据。

生物指示剂应选择耐热性比产品初始菌更强的微生物。对于过度杀灭法，通常选择嗜热脂肪芽孢杆菌或其芽孢，也可采用其他对湿热灭菌耐热性强的微生物。而在残存概率法中常用生物指示剂有生梭芽孢杆菌、史密氏杆菌和枯草芽孢杆菌 5230。对于除热原工艺的验证，生物指示剂一般选择大肠埃希菌内毒素进行内毒素挑战性试验，以证明去热原的有效性。

生物指示剂的耐热性和菌种浓度应通过测试确认。尤其是生物指示剂所处溶液或载体对生物指示剂的耐热性有影响时，应在验证试验中，对实际条件下生物指示剂的耐热性进行评估。

微生物挑战试验中，生物指示剂可放置于温度探头的测试点附近。灭菌后生物指示剂进行复活和培养，进行相关的微生物测试，证实灭菌程序可以实现低于 10^{-6} 的存活概率。

如对输液剂的蒸汽灭菌效果试验，接种的样品不少于 20 瓶，样品置于"冷点"，随同生产品种一起在较小 F_0 值下进行灭菌。样品在 30～35℃ 或 50～60℃ 条件下培养、计数，如微生物残存率小于 10^{-6}，则证明该灭菌条件可满足产品的 F_0 值。以上试验至少进行 3 次。

微生物挑战试验应注意：需明确生物指示剂的类型、来源、密度和 D 值；灭菌工艺是否采用残存概率法（生物负载法），是否测试被灭菌产品的初始菌；如发生意外（阳性），如何处理等。

在生物指示剂验证中，生物指示剂的用量比日常生产中检出污染菌的量大，耐热性强，经验证后，日常生产中可使用生物指示剂作为监控手段。将市售已知 D 值及芽孢数的生物指示剂与产品一起灭菌，当培养无阳性结果，而灭菌前生物负荷检查中又未检出耐热孢子，基于此，生物指示剂培养的结果便为产品的无菌提供了实验依据。

三、能力训练

本能力训练为安瓿注射剂灭菌柜湿热灭菌工艺验证。

1. 实践目的

（1）掌握湿热灭菌工艺验证的项目。

（2）熟悉湿热灭菌工艺验证的操作过程。

2. 实践内容

XG1.0安瓿注射剂灭菌柜以压力蒸汽作为灭菌介质，采用多点置换排气升温方式，保证灭菌室内冷空气排出彻底，升温迅速均匀有效消除了因冷空气存在而造成的温度死角。该灭菌器广泛应用于制药企业、医疗单位对安瓿等液体制剂的灭菌处理。

灭菌器的验证主要包括安装确认、运行确认和性能确认三方面。安装确认主要检查灭菌柜主机、辅助设备、公用工程、仪器仪表等安装是否符合设计要求，灭菌柜有关资料和文件符合 GMP 的管理要求。运行确认主要检查灭菌柜各单元的性能及整机运行是否达到供货单位设计要求。性能确认主要验证灭菌柜在装载情况下不同位置的热分布状况，确定灭菌柜中冷点的位置；确定产品灭菌程序有关的参数，如温度、压力及灭菌时间等，以确保产品灭菌后达到低于 10^{-6} 的微生物污染率，同时验证灭菌器运行的可靠性及灭菌程序的重现性。主要包括空载热分布试验、负载热分布试验、热穿透试验、生物指示剂验证试验等。

（1）空载热分布实验

① 验证目的：在设备空载的情况下，检查腔室内的热分布情况，调查可能存在的冷点。

② 验证标准：最冷点温度与腔室平均温度之差应≤±1℃。

③ 程序与记录

a. 验证设备的校正

校正用标准仪器

仪器名称	生产厂家及型号	备注
油浴		
冰点槽		
标准温度计		

需校正的验证设备

设备名称	生产厂家及型号	数量	校正结果		备注
			验证前	验证后	
多点数据显示记录仪		1			
铂电阻		10			

b. 将经过校正的 10 个温度探头编好号固定在灭菌柜箱体内的不同位置。温度探头的安放位置包括可能的高温点及低温点，如蒸汽入口处和抽真空口。另外的均匀地放在小车的不同层，所有的温度探头都不能与柜体表面接触，从而使温度的检测具有良好的代表性。

c. 根据湿热灭菌柜 SOP 的方法，选择 3 次循环程序，设定 121℃、30min 灭菌，试验前后都要将温度探头放进冰点槽和油浴缸中进行校正。

d. 设置探头位置。

e. 记录灭菌柜运行数据和验证控制器的运行数据。

(2) 负载热分布试验

① 验证目的：在设备装载灭菌物品的情况下，将温度探头放在被灭菌的物品以外，确认灭菌柜内空气的热分布均匀性并确定装载中空气的"最冷点"。

② 验证标准：调查热分布均匀性，最高温度、最低温度与平均温度之差≤±1.5℃；确定最冷点的空气的 $F_0 \geqslant 8$。

③ 程序与记录：基本同空载热分布试验。将经过校正的 10 个温度探头编好号固定在满载的灭菌柜箱体内的不同位置。温度探头的安放位置包括由空载热分布确定的高温点及低温点。另外的均匀地放在小车的不同层，所有的温度探头都不能与柜体表面接触。装载时应选用最难穿透物质的最大装载，从而使温度的检测具有良好的代表性。设置好循环程序和灭菌参数，探头放置位置同"空载热分布试验"，运行并记录灭菌柜运行数据和验证控制器的运行数据。

(3) 热穿透试验

① 验证目的：在热分布试验的基础上，将温度探头放在待灭菌的物品中，确定灭菌物品的 F_0 值符合要求。

② 验证标准：确定最冷点产品的 $F_0 \geqslant 8$。冷点 F_0 值和产品 F_0 的平均值之间的差值不超过 2.5。

③ 程序与记录：基本同负载热分布试验。经过校正的 10 个温度探头编好号固定在满载的灭菌柜箱体内的不同位置的产品中。温度探头的安放位置与负载热分布相

同，但所有的温度探头都应插在产品中并应与产品表面接触。装载时应选用最难穿透物质的最大装载，从而使温度的检测具有良好的代表性。设置好循环程序和灭菌参数，探头放置位置同"空载热分布试验"，运行并记录灭菌柜运行数据和验证控制器的运行数据。

（4）生物指示剂验证试验

① 验证目的：确认灭菌方案是否合理。

② 验证标准：验证设定的灭菌是否赋予产品所必需的标准 F_0 值，即 $F_0 \geqslant 8$；验证灭菌产品的微生物存活概率低于 10^{-6}，即无菌保证值 $\geqslant 6$。

③ 程序与记录

a. 所选定的生物指示剂为：嗜热脂肪芽孢杆菌。

b. 测定所选用生物指示剂的 D 值（1.8）。

c. 标定菌液浓度，稀释制备样品。

依据公式：$F_0 = D_{121} \times \lg N$（$N$ 为每瓶样品中应接种得孢子数）得出 $N = F_0 / D_{121}$。

接种的样品数为 20 瓶，另外还有阳性对照品两瓶，阳性对照品中的孢子数为 50 只/瓶。

d. 将样品编好号，尽可能放在灭菌柜的"冷点"。其他位置的装载待灭菌的产品。

e. 根据湿热灭菌柜 SOP 的方法，选择 3 次循环程序，设定 121℃、30min 来控制灭菌。

f. 将灭菌后的样品无菌过滤，置 50～60℃培养 48h，计数。阳性对照组应明显长菌，否则验证试验无效。

g. 共进行 3 次试验。试验结果应一致，否则应分析原因或重做。

h. 验证数据

项目		第一次验证	第二次验证	第三次验证
孢子数	标准	应$<10^{-6}$	应$<10^{-6}$	应$<10^{-6}$
	实际			
F_0 值	标准	$F_0>8$	$F_0>8$	$F_0>8$
	实际			

注：实际的 $F_0 = D_{121}(\lg N_0 - \lg P)$ 计算，P 为微生物的存活概率。

知识链接

附 生物指示剂的使用方法和判定结果:

（1）使用方法 ① 将生物指示剂管放入标准检测包的中心，置于灭菌器的规定位置。

② 按规定的灭菌温度和时间进行灭菌处理。

③ 灭菌结束即刻将指示剂管取出，盖朝上垂直握于手中，用镊子夹住指示管下端尖部，将管内瓯夹碎，让培养液流出，浸没菌片，充分振摇。然后将置于 56℃ 培养箱内或配套的微型培养器内，同时放一支未经灭菌处理的生物指示管作为阳性对照，一并培养 48h，观察结果。

（2）结果判定 培养后当生物指示剂管内培养液由紫色变为黄色，即表示有菌生长，判定灭菌不合格；如仍为紫色即表示无菌生长，同时阳性对照生长正常，判定为灭菌合格。

（3）注意事项 ① 生物指示剂管从压力蒸汽灭菌器内取出后需在室温下放10min 左右，再将安瓿夹碎。

② 未用完的生物指示剂随时放入 4℃ 冰箱内。

③ 本生物指示剂在 4℃ 条件下存储。

3. 实践要求

（1）空载热分布实验最冷点和腔室平均温度差值。

（2）装载热穿透实验最冷点和差值。

（3）生物指示剂实验结果。

四、课后思考

（一）单项选择题

湿热灭菌工艺的验证中的生物学确认主要是包括什么试验（ 　 ）

A. BD 测试　　　　　B. 热分布　　　　　C. 热穿透　　　　　D. 微生物挑战

（二）多项选择题

1. 湿热灭菌工艺的验证中的物理确认主要包括哪些试验（ 　 ）

A. 热分布　　　　　B. BD 测试　　　　　C. 热穿透　　　　　D. 真空泄漏测试

2. 关于湿热灭菌工艺和干热灭菌工艺，以下说法错误的是（ 　 ）

A. 干热灭菌工艺采用的是嗜热脂肪芽孢杆菌孢子为生物指示剂

B. 湿热灭菌工艺采用的是枯草芽孢杆菌孢子为生物指示剂

C. 无论湿热灭菌工艺还是干热灭菌工艺，都要求 SAL≤10^{-6}

D. 湿热灭菌工艺采用 F_0 进行评价，干热灭菌工艺采用 FH 进行评价

数字资源
课后思考答案

（三）综合题

生物指示剂应选择耐热性比产品初始菌更强的微生物。针对不同的灭菌工艺，请简要介绍其选择生物指示剂的种类。

 知识图谱

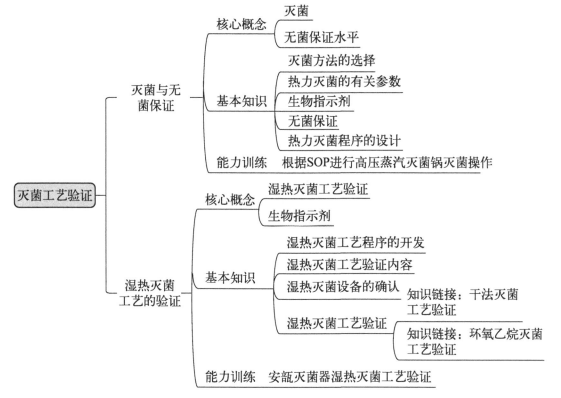

F
工艺验证

 学习目标

1. **掌握** 固体制剂、注射液、粉针剂的生产工艺验证的项目，无菌工艺模拟试验的方法。
2. **熟悉** 工艺验证的三个阶段，关键设备验证。
3. **了解** 固体制剂、注射液、粉针剂的生产工艺要点。
4. **能** 按计划实施固体制剂、注射液、粉针剂的各工序的工艺验证。
5. **会** 进行无菌工艺模拟验证。

F-1 固体制剂生产工艺验证

扫一扫

数字资源F-1
固体制剂工艺验证视频

一、核心概念

工艺验证（process validation，PV） 系指用文件证明生产工艺系统在其正常操作环境中能够实现预定功能。工艺验证以工艺的可靠性和重现性为目标，证明此工艺是在做规定所要做的，工艺处于控制之下，体现可靠性。通过工艺验证决定此工艺的变量和这些变量的合格条件，并建立相宜的中间控制，实现重现性。

工艺验证报告 系指工艺验证的结果文件。报告应明确陈述结论，说明数据是否表明工艺处于足够受控状态；总结和讨论所有生产中的不符合项，如偏差、异常检测结果或其他与工艺有效性相关的资料；并在相应的报告中详细描述对现有程序或控制方法所采取的任何纠正方法或变更。

二、基本知识

生产工艺验证是保证生产的物料符合规定用途的关键因素，即取得质量保证重要环节。质量保证的基本原则如下：①产品的质量、安全性和有效性必须是在设计和制造中得到的；②质量不是通过检查或检验成品所能得到的；③必须对生产过程的每一步骤加以控制，以使成品符合质量和设计的所有规格标准的概率达到最大限度。因此，只有对生产过程和生产过程的控制进行适当的设计和验证，药品生产企业才能持续不断生产出合格的药品。

工艺验证（PV）是一个有文件和记录的方案，它能使一项专门的工艺过程确实始终如一地生产出符合预定规格及质量标准的产品。工艺验证管理目标是通过工艺关键性分析，识别验证过程中需注意的高风险区域。这些高风险区域应该是与产品安全性、有效性的关键质量属性相关联的。实施生产工艺验证的目的是为系统控制提供文件化的证据，评价生产方法，保证工艺/产品达到标准，保证可靠性和保证产品均一性。

口服固体制剂包括片剂、胶囊剂、干混悬剂、颗粒剂、散剂、膜剂和滴丸剂等。其中又以片剂、胶囊剂、颗粒剂三种固体制剂为主，而颗粒剂是湿法制粒压片的基础，胶囊剂与片剂的差别主要在于胶囊填充工序，因此口服固体制剂工艺验证仅以片剂生产工艺验证为例进行介绍。片剂是由药物活性成分（API）与适宜的辅料均匀混合，通过制剂技术压制而成的圆片状或异型片状的制剂，是目前应用最为广泛的制剂品种。

片剂生产由于受原辅料晶型、粒度、工艺条件及设备性能等因素影响较大，因此必须对生产过程中的设备进行验证，确认其有效性和重现性；必须对工艺及分析方法的可靠性进行验证，以确保含量的均一性；必须对因原辅料供应商的变更进行原工艺的再验证，必要时需作产品稳定性考察。片剂属非无菌制剂，验证还应包括产品的卫生学标准。在片剂的生产过程中必须对生产设备进行有效清洁。特别是在更换品种时，清洁的效果必须用验证来确定。关于设备清洁验证的内容详见 D 清洁验证。

以下将从片剂生产工艺出发，主要介绍片剂生产工艺验证及相关设备确认。

（一）片剂的生产工艺

片剂的主要工艺步骤包括：原辅料的预处理（包括粉碎、过筛、称量等）、制粒（干法制粒、湿法制粒）、干燥、整粒、总混、压片、包衣、包装等。片剂生产车间的典型工艺平面布置如图 F-1 所示。

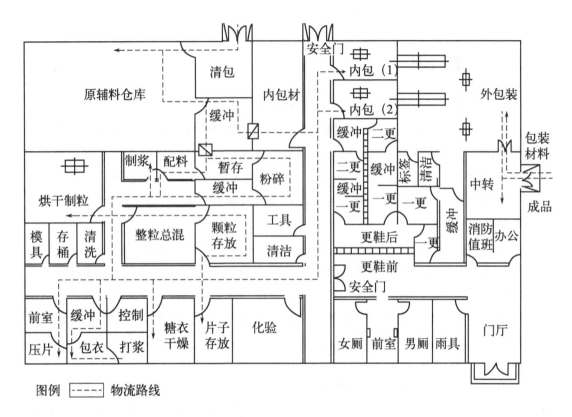

图例 ┆----┆ 物流路线

图 F-1　片剂生产车间的典型工艺平面布置

片剂生产过程强调工艺流程的衔接顺序与空气洁净度级别的协调。从图 F-1 中可以看出，片剂生产按一般生产区、控制区工艺卫生要求划分生产区域，原料粉碎、过筛、配料、制粒、压片、包衣、分装等工序划为"控制区"，其他工序划为"一般生产区"。控制区的洁净级别确定为 D 级。

（二）工艺验证的阶段及一般步骤

工艺验证实施前要有经审核批准的书面的验证方案，说明验证的方法及所要收集的数据资料。收集数据资料的目的必须明确，数据资料必须真实可靠。验证文件应该指出生产过程有足够的重复次数以证明其重现性，而且在连续运行 3 次要规定准确测定变化的情况。

在现行版 GMP 中引入设计确认的概念，体现了质量应通过设计实现，而不仅仅靠最终检验把控，即"质量源于设计"的理念。GMP 中规定确认或验证的范围和程度应经过风险评估来确定，从而将"质量风险管理"与确认和验证活动相结合。因此扩充了工艺验证的含义，根据现行版 GMP，对照美国 FDA 工艺验证指南，可将工艺验证分为三个阶段，见表 F-1。

表 F-1 法规对工艺验证阶段性的要求

法规	第一阶段	第二阶段	第三阶段
我国现行版 GMP	第一百四十一条 采用新的生产处方或生产工艺前，应当验证其常规生产的适用性。生产工艺在使用规定的原辅料和设备条件下，应当能够始终生产出符合预定用途和注册要求的产品	第一百四十四条 确认和验证不是一次性行为。首次确认或验证后，应当根据产品质量回顾分析情况进行再确认或再验证。关键的生产工艺或操作规程应当定期进行再验证，确保其能够达到预期结果	第一百四十二条 当影响产品质量的主要因素，如原辅料、与药品直接接触的包装材料、生产设备、生产环境（或厂房）、生产工艺、检验方法等发生变更时，应当进行确认或验证。必要时，还应当经药品监督管理部门批准
美国 FDA2011 版工艺验证指南	工艺设计阶段，基于从开发和放大试验活动中得到的知识确定工业化生产工艺	工艺确认阶段，对已经设计的工艺进行确认，证明其能够进行重复性的商业化生产	持续工艺核实阶段，工艺的受控状态在日常生产中得到持续的保证

工艺验证的一般步骤见图 F-2。

1. 工艺验证需求

工艺验证方法通常有三种：前验证、同步验证和回顾性验证，根据生产情况不同选择不同的方法，具体内容见 A-1 认识验证。一般而言，前验证是首选方法，即生产新产品前或旧产品的某一个生产过程发生了变动，且可能影响到产品特性的，在经过变更程序进行评估并批准后，应采用前验证的方式进行工艺验证。当新产品与原来已经验证过的产品的规格不同，或者片子的形状不同，或者该产品的工艺已经很成熟时，可在正常生产过程中对工艺进行适当验证，即同步验证。已积累批生产、检验、控制数据的已上市产品基于历史生产数据进行验证，即回顾性验证，目前不推荐采用。

2. 确认已完成工艺验证前提准备

（1）厂房和公用系统已完成确认

① 厂房验证的项目包括建筑物和环境，主要验证厂房的设计、结构监控和维护系统是否适合本产品生产。

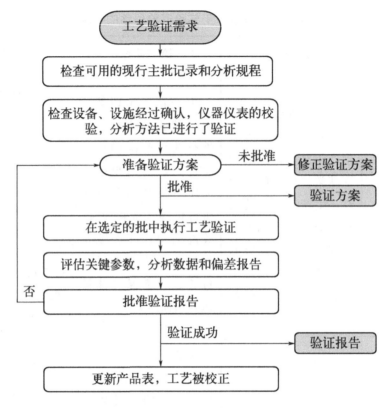

图 F-2　工艺验证的一般步骤

②　公用系统验证即工艺用水系统、空气净化系统等公用系统的确认。工艺用水系统的主要验证内容是贮罐及用水点水质（化学项目、电导率、微生物）、水流量、压力等指标符合要求。空气净化系统的主要验证内容是确认悬浮粒子、微生物、温湿度、换气次数、送风量、静压差等指标符合要求。

（2）设备已完成确认

①　生产设备已完成安装确认、运行确认。需经过设备确认的包括过筛机、粉碎机、混合制粒机、沸腾干燥器、干燥箱、混合器、压片机、包衣机、铝塑泡罩包装机等。主要确认新设备运行有效、老设备的关键仪表得到必要的校准。

②　要进行仪器仪表的校准，涉及的仪器包括分析仪器、天平、地秤、硬度仪、水分仪、崩解仪等。主要确认新仪器经过有效的验证，原有仪器经过必要的校准和维护。

（3）分析方法通过验证　分析方法的主要验证内容包括：确认成品质量标准在新产品申报时是否已完成方法验证；半成品检验方法是否已通过验证；原辅料标准是不是药典规定的法定标准或经过验证的分析方法。

（4）原辅料、内外包装材料供应商已通过质量审计　原辅料供应商应通过质量审计，同时检测原辅料是否符合有关标准。原辅料生产商的变更应通过小样试验，必要时需通过验证。内包装材料如无毒聚氯乙烯、铝箔，也应检测其内包装材料是否符合有关标准。

（5）人员已经过相关的培训　人员培训通过培训记录和评估记录来体现，确认参与生产相关人员均接受过技术培训。

（6）标准规程和操作程序等已确立　标准规程和操作程序是生产工艺的体现。按操作规程和操作程序等进行岗位操作和设备操作，完成片剂各工序生产。

3. 确定关键工序及关键工艺参数

并非所有的工艺步骤都需要验证，要将验证的重点是放在关键工艺步骤上。关键工序包括：任何改变产品形状的步骤；所有影响产品均一性的步骤；所有影响鉴定、纯度或规格的步骤；包括延长储存期的步骤。

对于工艺验证，药企应对生产工艺有充分的理解，识别出所有对产品质量、操作性及生产成本产生影响关键工艺参数（critical process parameters，CPP）。同时 CPP 的识别应具有一定的科学性并经过充分证明。

工艺验证中所包含的关键工艺参数必须明确且在验证期间必须严密监控，因其可能会影响产品质量；关键工艺参数设定的限制条件，应符合市场认可的限额、稳定性的规格、放行的规格及验证的范围。

以湿法制粒工艺为例，其关键工序及控制参数示例见表 F-2。

表 F-2　湿法制粒工艺关键工序及关键控制参数示例

工序	工艺参数	考察指标
备料	如需要，粉碎/过筛的目数	物料粒度分布，水分
湿法制粒	批量，制粒机切刀和搅拌的速度；添加黏合剂的速度、温度和方法；原辅料加入顺序；制粒终点的判定；湿法整粒方式和筛网尺寸；出料方法	粒度分布、水分、松紧密度（如需要）；如可能，可采用 PAT 技术（过程控制技术）进行在线监测
干燥	批量；进风温度、湿度和风量、出风温度；产品温度；干燥时间；颗粒水分	水分
整粒	筛网尺寸；整粒类型；整粒速度；颗粒的粒度分布	粒度分布，水分
混合	批量；混合速度；混合时间	混合均匀度
分料	（无）	含量均匀度

工序	工艺参数	考察指标
压片	压片机转速、主压力；加料器转速	外观，片重，片重差异，片厚，脆碎度，水分，硬度，溶出度/崩解度，含量均匀度
包衣	包衣液的制备：投料顺序；温度和搅拌时间；过滤网孔径	外观，包衣增重，水分，硬度，溶出度/崩解度
	预加热：片床温度，排风温度及风量；转速；预加热时间	
	喷浆：进风温度及风量；锅内负压；片床温度；蠕动泵转速；浆液温度和雾化压力；喷浆量；排风温度及风量；锅体转速	
	干燥：进风温度；锅内负压；片床温度；排风温度和风量；锅体转速；干燥时间	
	冷却：进风温度；锅内负压；片床温度；排风温度和风量；锅体转速；降温时间	

4. 工艺验证方案

工艺验证方案的基本要求：①保证重现性和规模，一般至少连续三批商业批量的验证；②进行"最差情况"下的挑战性研究；③验证方案应尽可能简捷、具体；④提供的检测报告应包括所有信息；⑤尽可能地确定关键变量和变化范围；⑥具体的取样方法；⑦可靠的检测方法；⑧明确操作人员并进行培训（尤其是增加的特定项目）；⑨验证方案可以采取多种形式，按实际情况设计验证方案。

工艺验证应考虑工艺的生产能力、产品均一性/均匀性、产品纯度、产品质量，可以适当分组（按产品、工艺、设备的最差情况分类，以减少工作负荷）。

工艺验证方案应包含以下要素：①工艺概述；②研究概述；③所用的具体设备/设施（包括测量仪、监测仪/记录设备）及其校验状态；④需监测的变量；⑤使用的物料-何时何地、如何使用及使用多少；⑥产品的生产特性/需监测的方面及检测方法；⑦可接受限度；⑧时间表；⑨人员职责；⑩记录和评价结果的详细方法，包括统计分析。

验证方案中的试验部分要尽可能全面清楚地描述，要采用列表的方法，可接受标准和分析结果，用统计学方法评价试验结果。

验证方案应经验证相关部门进行审核并经质量负责人批准。根据验证方案中的列出的项目进行逐一验证，并及时记录验证结果。每个验证项目结果均应经过审核。

5. 工艺验证报告

工艺验证报告需将工艺（包括详细的关键步骤）完整记录下来。按照方案规定汇总所有的原始数据，对生产和最终检测结果详细总结，包括失败的试验数据；当不能包括原始数据时，应说明原始数据的来历和如何找到原始资料。方案中未规定的附加工作或相对于验证方案的偏移（意料之外的观察结果）都应该记录在验证方案中，并做出评价、总结讨论。充分真实描述对现有程序与控制方法所采取的任何纠正措施或变更。将结果和预设目标进行对照和审核，明确陈述结论，说明数据是否表明了该工艺与方案中建立的条件相符合，以及工艺是否处于足够受控状态。在完成所有的修正或重复工作后，由负责验证的小组/人作出正式的接受/拒绝验证结果的决定。

工艺验证报告中还需提出评价和建议，包括再验证的时间建议。验证报告需经验证相关部门和质量部门的审批。

6. 工艺验证后续工作

验证完成后，根据稳定性方案留样进行考察，并对稳定性数据进行评估。根据三批的稳定性数据确定产品的有效期。针对新产品，有效期可执行生产批件上的暂定效期，待获得足够的稳定性数据支持后再确定有效期。

如验证不成功，则应进行调查。只有找出验证不成功的原因后，才可进行验证方案的修订并重新进行验证。

在完成某一工艺的工艺验证后，需定期进行再验证。有的药企规定在没有发生变更和偏差的情况下，对生产工艺进行 3 年一次的再验证。再验证的目的也是保证工艺处于"验证"状态，即工艺处于可控状态。

如在工艺验证再验证阶段，物料、设备、设施、工艺等发生了较为重大的变更，应根据变更控制程序要求进行相关的再验证。

（三）湿法制粒压片工艺验证

以下以最常见的湿法制粒压片工艺为例，介绍湿法制粒压片工艺验证。某产品，采用快速搅拌制粒，并进行了普通薄膜包衣，活性成分占总片重不足 25%。下面将对关键工序对工艺过程中的工艺参数及中间控制标准进行验证。根据表 F-2，制粒、干燥、混合、分料、颗粒存放周期验证、压片、包衣、素片存放周期验证等为关键工序，以下主要介绍关键工序的验证。

1. 制粒

① 关键工艺参数：喷黏合剂速度和喷液时间等。

② 接受标准：制备符合要求的颗粒。

2. 干燥

① 关键工艺参数：进风和出风温度，干燥时间。

② 验证方法：物料温度到达终点温度后，停机，取样检测水分。

③ 验证的项目：颗粒水分，粒径分布。测定粒径分布是为了对产品做一了解，为以后商业生产提供一定的数据指导，并不作为确切要达到的指标。

④ 接受标准：水分符合既定标准（产品研发设计阶段中确定水分的标准）。

⑤ 取样计划：干燥完成后，取样测定水分及粒径分布。

扫一扫

数字资源F-2
制粒工艺验证动画

3. 混合

生产过程中有的是一步混合，有的是几步混合。对于一步混合，在混合完成时进行评估。而存在几个混合阶段时，一般选择在最后一步混合后进行评估。

扫一扫

数字资源F-3
干燥工艺验证动画

① 关键工艺参数：混合时间、混合转数。

② 验证方法：按生产指令一次加入物料，然后在转速下混合×转或混合××分钟。按计划在混合容器中取样。

③ 验证的项目：混合均匀度。

④ 检测方法：经验证的测定混合均匀度的方法。

⑤ 接受标准：90%～110%，相对标准偏差 RSD≤5.0%。当第一份样品检测不合格时，应按照 OOS（检验结果偏差）管理程序进行调查，确定非实验室偏差后再对第二份、第三份样品同时进行检验，对三份样品的数据进行评估，确定是否符合要求。

⑥ 取样计划：取样时间在最终混合阶段的各个验证时间点。取样点根据混合容器的构造、设计取样点，但取样点必须有代表性。一般取样点 6～10 个，每个取样点重复取样 3 份。如图 F-3 所示方锥形混合筒的取样点示意。取样量为 1～3 倍的单位剂量。

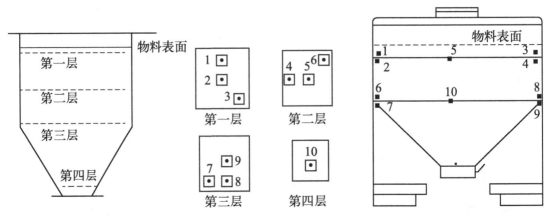

图 F-3　方锥形混合筒取样点示意

4. 分料

采用方锥形混合筒混合完成后可直接将混合容器转移至压片工序进行压片，则无分料工序。而采用其他混合设备一般不能直接转移至压片工序，需将物料分卸至几个小型中转容器，由于颗粒或物料的大小、形状和密度等的不同，可能在分离流动或振荡的过程中将粗糙和精细的物料分开，导致物料分离或分层。因此，需进行卸料过程的验证，证明在分料后物料不分层。

数字资源F-4
总混工艺验证动画

① 验证方法：卸料后在中转容器中取样。

② 验证项目：混合均匀度。

③ 检测方法：同混合阶段。

④ 接受标准：同混合阶段。

⑤ 取样计划：取样时间分布在分料阶段各个验证时间点。取样点应根据中转容器的构造，设计取样点。同样取样点必须有代表性。取样量同混合阶段，为 1～3 倍单位剂量，每个点取样 3 份。

5. 颗粒存放周期验证

根据产品生产工艺设计及生产计划对颗粒存放周期进行适当的验证，以确保颗粒在车间正常条件下存放周期内的产品质量稳定。

① 验证方法：取验证批的一部分物料，存放在适当的包装形式下（依产品性质而定），把物料置于车间正常条件下存放一定周期。

② 验证项目：颗粒形状、水分、含量、有关物质。

③ 取样周期：在拟定存放周期内，在不同时间段进行取样，已确定合适的存放周期。

④ 取样位置：颗粒表面下×厘米（选取有代表性的位置）。

⑤ 接受标准：颗粒无结块，水分、含量、有关物质等指标符合规定标准。

6. 压片

在正常商业化大生产时压片阶段的中间控制都要在验证中进行证实。

① 关键工艺参数：压片机转速。

② 验证方法：按验证参数进行压片。

③ 验证项目：片剂常规检验（外观、片重、片重差异、片厚、硬度、脆碎度），含量、含量均匀度，崩解/溶出度，水分等。

④ 接受标准：按处方研发的标准控制压片过程中片剂标准。

⑤ 取样计划：间隔一定时间取样。如某产品批量 100kg，设定压片机转速下计划 3.5h 全部压完。则取样时间分别为 0.5h、1h、1.5h、2h、2.5h、3h、3.5h。

7. 包衣

① 关键工艺参数：喷浆速度、片床温度、进风温度等。

② 验证方法：按设定参数对片子进行包衣。

③ 验证项目：包衣片外观，包衣增重，崩解或溶出。

④ 接受标准：外观良好，包衣增重符合要求，崩解或溶出符合既定要求。

8. 素片存放周期验证

药企根据车间生产能力和生产安排，对素片进行存放周期验证。如某产品车间完成压片后，一般在 10 天内进行包衣，则在进行验证时，可以进行为期 10 天或 14 天的存放周期验证。

① 验证方法：取验证批的一部分素片，把素片置于车间，存放一段时间。

② 验证项目：素片的外观、水分、脆碎度、含量、有关物质、崩解度、溶出度。

③ 取样位置：选择有代表性位置取样。

④ 接受标准：外观良好，水分、脆碎度、含量、有关物质、崩解度、溶出度符合要求。

三、能力训练

本能力训练为制粒工序工艺验证。

1. 实践目的

（1）掌握制粒工序工艺验证的项目和评价标准。

（2）熟悉制粒工序工艺验证的操作过程。

2. 实践内容

制粒工艺常用设备有湿法混合制粒和流化制粒，本次工艺以快速湿法制粒机、烘箱干燥、整粒机为验证对象，根据干颗粒性质进行评价。快速湿法制粒机是利用粉体物料与黏合剂在圆筒形容器中由底部混合浆充分混合成湿润软材，然后由侧置的高速粉碎切割成均匀的湿颗粒。

（1）操作过程

① 制粒：将称量好的物料投入湿法制粒机锅内，按阿司匹林片制粒工艺规程进行制粒，确定的混合时间、混合转速，剪切时间、剪切转速，规定的黏合剂的用量。

② 干燥：将制得颗粒放入烘箱内，设定干燥温度和时间，进行干燥。

③ 整粒：取干燥后颗粒进行整粒。

（2）取样计划　干燥完成后，从不同烘盘处取样，进行干燥失重测定。整粒完成后，各取三个样进行粒径分布和振实密度的测定。

（3）检测方法　干颗粒质量控制检测项有干燥失重、固体密度、粒径分布；总混后颗粒的质量控制检测项目有固体密度和粒径分布，方法相同。

① 干燥失重：一般取 4～5g 样品量平铺样品盘，采用红外水分测定仪进行测定。

② 固体密度：于 100mL 量筒中缓缓加入供试品 50～100mL，记录供试品重量及供试

品体积，按下式计算松装密度：松装密度＝供试品重量/供试品体积；将量筒放入振实仪，选择振动方式（振动距离 3mm，振动频率 250 次/分），振动 500 次，记录供试品振动后体积；继续振动 750 次，若前后两次体积差在 2％以下，便可判为终点，若达不到要求，继续振动 750 次直至达到终点。记录最后一次振动后的体积，按下式计算振实密度：

$$振实密度＝供试品重量/供试品最后一次振动后体积$$

③ 粒径分布：按要求选择合适规格的分析筛，称定并记录各个分析筛及底盘的皮重。将分析筛按孔径从大到小，从上至下排列，最下面放底盘。一般称取 50～100g 供试品，放入最顶端的分析筛中，将准备好的一系列分析筛放入振动筛，振动约 5min 后，将分析筛小心移下，称定每个分析筛及底盘中样品重量。若两次测定中，所用分析筛中样品重量差均在 5％以内，便可判断为终点，计算样品的颗粒分布率。若达不到此要求，则继续振动 5min 直至达到要求。

3. 实践要求

记录颗粒中间品的测试结果，并评价是否符合要求。

颗粒检测记录											
品名	空白颗粒					样品名称		空白颗粒样品			
检验项目	固体密度、干燥失重、粒径分布					验证日期					
工艺步骤	制粒、干燥、整粒					设备名称					
设备编号						生产位置		制粒车间			
参考文件	空白颗粒生产工艺验证——制粒验证、干燥验证、整粒验证										
检测记录											
检测设备											
设备编号						检测位置		固体实训车间			
生产批号	松装密度/(g/cm³)	振实密度/(g/cm³)	卡尔系数/％	合格标准	结论	水分含量	合格标准	结论	细粉含量/％	合格标准	结论
				5％～15％			2.00％～4.00％			20％～40％	

续表

检验人		检验日期	
复核人		复核日期	
验证评价		项目验证小组组长： 年 月 日	
确认	生产车间： 年 月 日	生产管理部： 年 月 日	质量管理部： 年 月 日

四、课后思考

（一）单项选择题

1. 工艺验证方案（产品验证阶段的方案）中要求有至少（ ）个连续批的生产性试验？

A. 3　　　　　　　　B. 4　　　　　　　　C. 5　　　　　　　　D. 6

2. 工艺验证应当证明一个（ ）按照规定的工艺参数能够持续生产出符合预期用途和注册要求的产品。

A. 文件　　　　　　　　　　　B. 制剂

C. 生产工艺　　　　　　　　　D. 设备

数字资源
课后思考答案

（二）综合题

并不是所有的工艺步骤都需要验证；要将验证的重点放在关键工艺步骤上。请选择一种制剂说明其关键工序验证及项目。

F-2　注射液生产工艺验证

数字资源F-5
注射液生产工艺验证视频

一、核心概念

小容量注射剂　小容量注射剂也称为水针剂，指装量小于 50mL 的注射剂，以注射用水为主要溶媒、最终产品采用湿热灭菌法制备的灭菌液体制剂。

关键设备验证 对生产过程中起主导或关键作用的设备，在安装确认、运行确认完成后，在设定的工艺条件下进行的模拟生产过程以证实设备能够达到设计要求及规定的技术指标，符合生产工艺要求，从设备方面为产品质量提供保障。

产品验证（product validation） 是在生产过程（工序）验证合格基础上，进行全过程的投料验证，以证明产品符合预定的质量标准。

二、基本知识

无菌制剂是一类可直接注入体内或直接接触创面、黏膜等的制剂，可以用湿热灭菌法制备的灭菌液体制剂，也是法定药品标准中列有无菌检查项目的制剂。由于这类制剂直接作用于人体血液系统或敏感器官，使用前必须保证处于无菌状态，因此，在法定药品标准中均列有无菌检查项目、生产、贮存和使用该类制剂时，对设备、人员及环境均有特定要求。药物制剂中规定的灭菌及无菌制剂主要包括：注射用制剂（如注射剂、输液、注射粉针等）；眼用制剂（如滴眼剂、眼用膜剂、软膏剂和凝胶剂等）；植入型制剂（如植入片等）；创面用制剂（如溃疡、烧伤及外伤用溶液、软膏剂和气雾剂等）和手术用制剂（如止血海绵剂和骨蜡等）。而注射剂作为一类直接注入人体进入体循环的无菌制剂，在临床上具有不可替代的地位，尤其是在急症治疗中。

目前，注射剂的无菌保证工艺主要有两种。①终端灭菌工艺（terminal sterilization process），在控制微生物污染量的基础上，在药品灌封后，通过湿热灭菌方式除菌。②无菌生产工艺（aseptic processing）：是指以防止污染为目的，在无菌系统环境下，通过除菌过滤法或无菌操作法，消除导致污染的各种可能性来保证无菌水平。一般来说，终端灭菌工艺成本低，无菌保证水平高，采用最终灭菌工艺的为最终灭菌产品，如大容量注射剂的灭菌。部分或全部工序采用无菌生产工艺的为非最终灭菌产品，如注射用无菌粉针剂。

无菌生产工艺和终端灭菌工艺具有不同的系统要求、不同的除菌方法和不同的无菌保证结果，这是由于无菌生产工艺对环境系统的要求高，且影响无菌操作的因素多而使得无菌保证水平比终端灭菌工艺低。为保证灭菌的有效性和制剂的无菌保证水平，注射剂灭菌工艺的选择原则是：优先选择无菌保证水平高的终端灭菌工艺，只有在经充分的工艺研究证明无法耐受终端灭菌工艺的前提下，才选择非终端灭菌工艺。

以下以小容量注射剂为例介绍注射液工艺验证。由于大部分小容量注射剂的热稳定性较差，特别是药物分子结构中具有酚羟基、烯醇的药物，在氧、金属离子、光线、温度等作用下降解速度加快，虽采取加入抗氧剂和采用惰性气体保护等措施仍不能完全解决热敏问题。因此很多品种不能采用热压灭菌，产品的无菌保证存在很大的质量风险。为保证产品的安全性，必须在生产全过程实施防污染措施。

（一）生产过程管理要点

1. 生产环境的空气洁净度要求

① 浓配、粗滤工序的环境要求：D 级。

② 稀配、精滤工序的环境要求：C 级。

③ 安瓿的最终处理、灌封工序的环境要求：B 级背景下的局部 A 级。

2. 注射用水

70℃以上循环保温，贮存时间不超过 12h。

3. 滤材

药液用孔径为 0.22～0.80μm 级微孔滤膜过滤。不得使用含有石棉的滤材。

钛棒按品种专用，同品种连续生产时，要每班次清洗灭菌。

使用 0.22μm 微孔滤膜时，先用注射用水漂洗或压滤至无异物脱落，并在使用前后分别进行完整性检测。

4. 设备、管道与容器

与药液接触的设备、管道与容器按清洁规程做清洁处理。

5. 控制工艺过程的时限

灭菌后的安瓿宜立即使用或在洁净环境中存放，安瓿贮存不得超过 2 天。

药液自溶解至灭菌应在 12h 内完成，已灌装的半成品应在 4h 内灭菌。

6. 惰性气体与压缩空气

直接与药液接触的惰性气体与压缩空气需经净化处理，所含微粒、微生物数应符合规定。

（二）工艺流程

小容量注射剂的洗灌封联动工艺流程及环境区域划分见图 F-4。

（三）生产环境验证

受控环境的验证包括洁净区的性能确认和净化空调系统、制水系统的能力确认，此外惰性气体、压缩空气等工业用气体也需要进行验证。

1. 洁净区的性能确认

按生产工艺要求对洁净区的尘粒和微生物含量、温度、湿度、换气次数等进行监测。洁净区空调净化系统验证的项目与标准如下，各项验证方法见 B-1 空气净化系统验证。

洁净区不同级别房间的压差控制在≥10Pa，用微压计测定。

洁净区与非洁净区之间的压差控制在≥10Pa（1mmH₂O），用 U 形管、倾斜式微压计测定。

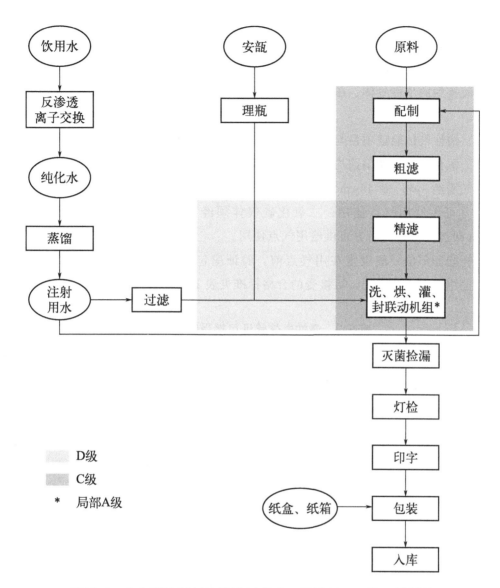

图 F-4 小容量注射剂的洗灌封联动工艺流程及环境区域划分

室温控制在 18～26℃。

室内相对湿度控制在 45%～65%。

C 级区的悬浮粒子按 GB/T 16292—2010 方法测定，大于或等于 $0.5\mu m$ 的粒子应≤352000 个/m^3，大于或等于 $5\mu m$ 的粒子应≤2900 个/m^3；浮游菌数应≤100 个/m^3；换气次数应大于或等于 25 次/h。

2. 制水系统验证项目与标准

制药用水按《中国药典》的规定项目验证，制药企业应按照《中国药典》或参照欧美国家药典制定企业的内控运行标准。各项验证方法见 B-2 制水系统验证。

3. 生产用气体验证项目与标准

许多小容量注射剂产品对氧敏感，在生产工艺中常采用充二氧化碳、氮气保护的方式来解决稳定性问题；有些工艺设备的内部还需要通入压缩空气。因此为了确保直接与药液接触的惰性气体、压缩空气的质量，应先对其供应商确认，并在此基础上进行验证。

（1）惰性气体验证项目与标准　　无论是选用市售氮气和二氧化碳，还是选用自制氮气和二氧化碳，在使用前均需经纯化、除菌等净化处理，以确保符合产品工艺的要求。氮气需经 $3\mu m$、$0.45\mu m$、$0.22\mu m$ 等三级过滤器过滤，再经一次水洗、一次气水分离后方可供给用气点使用；二氧化碳气体须经两次水洗、一次气水分离，再经 $0.22\mu m$ 级过滤器过滤后方可供给用气点使用。

取样验证部位一般设定在用气点前，验证应包括水分、纯度、微粒和菌检等项目，根据用气点工艺要求，可接受的合格标准见表 F-3。

表 F-3　惰性气体验证可接受的合格标准

验证标准 ＼ 验证对象	氮　气	二氧化碳
纯　度	含量在 99.5% 以上	含量在 99.5% 以上
微　粒	合格	合格
菌　检	$<1CFU/m^3$	$<1CFU/m^3$

（2）压缩空气验证项目与标准　　在小容量注射剂生产过程中，压缩空气常用于安瓿清洗程序。未经净化处理的压缩空气中存在着大量的水分、尘粒、细菌，甚至存在变质的润滑油，所有这些污染物混合在一起对药品质量危害极大，因此必须严格控制压缩空气的水分、油分和尘粒数。通常采用的净化流程为：第一步预过滤，用于去除液态水和油污，精度达 $3\mu m$；第二步降温冷冻处理，使压缩空气中的尘粒、油滴、水滴在一定露点温度下形成废液除去；第三步采用高效过滤器过滤，目的是进一步去除油污、液态污水和微粒，精度可达 $1\mu m$，油雾含量少于 $0.1mg/m^3$。第四步采用活性炭吸附过滤，目的是吸附高效过滤器不能除去的油蒸汽。最后根据用气点工艺要求选择合适精度的终端过滤器过滤。

取样验证部位一般设定在用气点前，验证应包括水分、微粒、菌检及油雾等项目，根据用气点工艺要求，可接受的合格标准见表 F-4。

表 F-4 压缩空气验证可接受的合格标准

验证标准＼验证对象	压缩空气
微　粒	合格
菌　检	$<1CFU/m^3$
油　雾	$<0.1mg/m^3$

（四）药液过滤系统验证项目与标准

药液过滤系统的验证，主要是通过滤器的完整性以及过滤后产品的不溶性微粒、热原、微生物、澄明度检查是否均符合标准，证明所采用的过滤系统能否达到预期的工艺要求。

药液配制系统应：①配制设备需密闭；②计量装置准确，不对系统造成污染；③材质稳定；④系统清洗、消毒功能完善；⑤搅拌密封严密，搅拌均匀；⑥阀门、管道连接严密，无死角且装卸方便 。

药液过滤系统验证项目与标准见表 F-5。

表 F-5 药液过滤系统验证项目与标准

项目	澄明度	不溶性微粒允许数		热原	菌检
		$\geqslant25\mu m$	$\geqslant10\mu m$		
标准	药液澄明度符合产品工艺要求	≤5 粒	≤20 粒	符合《中国药典》规定	≤10CFU/100mL

将测试数据按表 F-6 格式汇总。

表 F-6 过滤工艺测试数据

日期	机号	品名	规格	批号	澄明度		菌检		热原		不溶性微粒				结论	检验人
					滤前	滤后	标准	实测	标准	实测	$\geqslant25\mu m$		$\geqslant10\mu m$			
											标准	实测	标准	实测		

根据过滤器完整性实验、滤器适用性等验证数据进行汇总分析后，即可确定药液过滤系统的适用性。对于热敏性产品来说，采用除菌过滤的方法来降低灭菌前微生物污染水平和防止产生耐热菌株，虽然最终产品的灭菌程序的 F_0 偏低，产品应仍能达到药典规定的无菌保证要求。通过验证来提供的数据资料证明。

（五）关键设备验证

小容量注射液生产的关键设备有洗灌封联动线、灭菌设备等。设备验证在安装确认、运行确认完成后，即转入性能确认阶段，是在设定的工艺条件下进行的模拟生产过程。湿热灭菌设备详见灭菌工艺验证，以下介绍安瓿洗灌封工艺验证。

1. 概述

安瓿洗灌封工艺所用设备由超声波清洗机、安瓿灭菌器及多针拉丝灌封机组成。

（1）超声波清洗机　安瓿的洗涤生产上常采用超声波清洗与加压喷射气水洗涤相结合。安瓿超声清洗机洗瓶采用的循环水、新鲜注射用水、压缩空气均通过净化过滤，终端过滤精度为 $0.2\mu m$。设备采用超声波清洗技术，利用超声波空化作用所产生的机械摩擦力，清除用一般洗瓶工艺难以清除的瓶内外黏附较牢的物质。超声波清洗后再采用水、气交替喷射清洗，压缩空气的压力，一般为 $294.2 \sim 392.3 kPa$（$3 \sim 4 kg/cm^2$）。采用超声波洗与加压喷射气水洗涤法洗涤安瓿时要保证压缩空气的洁净度，应经过焦炭（或木炭）、瓷圈、砂棒等滤过，如其中带有尘埃及润滑油雾，则反而污染安瓿，出现"油瓶"。净化压缩空气在使用前必须检查其质量，一般是将经净化处理的压缩空气通入 200mL 注射用水中，5min 后检查注射用水的澄明度，肉眼可见异物不得超过 3 个，水面不得有油状漂浮物。将净化压缩空气针头直接冲入空安瓿中 $3 \sim 5min$，安瓿内壁不得潮湿。

安瓿一般清洗工艺如下：安瓿瓶在进瓶区通过喷淋装置将安瓿内注满纯化水→进入清洗槽中，超声波洗涤→绞龙进瓶→凸轮提升瓶→机械手夹瓶→机械手将安瓿翻转 180°（瓶口朝下）→高压的循环水冲洗瓶子的外壁→第一组喷针插入瓶内，第一次冲循环水（或吹压缩空气）→第二组喷针第二次冲循环水→第三组喷针第一次吹压缩空气→第四组喷针第一次冲注射用水→第五组喷针第二次吹压缩空气→第六组喷针第三次吹压缩空气→（瓶外壁吹压缩空气）→机械手翻转瓶→同步带出瓶。

（2）隧道式干热灭菌器　安瓿进行干热灭菌及去热原的灭菌温度应控制在 $280 \sim 350℃$，使细菌内毒素下降 3 个对数单位以上。

（3）安瓿灌封机　灌封机设光发射及接收装置，可同时对 6 支安瓿进行充氮灌装及封口作业。自动档时具有缺瓶止灌、高位停车及计数等功能，手动控制档时，缺瓶时可不止灌，也可使拉丝钳或针架暂停高位。设备上方自带 100 级的空气净化装置，主机及进瓶输送带均可无级变速，选择层流保护时，当风机达到一定风量时主机才可启动及正常运行。

安瓿灌封机的工作原理是：采用直线间歇式灌装及封口，安瓿通过连接板依次进入进瓶传送带、绞龙，并以间歇运动的方式被送至各个工位。5 个工位依次为：①前充气工位；②灌液工位；③后充气工位；④预热工位；⑤充气—拉丝—封口工位。在灌液工位，6 个不锈钢柱塞泵通过灌装针将药液注入安瓿，装量可通过手轮调整。在预热工位，安瓿在滚轮的作用下自转，喷嘴吹出的液化气与氧气的混合燃烧气体将其预热。在拉丝封口工位，安瓿顶部进一步受热软化，被拉丝头拉丝封口，最后被推至瓶板，送入瓶盘内。以上全部作业均处于百级层流罩的保护下完成。

2. 验证目的

经联动机洗瓶工序后，安瓿中微粒、微生物、内毒素下降水平应达到预定要求。

通过对尘粒数的测试，证明联动机层流罩下（干热灭菌及灌装机）能达到局部百级，满足生产工艺的要求。

通过隧道式干热灭菌器干热灭菌程序的验证，证明该设备在设定生产工艺条件下，能稳定运行并达到预期的去热原要求。

3. 验证内容

（1）空载联动线尘粒数的测试　在风机及输送带运行条件下（不洗瓶、不加热）不同时间测定各测试点的尘粒数，每升≥0.5μm 的尘粒数应小于或等于 3.5 粒，并无≥5μm 的尘粒数。空载联动线尘粒数的测试记录如表 F-7 所示。

表 F-7　空载联动线尘粒数的测试记录

设备名称				编　号	
洁净度级别	测定项目	测定标准/(粒/L)		测定位置	测定值/(粒/L)
100 级	尘粒数	≥0.5μm	≤3.5		
		≥5μm	0		

（2）洗瓶及干热灭菌程序的验证　洗瓶验证项目包括进水、套用水水质检查，灭菌瓶检测。洗瓶验证项目及合格标准见表 F-8。

进水、套用水取样是用经清洁液浸泡洗净、无毛点注射用水冲洗 3 次后，再经干热灭菌的 100mL 具塞三角烧瓶取样。进水取样点位于联动机进水处，过滤前后分别取样；套用水取样点位于套用水贮槽处，过滤前后分别取样。取样量约为取样瓶体积的 2/3，盖塞送检。

安瓿取样是用灭菌镊子分别在联动机洗瓶岗位抽检待洗瓶 20 支、隧道进瓶处抽检已洗湿瓶 20 支、在灌封机进瓶处抽检干安瓿 20 支，置于无菌容器中密闭送检。

表 F-8　洗瓶验证项目及合格标准

工序	取样点	测定项目	合格标准		
			澄明度	细菌数	细菌内毒素
进水	联动机进水处 0.45μm 过滤前	澄明度、细菌数	符合注射剂标准	< 100CFU/mL	—
	联动机进水处 0.45μm 过滤后	澄明度、细菌数	符合注射剂标准	< 100CFU/ mL	—
	联动机套用水贮槽内过滤前	澄明度、细菌数	符合注射剂标准	< 100CFU/ mL	—
	联动机套用水贮槽内过滤后	澄明度、细菌数	符合注射剂标准	< 100CFU/ mL	—
洗瓶	联动机待洗瓶处	细菌数	符合注射剂标准	< 50CFU/ mL	—
	联动机三洗后	澄明度、细菌数	符合注射剂标准	< 5CFU/ mL	—
烘瓶	隧道烘箱出口	澄明度、细菌内毒素	符合注射剂标准	无菌	鲎试剂法显阴性

三、能力训练

本能力训练为小容量注射剂洗灌封工序工艺验证。

1. 实践目的

（1）掌握小容量注射剂洗灌封工序工艺验证的基本要素。

（2）熟悉小容量洗灌封工序工艺验证的操作过程。

（3）熟悉生产工艺验证中的各项评价指标。

2. 实践内容

（1）操作过程

① 配液：按照批生产指令，将新鲜注射用水与原辅料配比进行计算、称量、投

料。利用浓配法配制药液后过滤，过滤前后过滤器均需要进行起泡点试验并合格。配液过程中凡是接触药液的容器、管道、用具、胶管等均须符合注射剂生产标准。药液从配制到灭菌时间不超过12h。

② 灌封：将已处理符合注射剂生产要求的灌装机、活塞、针头、胶管等安装好，根据装量标准清洗并调试灌封机，并校正装量，同时调整管道煤气和氧气压力至最佳水平后开始灌封。灌封过程中抽检装量及药液澄明情况并记录。

③ 灭菌及检漏：将封口后的安瓿产品送入安瓿检漏灭菌检漏一体化设备中，关闭柜门，按下启动键进行灭菌操作，灭菌完成后随即进行色水检漏。完成后用纯化水清洗安瓿外瓶，提出不合格安瓿。

（2）生产工艺验证

① 注射用水的质量检查应符合《中国药典》中的项目及标准进行。

② 注射剂生产容器中灭菌的药液在无菌过滤前带菌量应≤100个/mL。

③ 药液配制后应进行质量检查，包括澄明度检查应无异物；酸碱度检查应符合标准；活性成分测定应在标示量的97%～103%。

④ 管道清洗测定：细菌内毒素≤0.25EU/mL，微生物≤10CFU/100mL，pH 为5～7，澄明度符合要求。无菌灌装的污染率≤0.1%。

⑤ 药液过滤系统：细菌内毒素≤0.25EU/mL，微生物≤100CFU/100mL，澄明度符合要求。

⑥ 灌封系统：细菌内毒素≤0.25EU/mL，微生物≤2个/mL，残氧量≤2%，澄明度、装量、封口合格率应符合要求。

⑦ 灭菌效果验证：热均一性试验中差值≤2.5℃，微生物指标应符合无菌要求。

3. 实践要求

记录小容量注射剂配制过程中的各项测试结果，并评价是否符合要求。

四、课后思考

（一）单项选择题

1. 小容量注射剂生产中惰性气体菌检的标准需要小于（　　）CFU/m³

A. 1　　　　　　　B. 10　　　　　　　C. 100　　　　　　D. 200

2. 小容量注射剂药液过滤系统中不溶性微粒的两个粒径判定标准是（　　）

A. $20\mu m$；$10\mu m$　　B. $20\mu m$；$20\mu m$　C. $25\mu m$；$10\mu m$　D. $25\mu m$；$20\mu m$

（二）多选题

小容量注射剂药液过滤系统验证项目包括（　　）

A. 澄明度　　　　　B. 不溶性微粒　　C. 热原　　　　　　D. 无菌检查

（三）综合题

小容量注射剂生产工艺验证的要点有哪些？

扫一扫

数字资源
课后思考答案

F-3　粉针剂生产工艺验证

一、核心概念

扫一扫

数字资源F-6
粉针剂生产过程
验证视频

粉针剂　指药物制成的供临用前用适宜的无菌溶液配制成的无菌粉末或无菌块状物，适用于水中不稳定性药物，特别是湿热敏感的抗生素类药物及酶或血浆等生物制品。

冻干工艺　是运用冷冻干燥技术，使溶液或混悬液在共熔点以下温度预先冻结成固体，随后在高真空条件下加热，使其水分不经液态直接升华成气态脱水干燥的过程。

灭菌验证　对无菌产品及原料药进行在线灭菌验证以确保具有可控的无菌保证水平，即无菌检查呈阴性。本章节粉针剂冻干工艺中的在线灭菌一般采用饱和蒸汽灭菌和环氧乙烷气体灭菌等方法。

二、基本知识

水溶性无菌制剂在一般的贮存条件下药物的化学降解过程都较快，产品的有效期较短。辅酶A、注射用抑肽酶等一些酶制剂及血浆等生物制品由于其热敏性原因均不宜采用最终灭菌的工艺手段，因而需制成粉针剂。

粉针剂分为无菌粉末分装和冻干粉针。其中冻干粉针剂的生产是一种较为特殊的生产过程，一个完整的冻干粉针剂生产工艺包括注射剂生产中的通用工艺，如配制、过滤、灌装、清洗、灭菌等，这些内容的验证已在前一任务中介绍过，因此，本任务将重点讨论冻干设备和冻干工艺的验证。

（一）冻干设备的确认

冻干工艺的技术参数要求最终都是由执行该工艺过程的设备来完成的，因此在冻干工艺验证之前，应对冻干机所包括的机械设备的设计能力进行确认，确认设备的各种控制功能符合设计要求；检查并确认设备所用材质、设计、制造符合GMP要求；检查设备的文件资料齐全且符合GMP要求；检查并确认设备的安装符合生产要求，公用工程系统配套齐全且符合设计要求；确认设备的各种仪器、仪表经过校正且合格；证明各设备的运行状况、系统整体运行时的各种参数和运行的可靠性都能够满足产品工艺的要求。

1. 冻干机系统组成

典型的冻干机系统通常由干燥箱、真空冷凝器、热交换系统、制冷系统、真空系统和仪表控制系统 6 个部分组成。

（1）干燥箱 干燥箱是药品在其内部完成冻干过程的容器，必须符合药品生产对机械设备的特殊要求。

① 用于制备干燥箱的材料及其零件由不锈钢制造，所有的材质表面均应进行钝化处理。避免箱体在清洗及用蒸汽或其他介质灭菌后形成锈蚀，同时不与药物发生理化反应。

② 干燥箱具有良好的耐压性能。

③ 由于药品的温度变化是靠箱内搁板的热传导来实现的，因此导热搁板表面应平整光洁，以保证温度梯度的均匀性。

④ 由于不同药品的特殊工艺，箱内还应有充气（多为氮气）装置和内部压瓶塞的液压或气压装置，以及灭菌和清洗装置。

⑤ 用于制剂生产用的设备应配备搁板升降装置，便于装料、西林瓶压塞和出料。

（2）真空冷凝器（冷阱） 在典型的冻干过程中，制品处于升华干燥阶段时，1个单位体积的冰将产生出 100 万个单位体积的水蒸气。而一般真空系统绝无能力来处理这么大量的水蒸气。为此，在干燥箱与真空泵之间设置了一个水分捕集器（冷阱），即真空冷凝器，使前述的大量水蒸气在真空冷凝器中凝结成冰。因此，真空冷凝器实际上可看作一个特殊的真空泵，它在抽取箱体内水蒸气的同时，把水蒸气冻结成冰。从冻干的意义上来看，真空冷凝器收集水分的能力是每批冻干粉针剂批量大小的限定性因素。真空冷凝器内配置了数组盘管，以便能量调节，盘管之间的距离应能最大限度地利用盘管凝结的容冰量，并避免相互粘连。

（3）热交换系统 目前冻干工业化生产中多采用介质间接冷却或加热传导的方法。热交换系统通常由一个加热器和两个热交换器及热媒循环泵组成。通过搁板与干燥箱内制品完成热传递。

热媒应具有的理化性质：①良好的黏滞性能，黏度随温度变化的幅度极小；②热稳定性好，无论在低温或高温都有很高的稳定性；③低凝固点；④高沸点；⑤高比热容；⑥含水量低；⑦无毒性或低毒性。

（4）制冷系统 冻干机常用的制冷系统有两种，一种为直接制冷系统，即制冷剂在干燥箱内搁板或真空冷凝器（冷阱）内直接蒸发吸热；另一种为间接制冷系统，现在使用的冻干机制冷系统基本属于这种系统。间接制冷系统又分为三种结构：①通过制冷热交换的载冷剂分别直接作用于干燥箱搁板制冷系统；②干燥箱搁板和冷凝器由一个制冷系统连续提供载冷剂供冷的单一制冷系统；③三重热交换方式的制冷系统

（其原理见后面内容）。这三种制冷方式各有其优缺点，使用的条件也不尽相同，方式的选用视产品工艺具体情况而定。

（5）真空系统 在冻干过程中，为使干燥箱体的压力低于该温度下水的饱和蒸气压，需要采用真空泵组成的真空系统。真空系统的能力通常用排气速率来表示，即单位时间内真空系统排出气体的体积，通常用 L/min 表示。冻干机的真空系统可采用设置一台或两台油回转真空泵和一台机械前置泵（罗茨泵），以得到较高的真空度。

（6）仪表控制系统 冻干机的运行过程控制已从手工控制、机电控制、光学振荡器控制发展到现在的计算机程序控制。所谓冻干工艺过程的计算机编程控制，是将工艺过程的各种温度、真空度信号分阶段实施调控，并将工艺过程的各温度、压力数值由记录仪自动记录下来的控制方式。目前常见的是将冻干机的核心控制单元与微型计算机相结合，构成一台微机对一台或多台冻干机进行监控调节的智能化集中控制系统。控制系统的显示也转向在图形界面的显示系统、触摸屏显示控制的方向。

2. 冻干机制冷性能的确认

冷冻是通过制冷剂在系统内的循环来实现的。制冷剂在制冷机内压缩，由气态变换为液态后进入冷凝器中，液化了的制冷剂经冷却器继续冷却，通过膨胀阀以喷雾的形式进入蒸发器，在液体转换为气体时，吸收大量的蒸发潜热而制冷，被蒸发的制冷剂又按上述方式返回到制冷机内，实现循环制冷。

在冻干工艺的不同阶段，制品冻结与干燥过程的温度通常需要在 $-40 \sim 50℃$ 之间变化，发挥水分捕集作用的真空冷凝器内的温度需要始终维持在 $-70 \sim -50℃$，温度超过冻干工艺的控制范围时还需要再冷却，因此冻干机的制冷能力及控温能力需要通过验证来确认。

冻干机制冷性能的确认通常需在空载与模拟满载两种状态下进行。

（1）空载运转时冷却能力的确认 空载状态下，冻干箱内的搁板或真空冷凝器降温速度的确认试验，一般安排在设备经过较大检修后进行。在进行此项确认之前，首先应检查制冷系统管路、装置有无泄漏，冷冻机试运转时各部分压力、冷却水温度是否正常，在此基础上使主冷冻机满负荷运行，对冻干箱内搁板或真空冷凝器进行冷却降温。空载状态下主冷冻机的冷却能力应达到下列参数值。

冻干箱搁板的降温速度：主要检查并确认板层的降温速率应符合设计要求，试验程序如下：①将导热油进口的温度设定为 20℃，稳定一段时间（一般为 10~15min）；②空载状态下，按照冻干机使用标准操作规程操作，对搁板进行制冷；③记录搁板温度到 20℃ 的时间，当温度降至 $-40℃$ 时，记下时间；④然后连续制冷 2h，记录搁板的最低温度；⑤对冻干机搁板降温速率进行评价，应符合标准要求。

真空冷凝器的降温能力：真空冷凝器的降温能力应能够达到低于 $-70℃$ 的水平。

（2）满载运转时冷却能力的确认 该项确认试验在空载运转状态确认后进行。首先根据正常生产品种确定冻干箱的满载量，然后在试验用平底托盘内加入相当于满载量体积的注射用水，移至冻干箱搁板上，开启主冷冻机100%功率，对冻干箱降温，测定相关降温数据。参数标准如下。

① 冻干箱搁板的降温速度：导热介质的温度从10℃降至−35℃所用时间不得超过100min；导热介质的温度从10℃降至−45℃所用时间不得超过120min。

② 真空冷凝器的降温能力：真空冷凝器的降温能力应能达到低于−55℃的水平，制品处方中如含有较多有机溶媒时，真空冷凝器应能达到低于−65℃的水平。

（3）真空冷凝器最大捕集水分的能力确认　冻干机在安装确认时已在说明书中获悉真空冷凝器最大捕集水分的能力数据，但是由于制品的工艺条件不同、配套的公用工程条件也不一样，因此必要在更换品种或在新产品的扩大生产时，再进行最大捕集水分的能力确认。确认试验是建立在满载运转试验基础上的过载试验方法，即往平底托盘中加入超量的水，当真空冷凝器中结满冰时观察系统运行情况，然后停车，将托盘中剩余水称重，然后通过计算来确定。

3. 冻干机控温能力的确认

冻干机在制品的一次干燥阶段以及二次干燥阶段中，当导热介质温度超限时必须进行精确的补偿控制，一般要求补偿控温精度为±1.0℃。控温能力确认试验的方法与冻干机制冷性能确认类同。

（1）板层温度均一性及温控能力验证　主要检查和确认冻干机空载运行时板层温度的均一性、温控能力应符合设计要求。

参数标准为空载运转状态下，开启电加热器100%功率，导热介质升温速度应大于25℃/h，升温幅度超过50℃，板层各点之间温差不大于±1℃，板层间平均温差不大于±1℃。试验程序如下。

① 将测温探头紧贴在板层上的测温点，要求测温探头与板层充分接触。

② 空载状态下启动冻干机，对板层加热，进行温度均一性分布测试，每个板层温度测试点分别为五个（为每个板层的两条对角线），一次测三个测温点，调整方向后再做一次。

③ 在板层温度升到20℃（或某一个温度值）时，记录每个板层的实测温度数值。

④ 评价板层温度的均一性应符合标准要求。

（2）满载运转时导热介质升温速度的确认　主要检查和确认板层的升温速率应符合设计要求。参数标准：首先根据正常生产品种确定冻干箱的满载量，然后在试验用平底托盘内加入相当于满载量体积的注射用水，移至冻干箱搁板上，开启电加热器100%功率，导热介质升温速度应大于20℃/h。试验程序如下。

① 满载状态下，按照冻干机使用标准操作规程操作，首先开启真空系统对前箱进行抽真空，同时对前箱进行制冷。

② 当真空度达到10Pa和板层温度达到−40℃时，启动电加热，全功率对前箱板

层进行加热。

③ 记下当时的温度和时间，当温度升至 20℃时，记下时间。

④ 对冻干机板层升温速率进行评价。

（3）导热介质的控温精度确认　参数标准：在导热介质升温过程中，若按指定的控制速率升温，其温度控制精度应在±1.0℃的范围内波动。

（4）冷凝器降温速率和最低温度验证　此项目主要检查和确认冷凝器的降温速率应符合设计要求。试验程序如下。

① 在空载状态下，按照冻干机使用标准操作规程操作，对冷凝器进行制冷。

② 记下冷凝器温度到 20℃时的时间，当温度降至−40℃时，记下时间。

③ 然后连续对冷凝器制冷 2h 以上，记录冷凝器的最低温度。

④ 对冻干机冷凝器降温速率和极限最低温度进行评价应符合质量标准。

4. 真空系统的性能确认

冻干工艺的干燥过程，必须在冻干箱内水蒸气分压低于该温度下饱和水蒸气压的条件下运行。当冻干箱内温度在−50℃左右时，物体表面的压力需控制在 4Pa 以下的低真空状态，此时气体的流动呈现黏性流。为了达到 4Pa 以下的低真空状态，冻干机一般需配置回转真空泵和前置真空泵（罗茨泵）组成的两级真空泵机组，因为回转真空泵的抽气能力低，故作为初级真空泵，前置真空泵为二级真空泵。

（1）真空泵抽气速率的确认　通过对真空度上升速度的测定，判断真空系统工作性能应符合设计要求。真空泵抽气速率确认的方法如下。

① 在一个大气压下，冻干箱加热至干燥状态。在开始后箱制冷的同时开启真空泵，对真空泵进行暖泵预热。

② 在后箱温度到达−45℃时，打开小蝶阀，3min 后打开大蝶阀，对箱体进行抽真空处理。

③ 记录冻干箱体真空度从 105Pa 抽真空至 133Pa 压力所需的时间。

④ 继续抽真空 2h，记录极限真空度。

⑤ 对抽气速率和极限真空度进行评价应符合质量标准，单位为 L/min。

（2）真空泵机组的性能确认

① 初级真空泵的单机性能：空载状态下，要求从运转开始 10min 内使冻干箱的压力从 10^5Pa 降至 6.7Pa 以下。

② 两级真空泵机组的性能：空载状态下，初期抽气速率应在 20min 内使冻干箱的压力达到 13.3Pa 以下，6h 内使冻干箱的极限压力达到 1.33Pa 以下。

（3）控压精度确认　制品在一次干燥或二次干燥阶段，均要求正确控制系统的压力。在一次干燥阶段，控制压力恒定的目的是使冰晶体匀速升华；在二次干燥阶段，控制压力的目的是强化从搁板到制品容器的热传导，以降低制品的残留水分。控压试验一般采用气体导入控制法，通过导入适量气体（空气或氮气）来平衡抽气系统的能力，恒定冻干箱内的压力。主要的确认内容是氮气（或空气）控制阀的调节能力和无菌氮气（或空气）过滤器的过滤性能。一般冻干工艺的控压精度为±3Pa。

（4）真空系统泄漏率确认　泄漏通常是外部气体通过泄漏点进入真空系统内造成的，冻干机密封的可靠性是通过检查真空系统的总泄漏率来评价的。真空泄漏率试验的方法是：测定包括冻干箱、真空冷凝器和主要真空管路的容积，在空载状态下启动两级真空泵机组，保持冻干机的极限压力（系统压力达到 1.33Pa 以下）一段时间后，关闭真空冷凝器阀门，记录从关闭阀门起的 3min 之内，每分钟系统内压力的升高值。真空系统泄漏率的参数标准为系统内压力升高值不得大于 $200L \cdot \mu mHg/s$。

具体实施时冻干机运行确认的主要项目包括运行参数确认、冻干工艺程序确认、控制系统及安全功能测试等。其中运行参数确认的项目至少应包括冻干箱箱体内的最低压力、允许最大真空泄漏率、搁板间的最大温差、搁板的降温速度和最低温度、真空冷凝器的降温速度和最低温度等。冻干工艺程序确认的项目至少应包括干燥程序试验、在线清洗－灭菌程序试验等。

（二）冻干工艺验证

冻干工艺验证的目的是在确认冻干机运行参数的基础上，冻干程序是否能始终如一地生产出符合质量要求的制品。制品的冻干工艺参数较多，验证时选择足量的关键工艺参数进行考察是较为恰当的方法。冻干程序验证包括冻结速度、制品温度与冻干时间、冻干压力等内容，并根据上述工艺参数的变化情况评价对制品质量的影响，以便确认产品冻干工艺的适应性和重现性。

1. 冻结速度

冻干机的制冷能力影响制品的冻结速度，并最终影响制品冻结质量。因此制品在冻结阶段的冻结速度应通过验证试验确认。

结晶性制品总是希望冻结速度不要太快，以使晶核较大，有利于形成大块冰晶体，加快升华速度。但是冻结速度太慢时结晶太大，可能造成晶核数量减少，影响制品的均匀性；相反，冻结速度太快可能使一些呈无规则网状结构的高分子药物在药液中迅速定型，有机溶剂迅速逸出，从而影响制品的复水性能。因此需要对药液的冻结速度进行验证，以确定符合制品成型工艺要求的降温速度。

2. 制品温度与干燥时间

制品在冻干过程中的温度一般由放置于玻璃瓶内的标准热电偶来测定。制品温度虽然能够被直接测量，但它是通过搁板的温度变化间接受控的，因此验证试验应测定不同冻干阶段的搁板温度与制品温度，以及搁板的温度梯度的变化对制品温度的影响，最终确定制品温度控制范围参数，确保最终产品的质量。

制品温度的验证分为以下几个方面进行。

（1）一次干燥阶段的制品温度　在一次干燥过程中，升华需要热量。理论上，传递到制品上的热量应与升华所耗热量相平衡。如果传递到制品上的热量太多，将导致制品温度明显升高，可能引起冻结制品底部熔融，使制品的热传递严重受阻，制品的水分含量偏高。反之，若热量太少，则会降低冰晶的升华速率。

理想的制品温度应能保证热量匀速地自下而上传递，干燥匀速地自上而下推进。因此，确认一次干燥阶段的制品温度必须结合对制品冻干效果的影响来验证。

（2）二次干燥阶段的制品温度和干燥终点的确定　在二次干燥阶段中，制品温度逐渐上升，最后与搁板等温。如果制品升温速度较快，干燥迅速，继续干燥将会使制品接受高温的时间延长，导致制品严重分解或变色；反之，如果干燥温度或干燥时间不够，则制品中的水分残留量超过标准。因此，该阶段验证试验的目的是确定二次干燥阶段的制品温度范围及干燥终点，还应通过验证试验确定干燥终点的方法是否合适。

确定干燥终点多采用经验法或制品水分残存量法。经验法是制品干燥过程的后期，切断冻干箱与真空泵间通道，观察冻干箱内压力改变的速度。若压力的变化速度小于 5Pa/3min 时，则确定为已达到干燥终点，该方法只能获得大致的干燥终点。制品水分残存量法是通过测定同一制品不同干燥时间的制品水分残存量来确定干燥终点的，该方法存在必须中断冻干作业取样，检验耗时较长等缺点。如果将经验法和制品水分残存量法结合起来确定干燥终点，是一种较为理想的判断方法。

（3）二次干燥阶段的真空度　冻干工艺运行的证明，二次干燥阶段的真空度应低于一次干燥阶段的真空度，原因是在较低真空度条件下，箱内可形成空气的热对流，作为搁板间接热传导的补充，有利于干燥过程的顺利进行。出于同样的原因，当制品冰层较厚时，真空度可高一些；当制品冰层较薄时，真空度可低一些。二次干燥阶段的真空度应结合制品温度一起确认。

（4）真空冷凝器的工作温度　在冻干工艺运行时，真空冷凝器是特殊意义上的真空泵，它在抽取箱体内水蒸气的同时，把水蒸气冻结成冰。真空冷凝器的工作温度和制品溶液中的有机溶剂的量有关，如乙醇蒸气分压比水蒸气分压还高时，其工作温度就应控制得低一些。一般在一次干燥阶段，真空冷凝器的工作温度应在 $-75 \sim -50℃$ 之间，正常的工作温度一般控制在 $-60℃$ 左右为宜，此时制品的温度大约在 $-35℃ \sim -10℃$ 之间。真空冷凝器的工作温度的验证实质上就是针对不同品种的制品，根据真空冷凝器内蒸发表面温度与仪表上测量温度，比较得出真空冷凝器的工作温度是否合适的结论。

三、能力训练

本能力训练为冻干机的在线清洁——灭菌验证。

1. 实践目的

（1）掌握冻干机的在线清洁及在线灭菌验证。

（2）熟悉灭菌自控程序的可靠性评价。

2. 实践内容

由于冻干工艺制造的药品多为无菌产品，在整个冻干过程中，制品始终都暴露在由冻干箱与真空冷凝器组成的冻干机中。因此在制品的冻干工艺过程中，需要把冻干箱与真空冷凝器组成的冻干机作为一个无菌空间来管理。对冻干机进行清洁与灭菌是十分必要的，清洁与灭菌的有效性应通过验证来确认。

（1）冻干机的在线清洁验证　冻干机的在线清洁应根据清洁规程设定的清洗程序和清洗周期，对冻干箱和冷凝器的内表面进行清洁处理。冻干机的在线清洁方法一般采用手工清洁或自动清洁方法。一般 5m² 以上的冻干机由于体积较大，手工清洁不易操作等原因，大多采用自动清洁系统。该系统是在手工清洁作业的基础上，实施作业过程的自动控制。自动清洁是在一个预定的时间内，将清洁液或淋洗液以受控制的流速通过干燥箱箱体和真空冷凝器进行循环冲洗。日常清洁维护时取最后一次淋洗水水样检验清洁剂残留量，并对清洗表面作擦拭试验，目测检查有无可见异物。

（2）冻干机在线灭菌验证　冻干机的在线灭菌一般采用饱和蒸汽灭菌和环氧乙烷气体灭菌等方法。

① 饱和蒸汽灭菌条件设定为 121℃、绝对压力 $2.05×10^5$Pa。其验证可采用湿热灭菌工艺的验证方法进行，主要验证方法有热分布试验和生物指示剂验证试验等。其热分布试验为空载热分布，且增加箱内的标准热电偶探头数目，其总数应在 10～20 个，固定在箱内的不同位置。按 121℃、15min 的灭菌条件连续灭菌 3 次，确定"冷点"位置，且冷点与各测温点的平均温差应小于±2.5℃。生物指示剂试验是在热分布试验的基础上，将装有 10^6 个嗜热脂肪芽孢杆菌的密封安瓿 10～20 个，放置于冻干箱内各层搁板上的指定位置，其中包括冷点位置，然后按 121℃、15min 的灭菌条件进行蒸汽灭菌。灭菌结束后按照《中国药典》规定的"无菌检查法"对样品作无菌检查，结果为阴性则确认灭菌完全；如为阳性则需查找原因，调整灭菌程序，适当延长灭菌时间，重新进行验证试验。

② 环氧乙烷混合气体灭菌也可作为冻干机的在线灭菌方法。环氧乙烷属高效灭菌剂，具有杀菌谱广、灭菌能力强的特点，对微生物的繁殖体、细菌芽孢有较强的杀灭效果。但环氧乙烷具可燃性，当与空气混合时，其中空气含量达 2.0%（V/V）则易引起爆炸。关于环氧乙烷的灭菌程序、灭菌装置的性能确认等内容已有阐述，下面主要讨论环氧乙烷灭菌机灭菌自控程序的可靠性验证。

a. 典型灭菌自控程序：将冻干系统内的真空度调节至 $8×10^5$Pa，以避免灭菌过程中有毒气体外溢；然后用注射用水润湿冻干箱和真空冷凝器，放置 10min 左右，保持相对湿度在（60±10）％；充入环氧乙烷混合气体，灭菌 90min；最后用新鲜的无菌空气置换冻干机内的环氧乙烷混合气体，观察并记录每一个步骤和仪器仪表运行状况。试验应进行 3 次，然后对环氧乙烷灭菌机的自控程序的可靠性做出评价。

b. 灭菌自控程序的可靠性评价：一般用生物指示剂验证试验进行可靠性评价。灭菌前，在冻干箱内各层搁板的指定位置和真空冷凝器内的适当位置放置盛有菌膜的培养皿，每个培养皿盛有两片菌膜，每片菌膜含有 1×10^6 个枯草芽孢杆菌（如 NCTC 10073、ATCC 9372），并放入经过校验、带记录装置的温湿度计。灭菌完成后，从冻干箱和真空冷凝器内取出培养皿密封送检，将其中一片菌膜作无菌检查，以判别枯草芽孢杆菌灭活的情况。若无菌检查呈阳性结果时，应取另一片作微生物计数试验，以检查菌膜片中的细菌残存数目；若无菌检查呈阴性结果，则说明灭菌完全，微生物计数检查可以不做。验证合格标准参见《中国药典》（2020 年版）附录。

3. 实践要求

记录冻干机清洁-灭菌验证结果，并评价是否符合要求。

四、课后思考

（一）单项选择题

1. 冻干机在线清洗是用（   ）

A. 饮用水　　　　　　B. 纯化水　　　　　C. 注射用水　　　　D. 蒸馏水

2. 当冻干箱内温度在（   ）左右时，物体表面的压力需控制在 4Pa 以下的低真空状态时，此时的气体的流动呈现黏性流。

A. −50℃　　　　　　B. −40℃　　　　　C. −30℃　　　　　D. −20℃

（二）多选题

1. 粉针剂生产过程验证中，首先要进行冻干设备的确认，主要包括（   ）

A. 冻干机制冷性能的确认　　　　　　B. 冻干机控温能力的确认

C. 冻干机材质设计的确认　　　　　　D. 真空系统的性能确认

2. 冻干机制冷性能的确认需要在（   ）与（   ）两种状态下进行。

A. 空载　　　　　　B. 半载　　　　　C. 满载　　　　　D. 超载

（三）综合题

1. 冻干机运行确认的主要项目是什么？

2. 冻干工艺中，冻干程序验证的主要内容包括哪些？

扫一扫

数字资源
课后思考答案

F-4　无菌工艺模拟试验

扫一扫

数字资源F-7
无菌工艺模拟试验视频

一、核心概念

无菌工艺模拟试验（process simulation testing，PST）　是指采用适当的培养基或其他介质，模拟制剂生产中无菌操作的全过程，评价该工艺无菌保障水平的一系列活动。又称为"培养基灌装"或"培养基模拟灌装试验"。

二、基本知识

无菌工艺模拟试验就是指采用微生物培养基替代产品（无菌粉末分装的培养基灌装试验实际是将产品替代品溶入培养基中，不是直接替代产品）对无菌工艺进行评估的验证技术。无菌工艺模拟试验也被称为培养基灌装或培养基灌装试验。通常需要将培养基暴露于设备、容器密封系统的表面和关键环境条件中，并模拟实际生产完成工艺操作。然后，将装有培养基的密闭容器进行培养以检查微生物的生长，并对结果进行评价，借以评价实际生产中产品微生物污染的风险。

对于非最终灭菌的无菌生产工艺必须进行培养基灌装来验证，但对最终灭菌工艺没有强制要求进行模拟试验。

美国 FDA 无菌药品指南指出："为确保无菌产品的无菌性，灭菌和无菌灌封工艺须经过充分验证"，"应采用培养基代替药品进行无菌灌装对无菌工艺进行验证"。我国 2010 版 GMP 无菌药品附录第四十七条要求："无菌生产工艺的验证应当包括培养基模拟灌装试验。" 并指出培养基模拟灌装试验的目标是零污染，应当遵循以下要求：

（1）灌装数量少于 5000 支时，不得检出污染品。

（2）灌装数量在 5000～10000 支时：

① 有 1 支污染，需调查，可考虑重复试验；

② 有 2 支污染，需调查后，进行再验证。

（3）灌装数量超过 10000 支时：

① 有 1 支污染，需调查；

② 有 2 支污染，需调查后，进行再验证。

（4）发生任何微生物污染时，均应当进行调查。

（一）无菌工艺模拟试验方法

无菌工艺模拟试验必须尽可能模拟整个工艺过程，包括从部件、材料的灭菌准备，一直到完成灌装和容器密封的整个过程。不同类型的无菌产品工艺流程有差别，这就要求无菌工艺模拟试验必须根据无菌产品的类型特点来设计试验方法。而且该试验应在与实际生产相同的条件（环境、设备等）下尽量模拟实际生产完成操作。无菌工艺模拟试验的方法按照生产工艺特点一般可以分为：溶液灌装、悬浮液制剂灌装、冻干产品灌装、粉末灌装和无菌霜剂、乳膏剂、乳剂、凝胶灌装等。其中溶液灌装模拟最典型；悬浮液制剂与溶液灌装流程接近，是在溶液灌装流程基础上增加无菌的空白不溶粉末；冻干产品灌装较为复杂，必须考虑冻干工艺对微生物生长的影响；粉末灌装模拟方式较多，可以根据实际情况尽量选择与实际工艺最接近，风险最小的方法进行；无菌霜剂、乳膏剂、乳剂、凝胶灌装试验需要特别考虑的一个要点是如何在培养结束后对灌装容器进行检查。另外由于临床试验或其他特殊要求，部分产品批次量极少，在培养基灌装设计时应特别考虑。

在培养基灌装设计中，工艺条件的选择应选取合理的"最差条件"对相关的工艺流程、设备和整个体系进行挑战。最差条件即是指在工艺允许范围内正常生产时可能遇到的最差情况，并不包括由于偏差引起的超出工艺要求的特殊情况。如果在最差条件下能获得好结果，说明在比最差情况要好的实际生产中，无菌保证的可靠性更有保证。无菌工艺模拟试验的最差条件有：

① 在准备阶段将物料、灌装部件和待灌装的容器按照工艺要求在无菌条件下保存到被允许的最长时间。

② 灌装时在关键区域保留最多的人员。

③ 用促生长的培养基来代替实际生产时要灌装的物料等。

最差条件并不仅仅是上述列出的几点，使用最差条件进行灌装是培养基灌装的一个根本原则。如产品灌装需在惰性气体氛围下严格的厌氧环境中进行的，则需评估增加厌氧培养基。如在厌氧的无菌工艺环境监控中反复发现厌氧微生物或在产品无菌检查中发现厌氧微生物时，需评估增加厌氧培养基。并且在整个培养基灌装过程中需要严格控制丢弃任何已经灌装的培养基，并作相应的解释和记录，避免将一些潜在污染的可能性也同时丢弃了。

1. 溶液灌装

（1）配液操作　在灌装前配制好合适数量的培养基。采用与实际生产相同的方式将培养基灭菌（除菌过滤、蒸汽灭菌等）。除菌过滤后的培养基保存在储罐中。培养基在灌装前保存在储罐中的时间也应挑战至少最长工艺允许时间。所有在这一阶段进行的操作，如取样、过滤器完整性试验等应按照实际情况进行模拟。并使用实际生产的管路和设备送至灌装区进行灌装。

（2）灌装操作　按照标准操作流程将容器/密封件、灌装部件和设备等灭菌。涉及的常规操作如称量、检查以及取样等都要按照模拟规程操作，并在干扰情况下验证最差情况（如设备的运行速度等设置参数）。每个容器灌装培养基的量并不需要和实际生产时完全一样。可以根据容器大小来确定灌装量，但必须保证灌装后将容器来回翻转，培养基可以完全接触到容器和密封件内表面。每次培养基灌装都应有书面的批生产记录，用于记录生产工艺条件及各种模拟操作的实际完成情况。

2. 悬浮液灌装

对悬浮液的无菌生产工艺模拟，必须考虑悬浮液生产的工艺特点，与一般溶液的培养基灌装不同，待灌装培养基准备时要在溶液中加入无菌的空白可溶粉末来模拟悬浮液的制备。

3. 冻干产品

绝大多数冻干工艺都是将溶液无菌灌装入容器后在冻干机内模拟冻干程序，因此对于冻干产品的模拟，前半部分的混合与灌装都和溶液灌装相同。冻干操作也应模拟。模拟时应防止出现培养基冻结的情况以避免微生物生长的抑制。

4. 无菌粉末产品

无菌粉末分装工艺的模拟与其他剂型的无菌制剂工艺模拟不同。粉末的混合、搅拌、分配和分装工艺都可以使用合适的空白粉末进行模拟。空白粉末一般选择原则：可以在干粉状态下灭菌；灭菌后其无菌性可以达到药典标准；适合于分装工艺；在试验浓度下无抑菌性；可以溶解于液体培养基，不会对目视检查产生影响。

很少直接使用培养基干粉，由于其流动性较差，会给灌装带来不利影响。一般可以选择乳糖、甘露醇、聚乙二醇 6000 或氯化钠。

一般用于无菌粉末分装的生产线与常规液体灌装线不同。在进行工艺模拟试验需要经过适当调整。在一般的粉末分装模拟试验中，培养基和粉末需要分两次灌装。但是这种两次分装会增加污染机会，导致污染风险比实际生产高，因此在实际操作中可以根据具体情况设计培养基灌装工艺，灵活采用不同方式。

5. 无菌霜剂、乳膏剂、乳剂、凝胶、无菌滴眼剂

对于无菌霜剂、乳膏剂、乳剂、凝胶以及无菌工艺生产的滴眼剂（不适用于其他工艺生产的滴眼剂）灌装，与溶液和悬浮液灌装都有共通之处。需要注意的是在经过培养后培养基的目视检查时，由于容器的不透明，必须特别注意以免有污染无法检出。一般可以采用将培养基转移至透明玻璃容器中然后立即进行目视检查。

6. 临床试验样品和小批量产品

对于小批量产品（比如小于 3000 瓶），模拟试验需要灌装的数量应该不少于实际生产灌装的数量。

（二）无菌工艺模拟试验的实施

培养基灌装模拟的是整个工艺过程，包括混合和灌装。培养基灌装是用于评估整个无菌工艺过程，用以表明如果严格按照工艺要求生产，产品的无菌性有可靠保证。但应注意的是，模拟试验与实际生产总是存在差异，因此不能将培养基灌装结果与实际生产中的污染概率等同起来。

培养基灌装应在与实际生产相同的条件（环境、设备等）下尽量模拟实际生产完成操作。应充分考虑生产时可能造成污染的各种因素，应对常规生产中的各种干扰活动进行模拟，即模拟常规生产可能遇到的最差状况。因此，培养基灌装方案的设计需要考虑很多要点，例如培养基的选择和处理；培养基灌装试验频率；生产线最长允许运行时间；灌装批次量；生产线的运行速度及设置等。

1. 培养基选择

如无特殊要求，所用培养基能够支持微生物生长的菌谱范围要宽，应能促进革兰氏阳性菌、革兰氏阴性菌、酵母菌和霉菌的生长。通常可以选择大豆胰蛋白胨液体培养基。厌氧培养基（如硫乙醇酸盐液体培养基）应在特殊情况下使用。在培养结束后应进行微生物促生长挑战试验。促生长试验的指示菌除了相关药典规定外，还应考虑使用环境监控和无菌检查中的分离菌，以代表实际生产中可能遇到的污染菌。促菌生长试验的接种量应不超过100CFU。如促生长试验失败，应进行调查并重复培养基灌装试验。

每瓶（单元）容器在培养前和培养中间阶段都要来回翻转，这样确保容器的内表面和密封件（如胶塞）内表面跟培养基完全接触。培养基应保持澄明，这样检查时能够很容易观察出由于污染导致的浑浊和沉淀现象。

2. 运行试验次数及频率

生产线初始验证时，培养基灌装应重复多次，以确保结果的一致性和有效性。单独一批试验可能存在偶然因素，而多批次灌装试验结果可以全面评估工艺过程风险。一般来说在初始验证时，至少要连续成功地灌装3个批次。初次验证后，为了评估无菌工艺的受控情况，每条生产线的培养基灌装应每半年进行一次。

当产品或生产线发生变更时，均应按照书面的变更控制系统规定的流程进行全面评估。对于可能影响产品无菌性的变更，例如，设施或设备的改进、生产线配置的变更、人员的重要变动、容器胶塞系统的变更、停车时间的延长等，这些情况下，应当通过培养基灌装对整个工艺过程的无菌保证能力变化进行评估。此外，当出现异常状况时，如环境监控结果或趋势异常或最终产品无菌检查出现污染结果，也可以通过培养基灌装来验证工艺过程是否仍然受控。当培养基灌装的结果表明工艺过程可能失控时，应进行调查，确定污染源及问题的根源。纠偏措施一旦制定，就应再次进行工艺模拟试验，以确认缺陷已得到纠正，工艺已返回受控状态。当调查的结果还不足以得出培养基灌装失败原因的明确结论时，那就有必要采取提高无菌保证水平的措施，并进行 3 批连续成功的试验以确认工艺已返回受控状态。

3. 运行持续时间

培养基灌装操作的持续时间是方案设计时必须考虑的重要问题。尽管最准确方法是模拟全批量及全批量的操作时间，因为它最能反映实际生产运行，但也可有其他合理并适当的模式。持续时间并不一定与一个完整批的实际生产操作时间相同。应综合考虑生产操作、各种干扰、实际无菌操作的周期后，决定培养基灌装操作的持续时间。

常规生产线通常自动化程度比较高，速度比较快，其设计有利于降低操作人员带来的风险，但仍有一些生产线有很多操作人员。当无菌工艺采用人工灌装（或密封）或人工操作的工作量很大时，模拟试验的时间一般不应少于实际生产操作时间，以更好地反映人员所致污染的风险。

4. 批次量

模拟的批次量应足够大，以模拟正常生产的条件并正确评估常规生产的污染风险。模拟灌装的瓶数基于具体工艺的污染风险，并应足以模拟正常生产那些有代表性的操作。一般可接受的灌装量在 5000～10000 瓶。如正常生产的批次量低于 5000 瓶，培养基灌装至少应为实际生产线最大的批次量。

当工艺设计所致的污染概率比较高时（如人工手动灌装），灌装数要足够大，一般为全批次量或接近全批次量。与此相反，采用隔离器的无菌工艺，因为没有人员直接干扰，其污染风险低，模拟灌装数可以比较小。

当某些产品的批次量超过一个班次，或批次量特别大时，培养基灌装的批次量问题尤为重要。在设计模拟试验方案时，应对这些因素做出全面评估，以便验证方案能够充分体现大批次量相关的条件及风险。

5. 运行速度

培养基灌装试验方案应阐明生产线运行的速度范围。每次运行试验中，应对单一生产线的速度做出评估并说明所定速度的理由。比如，大敞口容器的低速运行一般适用于评估无菌产品、容器、胶塞在无菌区暴露时间比较长的工艺，高速运行则比较适用于评估那些存在大量手工操作干扰的生产工艺。

6. 干扰设计

培养基灌装必须模拟所有正常生产中的活动，比如取样、称重等。但生产中还有一些并非计划却不可避免发生的活动，比如漏液、倒瓶的处理、故障维修等。这些活动对无菌性的影响也需要通过培养基灌装来评估。

可以在培养基灌装时模拟这些干扰活动。并在方案中明确具体的规定，比如干扰的类型、次数，调试期间取走的样品数。在每半年的培养基灌装前应对上一阶段的生产状况进行总结和趋势分析，综合考虑有代表性的活动及干预，将其列入方案中。干扰的次数设计应该体现最差原则，即模拟的次数不得少于实际生产可能发生的最多次数。此外最好对方案设计时考虑的各种因素加以必要的解释。

7. 环境条件及监测

培养基灌装试验的环境条件应充分体现生产操作的实际情况。不应采取特别的生产控制和预防措施，制造特别良好的工艺环境，这样会导致不准确的评估结论，造成工艺条件良好的假象。应注意的是不应当人工创造极端的环境条件（如对净化空调系统重新调整，使其在最差的状态下运行）进行验证，对于环境最差条件的挑战应当是在工艺允许的苛刻条件范围内对环境受干扰程度（如生产现场人员最多、生产活动频率最高）的挑战。

在培养基灌装过程中也应进行环境监测，环境监测的方案可以与日常生产不同，但监测要求不能低于日常生产。

8. 人员培训

所有被授权在生产时进入无菌灌装间的人员，包括观察人员和维修人员，每年至少应参加一次培养基灌装试验。所有实际生产中将在关键区域进行操作的人员都应参加每次的培养基灌装。参与人员应按常规生产的职责模拟与其相关的活动。

在培养基灌装前必须准备好方案和相关文件，方案应对人员职责进行说明，比如监督和观察职责如何实施。所有参与培养基灌装的人员应当经过适当培训以保证他们对方案和实际实施有足够的了解。

9. 容器/密封件规格及切换

有些情况下同一生产线可能用于不同大小容器的灌装。一般来说培养基灌装可以针对规格最大和最小的容器进行，除非其他不同规格容器的灌装工艺有很大差别。在初始验证时可以进行两次最大规格容器和一次最小规格容器的灌装挑战。在以后的周期性半年度灌装可以轮换，每次挑战一种规格。对于生产线切换不同规格产品的操作会增加污染的风险，因此在验证时也需要挑战切换操作。

10. 容器/密封件系统的完整性测试

无菌容器/密封件系统的完整性测试可以在培养基灌装时进行。可以采用微生物侵入试验来评价系统的密封完整性。即将灌装了无菌培养基的容器按照实际生产流程进行密封后放置于浓度不低于 $10^6 CFU/mL$ 的菌悬液中，然后进行培养检查以评估系统的完整性。

（三）无菌工艺模拟试验结果解读

培养基灌装结果的接受标准在 GMP 中有明确规定。当培养基灌装出现污染时，不管是否符合合格标准，都必须进行调查，科学评估工艺的可靠性以及上市产品可能存在的风险。对于超出标准的结果，应当在调在清楚原因后再次进行培养基灌装。

培养基灌装试验结果被认作无效的情况是极为罕见的，更不能直接将失败的培养基灌装结果视为无效。只有在符合明确的书面规程要求的情况下才能做出试验无效的判定，此时，应给出支持文件并充分说明理由，并且在实际生产中遇到类似情况时也应同样处理。

1. 培养与检查

已灌装的培养基应在适当的条件下培养，如培养微生物条件不当，微生物就难以生长。一般按照以下原则确定培养条件：培养温度应适宜于一般微生物及环境分离菌的恢复生长，例如 PIC/S 推荐先在 20～25℃ 最少培养 7 天，然后在 30～35℃ 的范围继续培养 7 天。

应由经过培训并有检查培养基灌装瓶污染经验的人员对样品进行逐个目视检查。检查可以由非质量控制人员完成，但是质量部门负有观察、监督这类检查的责任。在检查中，所有被怀疑受到污染的样品，应立即交给微生物专业人员进行鉴定处理。为检出微生物的生长，最好用清晰透光的容器或具有类似物理性质的容器，而不用琥珀色（黄色）或其他不透明容器。如有必要也可采用其他适当方法来保证目检的有效性。

在培养基灌装完成后，应对密封好的最终产品进行检查。所有完好的灌装样品都应培养，对于与密封性无关缺陷（如外观缺陷）的灌装样品也应进行培养，不得剔除。有密封性缺陷的样品可作废品剔除，但应当记录剔除数量和原因。

在培养过程中，任何发现损坏的样品也应列入培养基灌装的批记录数据中。如果要将这类已培养的样品从最后的结果判定计算中剔除，则必需充分说明理由，并在培养基灌装报告中对偏差做出解释。假如难以判断微生物污染是由损坏引起还是本身就存在，则应进行调查以确定原因。

为评估正式灌装前的污染风险，可将用于先期调试的样品全部单独培养以获得有价值的信息。这些样品的培养结果可以不计入最后的培养基灌装结果。

培养基灌装过程中不应进行大规模的清场，这是因为清场可能使某些模拟干扰造成的污染被清除掉，导致问题难以被发现。应综合考虑并制订适当的规定，以避免由于大清场活动而导致的可能受到污染样品的丢失。

应确定适当的收率及收率平衡标准。培养基灌装记录应包括对一个整批灌装过程中报废容器数量的详细说明。

2. 接受标准

不管批次量有多大，只要培养基灌装批中存在污染，它就意味着无菌保证可能有问题。经验证明，在现代化的适当设计的设施中进行的无菌操作已经可以使污染水平接近零，正常情况下培养基试验应当无污染。污染数的增加与培养基灌装批的小瓶数并不直接成正比关系。无菌生产线状态的标准见前文法规要求。

培养基灌装的标准允许极少量的污染瓶存在，但这绝对不是说允许投放市场的无菌产品中可以存在受污染的产品。无菌工艺的目的就是防止污染，企业对投放市场的任何受污染产品负有全部责任。

3. 发现污染后的处理

发现任何污染样品均属应进行调查。分离到的污染微生物应鉴别到种。调查过程中应详细分析可能的污染原因。此外，任何对于污染的调查都应充分评估其对上一次培养基灌装后生产并投放到市场产品的影响。

此外，不管批次量的大小如何，如果培养基灌装试验出现微生物污染，都是一种不良趋势，预示着污染的风险。因此，当培养基灌装出现污染时，不管是否符合合格标准，都必须进行完全的调查，查明问题、制定纠偏措施。如果培养基灌装反复出现污染，即使每次结果都符合标准，也必须采取更严格的防治污染措施，并应考虑再次进行培养基灌装。

三、能力训练

本能力训练为培养基模拟灌装试验。

1. 实践目的

（1）熟悉在无菌粉针的分装过程中所采用的各种方法和各种规程。

（2）掌握无菌操作过程中防止微生物污染的水平达到可接受的合格标准的能力。

（3）掌握无菌可信度标准的检测。

2. 实践内容

无菌粉针剂分装过程的验证，许多公司都采用培养基模拟分装实验的方法，以证明无菌分装过程的可靠性，粉针剂生产工艺验证所涉及的内容很多。无菌粉针剂分装过程的验证是在其他各个系统（诸如灭菌系统、公用系统、无菌环境保持系统、计算机控制系统及清洗过程等）验证工作的基础上进行的，因而在无菌粉针剂分装过程验证之前，首先确认其他与无菌粉针剂分装生产过程有关的各项验证或再验证工作的完成情况是十分必要的。特别是应充分注意原材料、包装容器及与产品接触的设备表面的清洗消毒、灭菌方法及操作规程的验证，并应注意防止灭菌、消毒后的再污染。

（1）操作过程

① 分装：首先将适当体积的无菌液体培养基分装到无菌西林瓶中，再将一定量的无菌粉末分装到瓶中，盖胶塞，封铝盖，然后进行微生物培养。

② 确定可接受的合格标准：通常在此项验证试验中选择分装样本＞3000 瓶，可信限为 95％时污染率为 0.1％或小于 0.1％的指标作为合格标准是可以被认可的。美国 FDA、欧洲共同体及 WHO 关于验证的要求中都有类同标准，即无菌分装药品的

无菌保证水平（SAL）不得低于 10^{-3}。

③ 培养基微生物生长性能试验：模拟分装试验可采用 TSB/SCDM 培养基（即胰酶酪胨大豆培养基），培养基微生物生长性能可以通过下述试验确认。首先根据标准操作规程制备 TSB/SCDM 培养基并灭菌，将灭菌后的培养基分装于预定数量的试管或西林瓶中（此数量应具有统计学意义），在一半数量的试管或西林瓶中接种枯草杆菌，接种量＜100CFU；在另一半数量的试管或西林瓶中接种白念珠菌，接种量＜100CFU。接种后盖塞、封口并分别在 30～35℃和 20～25℃培养 7 天，7 天内至少50％以上接种的各试管或西林瓶的 TSB/SCDM 培养基中应出现明显的所接种的微生物的生长。

④ 培养基无菌性试验：培养基模拟粉针剂分装试验的结果受培养基无菌性的影响很大，若不能保证培养基在模拟粉针剂分装试验前的无菌性，或培养基在分装前受到微生物污染，则不能保证试验结果的可信性，也很难成功地完成此项模拟试验。因此许多药品生产企业采用在粉针剂模拟分装试验之前进行培养基无菌性试验。在证明了培养基的无菌性之后进行模拟分装的方法，以排除培养基无菌性对此项验证试验的影响，从而确认模拟分装试验中的污染来源于分装过程。培养基无菌性试验的主要方法是将灭菌后用于模拟分装的培养基分装于一定数量的无菌试管或西林瓶中，盖塞、封口后在相应温度下培养 7 天，7 天内各试管或西林瓶 TSB/SCDM 培养基中应无任何微生物生长。

⑤ 模拟分装用无菌粉末：用于模拟分装试验的无菌粉末应具有下述特性。

a. 可以在干粉状态下灭菌，灭菌后其无菌性达到药典规定标准，如在适当的温度下进行微生物培养 14 天后检查应无菌，并能通过无菌性试验、抑菌性试验、溶解性试验。

b. 流动性较好，可以用分装机分装。

c. 可溶于液体培养基。

d. 在试验应用的浓度下无抑菌性。

（2）模拟分装　模拟分装过程即将定量的无菌粉末分装到已分装一定量无菌培养基的西林瓶中（也可以将定量的无菌粉末分装到西林瓶中之后再分装无菌培养基），盖塞，封口。分装量应与产品常规装量相似，分装过程、产品及产品容器的暴露时间应与正常产品分装过程相似。分装生产出来的每一支西林瓶应标记顺序号以便于调查其污染原因。进行模拟分装试验的时间可以选择在正常的批分装生产以后、区域熏蒸消毒之前，以使模拟试验结果与实际生产状况更接近，且更具有挑战性。

（3）微生物培养

① 阴性对照：在模拟分装过程中，随机取出具有代表性的一定数量的装有培养基的西林瓶，与分装无菌粉末的西林瓶一同培养作为阴性对照，亦可称为模拟分装现场用培养基无菌性试验，如表 F-9 参数标准。

表 F-9　参数标准

标准	培养基平碟法		表面接触法		空气取样法		手套		衣服	
欧洲标准 （1997）	100级(A)	10000级(B)	100级(A)	10000级(C)	100级(A)	10000级(C)	100级(A)	100级(B)		
	CFU/d=90mm 暴露4h		CFU/d=55mm		CFU/m^3		CFU/手套			
	<1	50	<1	25	<1	100	<1	5		
美国标准 （USP24）			100级	10000级	100级	10000级	100级	10000级	100级	10000级
			CFU/(24~30cm^2)		CFU/m^3		CFU/(24~30cm^2)		CFU/(24~30cm^2)	
			<3	<5 地面 <10	<3	<20	<3	<10	<5	<20
	100级	10000级			100级	10000级				
	CFU/d=90mm 暴露0.5h				CFU/m^3					
	≤1	≤3			≤5	≤100				
某些企业标准	100级(A)	10000级(C)	100级(A)	100级(C)	100级(A)	10000级(C)	100级(A)	10000级(C)	100级(A)	10000级(C)
	CFU/d=90mm 暴露4h		CFU/d=55mm		CFU/m^3		CFU/d=55mm		CFU/d=55mm	
	<1	<10 霉菌 <3	<3 霉菌 <1	<10 霉菌 <2 地面 <25 霉菌 <3	<1	<10 霉菌 <3	<2 霉菌 <1	<2 霉菌 <1	<2 霉菌 <1 总数 <10	同百级(A)

② 阳性对照：将在模拟分装过程中随机取出的用于阳性对照试验具有代表性数量并装有培养基的西林瓶的一半，接种浓度＜100 个微生物/0.1mL 的枯草杆菌芽孢；接种一半浓度＜100 个微生物/0.1mL 的白念珠菌。接种后分别在适宜的温度下培养 7 天，7 天内至少 50％的接种西林瓶的培养基中有明显的接种微生物的生产，并以此作为阳性对照。

③ 试验样品培养：模拟分装生产的全部样品应在适宜的温度下培养 14 天，通常在较低温度（20～25℃）下培养 7 天，然后在较高温度（30～35℃）下培养 7 天，较低温度与较高温度一般应相差 10℃。14 天时应检查培养的全部样品的微生物生长情况。若发现污染应明确记录瓶号、瓶数，同时应检查铝盖、胶塞的密封情况；若有破损应记录并检查其破损原因。对于微生物污染的样品应进行鉴别试验，鉴别的内容至少应包括菌落、细胞形态学及革兰氏染色特性等。

（4）试验结果评价　评价无菌模拟分装试验结果的主要指标之一是微生物污染水平，如果试验结果证明其污染水平超过规定的合格限度（样本大于 3000 瓶，污染率＜0.1％或由概率的方法确定的污染数量），则应立即停止生产，调查并记录污染产生的原因。在调查结束并采用相应的措施后应重复进行无菌模拟分装试验。原因调查至少应包括：生产环境中微生物监测数据；生产环境中悬浮粒子监测数据；人员污染的监测数据；HEPA 过滤器的完整性检测、粒子、风速等；操作间的空气流向、压差；操作人员的操作方法、培训情况；模拟分装过程中的异常情况；无菌室生产工具及其他用品的储存状况；鉴别污染微生物的种、属，以寻找污染源的线索；无菌室的清洁、清洁规程的培训及执行情况；无菌生产用设备的控制系统和监测系统的校正；生产前、生产后过滤器的完整性检测结果；相关产品、相关生产过程存在的问题等。

原因调查结束后，应根据调查所确定的或可能发生的原因制定纠正或改进方案并予以实施。当改进方案实施之后应重复模拟分装。模拟分装应连续进行 3 次（至少应进行 1 次），并符合标准才可以认为此分装工艺过程符合无菌粉针剂分装要求。

3. 实践要求

记录测试结果，并评价是否符合要求。

四、课后思考

（一）单项选择题

1. 无菌工艺模拟试验中，培养基的灌装应重复多次以确保结果的一致性和有效性，至少要连续成功灌装（　　）次。

A. 2　　　　　　　　B. 3　　　　　　　　C. 4　　　　　　　　D. 5

2. 下列关于培养基灌装的标准中，当灌装数在 5000～10000 时，如有 2 瓶污染，

应进行（　　）

    A. 重复培养基灌装　　B. 再验证　　　　C. 重复性实验　　D. 再调查

（二）多选题

无菌工艺模拟试验的方法按照生产工艺特点可分为（　　）

    A. 溶液灌装　　　　　B. 悬浮液制剂灌装

    C. 冻干产品灌装　　　D. 真乳剂、乳膏剂灌装

（三）综合题

试列出无菌模拟试验的实施过程中的关键要点。

扫一扫

数字资源
课后思考答案

 知识图谱

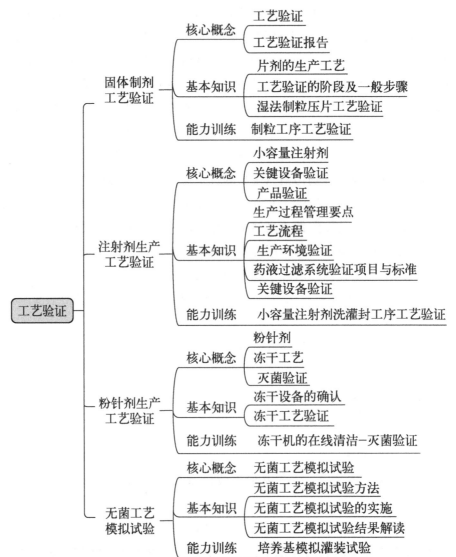

G
分析方法的验证和确认

 学习目标

1. 掌握　分析方法验证的常用术语。
2. 熟悉　分析方法验证的主要内容。
3. 了解　分析方法验证的来源。
4. 能　说出各种常用术语的定义。
5. 会　进行检验方法的验证。

一、核心概念

分析方法　为完成检验项目而设定和建立的测试方法，详细描述了完成分析检验的每一步骤。一般包括分析方法原理、仪器及仪器参数、试剂、供试品溶液与对照品溶液等的制备、测定、计算公式及限度要求等。

方法验证　方法验证是一个实验室研究过程，通过实验数据，证明所用的试验方法准确、灵敏、专属和重现。

扫一扫

数字资源G-1
分析方法的验证
和确认视频

二、基本知识

只有经过验证或确认的分析方法，才可以用于物料和产品的检验以及清洁验证。检验方法必须经过验证或确认是物料和产品放行的前提之一。因为只有经过验证或确认的分析方法才可以可靠有效地用于控制药品的内在质量。

（一）检验方法验证的目的和意义

在药品的生产过程中，原料、中间体、成品均需进行检验，检验结果既说明了过程受控，也作为评价产品质量的重要依据，检验结果应具有准确可靠。而检验方法的验证为检验结果的准确及可靠提供了有力保障。药品质量标准分析方法验证的目的是证明采用的方法适用于相应的检测要求。

2010 版 GMP 中对此作了如下规定：

第二章第三节第十二条"检验方法应当经过验证或确认"。

第七章第一百三十九条"企业的厂房、设施、设备和检验仪器应当经过确认，应当采用经过验证的生产工艺、操作规程和检验方法进行生产、操作和检验，并保持持续的验证状态"。

知识链接

分析方法验证国内外相关法规

1. FDA

现行版 FDA 关于方法验证的指南共经历 3 个版本的演变，即 1987 年起草的"Guidelines for Submitting Samples and Analytical Data for Methods Validation"、2000 年起草的企业指南"Analytical Procedures and Methods Validation"和 2015 年最新起草的企业指南"Analytical Procedures and Methods Validation for Drugs and Biologics"。2010 年以前，FDA 对于方法验证的相关规定主要是关注方法的分类和主要的方法验证性能参数，即准确度、精密度（重复性和中间精密度/再现性精密度）、线性、范围、检测下限（LOD）和定量下限（LOQ）。限于当时一些理论支持研究不足，对方法评价的指标计算问题也没有提出更深入的要求。2015 年，结合新引入科学理论和实践中遇到的问题，FDA 对方法验证进行了全面改版。

2. 美国药典（USP）

从 1990 年至今，USP 对其概念不断进行完善，同时开展了相关研究工作，分别于 2007 年相继提出了方法确认（verification）的概念及相关原则，于 2012 年提出了方法转移的相关概念和指导原则。然而，这些文件的补充仍然无法完全解答科研工作者所有的困惑，特别是一些关键问题，如关于验证参数需要达到什么标准才能满足需求，如何获得可靠的性能参数从而保证所验证结果的科学性等。为使方法验证工作更完善和科学，美国药典委员会在 2010 年专门成立了关于方法验证的研究课题组。该课题组不仅有药品分析领域的专家，还有统计学专家等跨专业人才。他们从实际应用中存在的问题出发，结合质量源于设计理念和统计理论，对方法验证的性能参数进行全面系统的研究。经过 8 年的努力，历经多个文件和版本的反复推敲，终于在 2018 年的 USP 41 至 NF 36 中，确立并正式收载了关于方法验证中对性能参数进行科学评价的第 1 个统计分析指导原则，即< 1210> Statistical Tools for Procedure Validation。

3. 欧洲官方实验室

欧洲官方实验室（network of official medicines control laboratories，OMCL）也非常重视方法的验证。从 2000 年起，专门制定并起草了相关文件。但 OMCL 的文件与美国 FDA 和 USP 的文件有很大区别：美国 FDA 关于方法验证的指导性文件主要针对企业，USP 主要从方法学角度进行更为详细的说明，OMCL 则从官方实验室的角度入手。

4. 人用药品注册技术要求的国际协调会议（ICH）

人用药品注册技术要求国际协调会议（International Conference on Harmonization of Technical Requirements for Registration of Pharmaceuticals for Human Use，ICH）最早是美、欧、日三方成立的专门协调人用药品注册的技术指南协调组织。该组织从 1993 年就提议协调方法验证的技术要求。 1994～1996 年形成现行版 ICHQ2（R1）的雏形（Q2A 和 Q2B）。经过 2005 年的最终协调，形成现行版 ICH Q2（R1）。

5.《中华人民共和国药典》和国家标准

《中华人民共和国药典》（简称《中国药典》）自 2000 年开始收载方法验证的指导原则。该指导原则一直使用"验证"一词表达"validation"，内容以 ICH 文件为基础，也将验证方法的类型归为 3 类，将溶出度/释放度实验与含量测定实验归为Ⅰ类。 2005 年版和 2010 年版内容未做改动，在 2015 年版修订时增加了判断方法满足预期用途的标准。

检验方法的验证是质量保证体系的重要组成部分，它的必要性至少可从以下 4 个方面来认识。

1. 药品标准的建立和执行需要经验证的检验方法

众所周知，药品标准由两部分基本内容组成：一是项目的规格标准或限度；二是相应的检验方法和操作步骤。新药开发建立的药品质量标准必须同时包括这两个方面的内容。只有项目的规格标准或限度，没有具备一定准确度、精密度和重现性的检验方法、操作步骤，就不成为药品质量标准。对于现行版药典收载品种的质量标准，《中国药典》明确规定："本版药典正文收载的所有品种，均应按规定的方法进行检验。采用本版药典规定的方法进行检验时，应对方法的适用性进行确认。如采用其他方法，应进行方法学验证，并与规定的方法比对，根据试验结果选择使用，但应以本版药典规定的方法为准。"这里所说的与规定方法的比较试验，其实际含义即是用其他方法进行分析时，必须对该方法进行验证，并与药典收载方法所得检验结果进行比对以确认该方法准确可靠时方能使用。

2. 工艺过程的监控需要经验证检验方法

从质量保证的观点出发，厂房、设备、工艺经过验证投入正常运行后，应当对已验证过的状态进行监控。这种监控包括以下方面。

（1）工艺环境　例如，冻干制品及粉针无菌分装区洁净级别的监控。

（2）生产作业　如无菌过滤器使用前后的完好性检查；又如对输液产品而言，能综合反映工艺环境、生产作业、人员个人卫生等状况的灭菌前药液含菌量的监控。

（3）介质　如氮气的纯度控制、生产用水的质量控制。

（4）原料和辅料的质量监控　如药用级大豆油中脂肪酸组分的测定；气雾剂生产用的氟利昂中水分的检查；某些原料晶型的检查以及往往被忽视的原辅料粒度的检查等。

另外，成品检验结果的统计分析可用于证明已验证工艺的受控状态，如一些固体制剂含量均匀度检查、含量测定、溶出度测定、崩解时限、注射剂的澄明度等都能从某个方面反映工艺过程的受控状态。所有这些都离不开检查方法，没有经过验证的、可靠的检验方法，无法实现药品质量保证。

3. 药品的商业交换需要经验证的检验方法

药品的商业交换需要验证的检验方法是不言而喻的，生产单位的检验结果与使用单位或监控管理部门的检验结果应在允许范围之内。如抗生素、肝素钠的商业交换以效价为单位结算费用，如果检验结果不准确，不仅可能带来经济上的损失，更重要的是影响企业的信誉。

由于方法没有验证，厂方自己的内控方法没有与法定的方法进行验证和对照，供需双方检验结果不一致，引起纠葛，甚至可能导致客户大批退货事件的发生。总之，法定的、经过验证的方法是药品进行商业交换的必要条件。

4. 药品生产验证需要经验证的检验方法

药品生产验证中不论何种剂型都涉及检验方法的检验。通过分析检验才能对药品质量作出判断。如果检验方法没有经过检验，在准确性和重现性上存在问题，无论如何进行检验都是徒劳的，对药品质量的评价是盲目的。药品生产验证中使用的检验方法应经过验证后方能使用。

GMP的基本要求告诉我们，为确保工艺的可靠性和重现性，工艺必须验证；同样，为确保检验方法的准确性和重现性，检验方法同样必须进行验证。除了新建立的质量标准需经验证，在药品生产工艺变更、制剂组分变更、原分析方法进行修订时，检验方法也需进行再验证。

（二）分析方法验证的前提条件

方法验证应符合以下几个前提条件。

（1）仪器　已经过校验且在有效期内。

（2）人员　人员应经过充分的培训，熟悉方法及所使用的仪器。

（3）对照品　对照品的来源一般有3个：购自法定机构（如中国食品药品检定研究院）的法定参照品；购自可靠的供应商，如 Sigma、Merck 等；自制工作对照品，其纯度和性能可自行检测或由法定检验机构检测。

（4）材料　所用材料，包括试剂、实验用容器等，均应符合试验要求，不给实验带来污染、误差。如进行高效液相色谱分析时，所用试剂应为色谱级；检查铁盐时使用的盐酸不得含有铁盐等。

（5）稳定性　应在开始进行方法验证前考察试验溶液和试剂的稳定性，确保在检验周期内试验溶液和试剂是稳定的。使用自动进样器，一般是预先配制好一系列样品溶液置进样器中，依次进样。这时要确保进样周期内样品溶液是稳定的。

随着科学技术的发展，仪器分析在检验方法中所占的比例越来越大。为保证分析数据的可靠性，仪器的确认也就显得越来越重要。

（三）分析方法验证的内容

1. 检验仪器的确认

检验仪器是一统称，它实际分为两类。一类是测量仪器，只进行测量，不涉及分析过程。如计时器、温度计、天平、pH 计、分光光度计、HPLC 中的检测器等。计量仪器如容量瓶、移液管、滴定管等通常也归入此类。另一类是分析仪器，它不仅进行测量，还有一分析过程。如 HPLC 系统，它先将样品组分进行分离，然后再用检测器进行检测。测量仪器只需进行安装确认和校正，无需进行其他确认步骤。分析仪器的确认一般分为安装确认、运行确认、性能确认和再确认4个方面，可能涉及计算机化系统验证，详见 H-1 计算机化系统验证。

2. 检验方法的验证内容

需验证的分析项目有鉴别试验、杂质定量检查或限度检查、原料药或制剂中有效成分含量测定，制剂中其他成分（如防腐剂）的测定。药品溶出度、释放度等检查中，如溶出量测试方法不同于含量测定方法，也应另做必要的验证。验证内容有准确度、精密度（包括重复性、中间精密度和重现性）、专属性、检测限、定量限、线性和耐用性。视具体方法拟定验证的内容，见表 G-1。

表 G-1　检验项目和验证内容

项目 指标	鉴别	杂质测定		含量测定-特性参数- 含量或效价测定
		定量	限度	
专属性[②]	＋[②]	＋	＋	＋

项目 / 指标	鉴别	杂质测定		含量测定-特性参数-含量或效价测定
		定量	限度	
准确度	—	＋	—	＋
精密度				
重复性	—	＋	—	＋
中间精密度	—	＋①	—	＋①
检测限	—	—③	＋	—
定量限	—	＋	—	—
线性	—	＋	—	＋
范围	—	＋	—	＋
耐用性	＋	＋	＋	＋

① 已有重现性验证，不需验证中间精密度。

② 如一种方法不够专属，可用其他分析方法予以补充。

③ 视具体情况予以验证。

（1）准确度　准确度是指用该方法测定的结果与真实值接近的程度，一般用回收率（％）表示。准确度的测定至少要取方法范围内的 3 个浓度级别，每个浓度级别至少要测定 3 次。如某方法的范围是 80％～120％，则应取 80％、100％、120％三个浓度，每个浓度测定 3 次，计算 9 个测定结果的回收率及相对标准偏差，回收率及相对标准偏差均应在规定限度之内。

①原料药含量分析：可通过分析已知纯度的对照品或样品进行测定；或用本法所得结果与另一已验证的方法所得结果进行比较。

②制剂中各组分的含量分析：按制剂处方取适量各组分进行有机混合得一混合物进行测定，从而确定方法的准确度。若不可能得到处方中所有组分，可往制剂中加入已知量的被分析物进行测定；另一方法是把此方法的分析结果与另一已建立准确度的方法的分析结果进行比较。

③杂质的定量分析：往样品中加入已知量的杂质进行测定；若不可能得到某种杂质或降解产物，可把此方法的分析结果与另一已验证的方法的结果进行比较来确定。杂质的量可用杂质与主药响应值的比值来表示。

（2）精密度　精密度指在规定的测试条件下，同一个均匀样品，经多次取样测定所得结果之间的接近程度。精密度是反映准确度的另一个方面，即仅考虑测试方法中随机效应（引起测量结果随机误差的因素）对准确度的影响程度。精密度与测量条件（即精密度条件，通常指方法未作要求的条件）相关，同一方法在不同测量条件下的精密度不同，要获得何种程度的精密度主要依赖于测量条件的规定，只有在给定的测量条件下才能获得一个相对稳定且具有可比性的精密数据。

精密度一般用偏差、标准偏差或相对标准偏差（变异系数）表示。精密度又分为重复性、中间精密度、重现性三类。在相同条件下，由同一分析人员测定所得结果的精密度称为重复性；在同一实验室，不同时间由不同分析员用不同设备测定结果的精密度，称为中间精密度；在不同实验室由不同分析人员测定结果的精密度，称为重现性。

① 重复性：方法重复性的确定至少要取方法范围内的 3 个浓度级别，每个浓度级别至少要测定 3 次；或取 100% 的样品浓度至少测定 6 次。应自样品制备开始制备 6 份样品溶液，所得结果的相对标准偏差即为方法重复性。自动进样器重复性的测试，一般取同一样品溶液至少重复进样 10 次，其相对标准偏差不应大于 1%。

② 中间精密度：中间精密度主要是为考察随机变动因素（如时间、人员、设备等）对精密度的影响，但不必对每个可能的影响因素进行单个的考察，可设计方案对其进行统一考察。色谱分析方法由于受外界因素的影响较大，故一般需考察中间精密度，至少应在两种不同条件下进行考察（如不同时间，更换实验人员等）。

③ 重现性：一般实验室不进行此项考察，只有当分析方法将被法定标准采用时，才进行重现性试验。建立药典分析方法时常需通过协同检得出重现性的结果。如紫外分光光度法中吸收系数 $E_{1cm}^{1\%}$ 的确定，需通过 5 个以上实验室分析，测定结果符合数理统计要求，才能采纳使用收入标准。

定量分析方法的精密度通常用测量不精密度的参数来表示，如多次测量的标准偏差或相对标准偏差（变异系数），标准偏差越大，精密度越差。对于定性分析方法来说，精密度无法用标准偏差或相对标准偏差来表示，而可以用真阳性（或假阳性）的比率来表示，即精密度＝真阳性数量/（真阳性数量＋假阳性数量）×100%。

为了获得检测方法的精密度，首先，确定是何种精密度条件（如重复性条件）；其次，测试必须严格按方法规定进行，测试样品为正常分析的典型样品，样品本身必须是均匀的；此外，应注意每个重复测量的结果应该是"独立测试结果"，即任意一个结果不受以前同样或同类似样品测试结果的影响。

精密度会随着分析物浓度的变化而变化，因而可能需要在多个不同浓度点对精密度进行评定。对于某些测试，可能只对一个或者两个关注水平进行评定，如产品质量控制（QC）水平或法规限值水平浓度。

准确度和精密度之间没有必然的联系。测量的精密度不能说明测量值与真实值的关系，精密的测量值不一定是准确的，因为引起测量值远离真值的误差可能会对一系列的测量发生同样的影响，而不影响精密度，这即是系统误差的概念。

（3）专属性　专属性系指在其他成分（如杂质、降解产物、辅料等）可能存在下，采用的分析方法能正确测定出被测物的能力。

对于鉴别试验，应证明当样品中含有被分析物时呈正反应，当不含被分析物时呈负（阴性）反应。必要时，需证明与被分析物结构相似或相近的物质均不呈正反应。

对于杂质的测定，一般取含一定杂质量的样品进行分析，证明此杂质测定其具有适宜的准确度和精密度即可。

对于含量分析，可通过加入一定量的杂质或赋形剂至样品中，通过分析证明结果不受影响。若杂质或降解产物为未知物，可将样品用强光照射、高温、高湿、酸碱水解或氧化等方法进行加速破坏，而后将此样品进行分析，将分析结果与另一个经验证的方法或法定方法的结果进行比较。含量测定应比较两方法的分析结果，杂质测定若有色谱图，则应对比杂质峰的形状。

（4）检测限　检测限也称检出限（LOD），是指对某一特定的分析方法在给定的可靠程度内可以从样品中检测出待测物质的最低浓度或最低量。

① 非仪器分析目视法：通过用已知浓度的样品分析来确定可检出的最低水平作为检测限。

② 仪器分析方法：可以非仪器分析所用的目视法来确定检测限，也可用已知浓度的样品与空白试验对照，以信噪比为 2∶1 或 3∶1 来确定检测限的最低水平。不论用哪种方法，均需制备相应检测限浓度的样品，反复测试来确定。

（5）定量限　定量限（LOQ）系指样品中被测物能被定量测定的最低量，此时的分析结果应能确保一定的、可以接受的准确度和精密度。定量限和检出限均为待测物质的一个最低浓度或最低量，两者单位相同，但检出限介于检出和未检出的临界状态水平的限量，而定量限则是能被可靠的检出，并具有可接受的准确度的限量。实际工作中，定量限通常为检出限的几倍（2~5 倍），不同行业或法规，其倍数有所差异，如果要求的可信度高，则倍数应该更大。

杂质和降解产物用定量测定方法研究时，应确定定量限。

① 非仪器分析方法：与检测限的非仪器分析方法所用方法相同，只是所得结果需符合一定的准确度和精密度要求。

② 仪器分析方法：一般以信噪比为 10∶1 时相应的浓度作为定量限的估计值，然后配制相应定量限浓度的样品，反复测试来进行确定。

（6）线性范围　线性指在设计的范围内，测试结果与试样中被测物浓度直接成正比关系的程度。应在规定的范围内测定线性关系。可用贮备液精密稀释或分别精密称样，制备一系列的供试品（至少 5 份不同浓度的供试品）进行测定。线性通常利用线性回归校准方程来研究。经典的最小二乘法线性拟合方程 $y=a+bx$（y 为仪器响应值；x 为浓度值；a 为线性拟合的截距；b 为线性拟合方程的斜率）常用于仪器分析，并用线性拟合相关系数（correlating coefficient）r 或决定系数 R^2 来度量线性拟合是否良好，当仪器响应值与浓度值正相关时，相关系数越接近于 1 表明线性越好。某些情况下，使用非线性拟合。

由于仪器分析校准工作曲线横坐标通常表示标准溶液的浓度，因此线性范围通常是仪器测定工作曲线线性保持良好所对应的标准溶液浓度范围。一般而言，较宽的线性范围可以省去样品稀释步骤。但在满足应用要求的前提下，曲线的标准浓度范围不宜过宽，因其测量不确定度亦会随浓度范围变广而增加。

（7）测量范围　测量范围也是源于线性的研究，是指测试方法能达到一定精密度、准确度和线性时适用的高低限浓度或量的区间。实际上，测量范围的最低下限浓度即 LOQ，而上限浓度需要以仪器测量信号对样品已知浓度作图，通过观察线性和可接受的不确定来判断后获得。分析方法的范围应根据具体分析方法以及对线性、准确度、精密度的结果和要求确定。无特殊要求时，通常采用以下标准。

① 对于原料药和制剂的含量测定，范围应为测试浓度的 80%～120%。

② 杂质测定，范围应为测试浓度的 80%～120%。

③ 含量均匀度，范围应为测试浓度的 70%～130%，根据某些剂型的特点（如气雾剂），此范围可适当放宽。

④ 溶出度范围应为标准规定范围的 ±20%。如某一剂型的溶出度规定，1h 后溶出度不得小于 20%，24h 后溶出度不得小于 90%，则考察此剂型的溶出度范围应为 0～110%。

⑤ 若含量测定与杂质检查同时测定，且仅使用 100% 的对照品，线性范围应覆盖杂质的报告水平至规定含量的 120%。

（8）粗放性　分析方法的粗放性指在不同实验条件下（如不同实验室、不同实验员、不同仪器、不同批的试剂、不同的分析温度、不同时间等）对同一样品进行分析所得结果重现性。此实验条件应仍在方法规定的限度内。将在不同实验条件下所得结果的重现性与方法的重复性进行比较，来衡量分析方法的粗放性。

（9）耐用性　耐用性指测定条件有小的变动时，测定结果不受影响的承受程度。典型的变动因素有：被测溶液的稳定性，样品提取次数、时间等。液相色谱法中典型的变动因素有：流动相的组成和 pH、不同厂牌或不同批号的同类型色谱柱、柱温、流速等。气相色谱法变动因素有：不同厂牌或批号的色谱柱、固定相、柱温、进样器和检测器温度等。如果测试条件要求比较苛刻，则应在方法中写明。

（四）分析方法确认

分析方法确认适用于物料和产品中不需要进行验证的检验方法以及药典方法和其

他已验证的法定标准。通过方法确认来证明方法在本实验室条件下的适用性。不适用于以下情况：实验室日常测试操作步骤不需要进行方法确认，例如（包括但不限于）干燥失重、炽灼残渣、各种湿法化学步骤如酸值和简单的仪器方法如 pH 计，除非有特殊要求。

对于分析方法确认，通常采用如下两种方式。方式一：由两名检验人员分别独立对同一批产品进行检验（如可能，使用不同的仪器），比较两人的检验结果来证明方法在本实验室（人员、分析仪器、试剂等）的适用性。方式二：根据验证目的和评估结果选择相关项目进行确认，如表 G-2。

表 G-2　检验项目确认内容示例

	检验项目	准确度	精密度	专属性	检测限	定量限	线性	范围	耐用性
原料药	鉴别（HPLC 法）	否	否	可能	否	否	否	否	否
	有关物质（HPLC 法）	否	可能	是	否	是	否	否	否
	含量测定（HPLC 法）	否	可能	是	否	否	否	否	否
制剂	鉴别（HPLC 法）	否	否	是	否	否	否	否	否
	溶出度	可能	是	是	否	可能	否	否	否
	有关物质	可能	是	是	否	是	否	否	否
	含量测定	可能	是	是	否	否	否	否	否

注："是"代表该项内容需要确认，"否"代表该项内容不需要确认。"可能"代表该项内容需根据情况评估确定。

三、能力训练

本能力训练为检验方法的验证方案制定。

1. 实践目的

熟悉检验方法的验证适用的情况；熟悉检验方法验证的具体项目；掌握各种检验方法需做的对应的验证项目。

2. 实践内容

选取本课程及其他并行课程中涉及的一种或几种检验方法，进行验证方案的制定。

3. 实践要求

说明检验方法的具体过程，明确该方法需采取的具体项目及具体实施方案。

四、课后思考

（一）单项选择题

1. 表示对均一样品重复取样检测每个检测结果间的接近程度的是（   ）

A. 检测限   B. 专属性   C. 精密度   D. 定量限

2. 证明一种方法在有可能的干扰物质（如杂质、降解产物和基质）存在时，能够准确无误地评估被分析物的能力的是（   ）

A. 检测限   B. 专属性   C. 精密度   D. 定量限

3. 表示样品中被测物质能被等量测定的最低浓度或含量，且在所述的实验条件下测定的结果具有可接受的准确度和精密度的是（   ）

A. 检测限   B. 专属性   C. 准确度   D. 定量限

（二）多选题

1. 原料药中杂质或制剂中降解化合物分析方法验证需进行的验证项目有（   ）

A. 准确度   B. 精密度   C. 专属性   D. 定量限

2. 有关分析方法验证的说法正确的是（   ）

A. 鉴别试验只需进行精密度试验

B. 溶出试验只需进行精密度试验

C. 制剂中药物含量分析时需要进行专属性考察

D. 制剂中药物含量分析时需要进行准确度考察

（三）思考题

试比较分析方法确认与分析方法验证的适用情况。

数字资源
课后思考答案

知识图谱

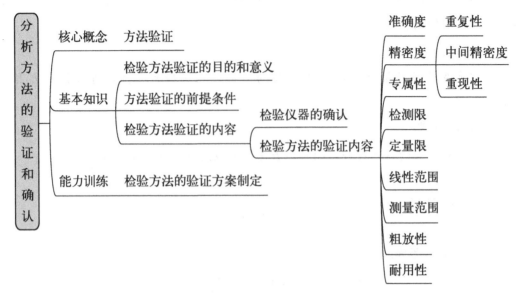

H
计算机化系统验证与数据可靠性

 学习目标

1. 掌握 计算机化系统验证和数据可靠性的概念，软硬件分类及与验证的关系。

2. 熟悉 计算机化系统验证的软硬件分类和验证过程，确保数据可靠性对计算机化系统和电子数据的基本要求。

3. 了解 计算机化系统验证的生命周期和数据管理策略。

4. 能 评估计算机化系统验证的必要性。

5. 会 设计规程确保电子数据可靠性。

H-1 计算机化系统验证

一、核心概念

计算机系统（computer system） 由硬件、系统软件、应用软件以及相关外围设备（不含被控对象）组成的，可执行某一特定功能或一组功能的系统。

计算机化系统（computerized system） 一个计算机系统和其操作的控制对象、控制功能，包括硬件、软件、外围设备、被控对象、操作人员、文件（手册和标准操作程序 SOP）（均为计算机化系统验证对象）。

计算机化系统验证（computerized system validation，CSV） 是指通过文件来证明系统的开发符合质量工程的原则，能够提供满足用户需求的功能，并且是能够长期稳定工作的过程。核心目的是将系统的风险控制到足够小，从而保证患者安全、产品质量和数据可靠。

计算机化系统生命周期　计算机化系统从提出用户需求到终止使用的过程，包括设计、设定标准、编程、测试、安装、运行、维护等阶段。

二、基本知识

近年来，随着 IT 产业快速发展，IT 技术在制药业带来了自动化制药设备、仪器、生产过程、管理系统等多种更新。在 20 世纪 90 年代，制药业针对计算机化系统（computerized system，CS）正式提出了计算机化系统验证（CSV）。CSV 属于验证范畴，但不同于其他验证，是验证工作中的难点。

计算机化系统（CS）由计算机系统和被其控制的功能或流程组成，见图 H-1。计算机系统由所有的计算机硬件、固件、安装的设备驱动程序和控制计算机运行的软件组成。硬件是指由电子线路组成、受软件控制的实物装置。软件是指控制计算机系统化系统运行的程序、主程序或子程序的总称。受控的功能或流程可以包括被控制的设备（如自动化设备和实验室或工艺相关的使用仪器），也包括决定设备功能的操作规程或计算机系统硬件的操作。

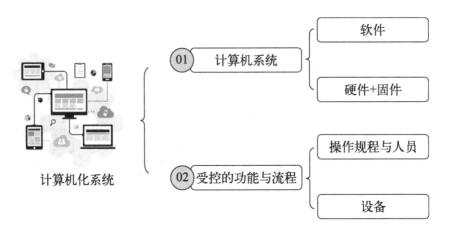

图 H-1　计算机化系统组成示意

（一）计算机化系统软硬件分类

风险管理贯穿计算机化系统整个生命周期，对计算机化系统进行软硬件分类是计算机化系统初步风险评估的一部分，因为软硬件类别越高，复杂性和新颖性就越高，风险相对也就越高。所以应将软硬件分类与供应商评估以及 GxP 风险评估结合起来加以认识和理解，确定出一个适宜的验证生命周期。

1. 硬件分类

计算机化系统硬件可分为标准硬件组件和定制硬件组件。标准硬件组件是指按型号、用途、规格等要求直接就能从供应商处采购到的硬件设备。例如标准个人计算机、打印机、条码扫描仪、程序控制系统（标准 PLC 模块、SCADA-系统，DCS、BMS）、服务器、网络硬件以及由标准组件构成的设备。而定制硬件组件是需要根据客户需求进行特殊设计并生产的硬件设备，如电气柜、线槽和桥架等。

　　一般标准硬件组件的验证典型方法包括：文件记录生产厂家或供应商的详情、序列号和版本号，确认正确的安装，适用配置管理和变更控制等。定制硬件组件的验证除上述一般标准硬件组件需采取的步骤外，还应加上设计说明及验收测试。

2. 软件分类

　　计算机化系统软件可分为基础设施软件（1 类）、无需配置软件（3 类）、可配置软件（4 类）和定制应用软件（5 类）四个类别。

　　（1）基础设施软件（1 类）　是指分层式软件，用于管理操作环境的软件，包括已建立的商业软件和基础软件工具两种类型。例如操作系统、数据库引擎、编程语言、梯形逻辑解释程序、电子表格软件（不包括基于工具开发而成的其他应用程序）均属于前者，还有诸如网络监控工具、批处理作业计划工具、安全软件、防病毒软件、配置管理工具等均属于后者。

　　（2）无需配置软件（3 类）　包括业务中使用的非定制的商业产品，可以输入并储存运行参数，但并不能对软件进行配置以适合业务流程，如基于固件的应用程序、COTS 软件等。

　　（3）可配置软件（4 类）　提供配制用户特定业务流程的标准界面和功能，由用户来进行配置，以满足用户具体业务流程的特殊要求，此类软件的编码不能更改，如SCADA（数据采集与监视系统）、DCS（分布式控制系统）、BMS（楼宇管理系统）、HMI（人机界面）、LIMS（实验室信息管理系统）、ERP（企业资源计划）等。

　　（4）定制应用软件（5 类）　是为了满足公司特定需求而开发的，定制设计和编制源代码以适于业务流程的软件，如内部和外部开发的 IT 应用程序、内部和外部开发的工艺控制应用程序、定制功能逻辑、定制固件、电子制表软件（宏）等。

　　上述计算机化系统的分类不是绝对的，可根据需求增加或减少配置，相应的分类结果也会发生变化。在某些情况下，一个系统或系统中的某个功能模块的分类介于 3 类与 4 类之间，或 4 类与 5 类之间，可以根据对其控制的流程做风险评估来决定验证程度，但应在验证描述中加以说明。

　　不同类别软件验证典型方法见表 H-1。

表 H-1　不同类别软件验证的典型方法

软件类别	典型方法
基础设施软件（1 类）	记录版本号，按照所批准的安装规程验证正确的安装方式

续表

软件类别	典型方法
无需配置软件（3类）	用户需求说明 基于风险的供应商评估方法 记录版本号，验证正确的安装方式 基于风险进行测试 有用于维持系统符合性的规程
可配置软件（4类）	基于风险的供应商评估方法 供应商的质量管理系统 记录版本号，验证正确的安装方式 在测试环境中根据风险进行测试 在工艺流程中根据风险进行测试 具有维持符合性的规程
定制应用软件（5类）	更严格的供应商评估，包括进行供应商审计 完整的生命周期 设计和源代码审查

（二）计算机化系统生命周期

计算机化系统生命周期包括从概念提出到系统退役的所有活动，见图 H-2。主要由以下五项组成。

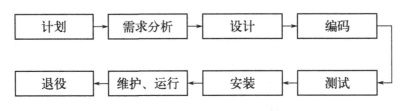

图 H-2　计算机化系统生命周期

1. 项目发起和计划

由药品生产企业根据业务需求和收益来考虑是否要实现某一个或多个业务流程的自动化。通常在这一个阶段应确定业务流程、制定项目计划、评估计算机化系统的 GMP 相关性、并开始制定验证总计划。

评估计算机化系统与 GMP 相关性是启动计算机化系统验证的第一步。这个过程是判断系统功能是否影响 GMP 规定的内容，也就是是否最终对患者的安全、药品的质量和数据的完整性造成影响。与 GMP 相关的计算机化系统需要进行必要验证。

2. 开发和采购

这一阶段包括对 CS 进行设计、评估、采购、开发等活动。在这一阶段应完成项目的验证总计划、确定用户需求、确定人员职责、进行供应商评估、对系统进行分类、确定系统标准、基于用户需求进行风险评估、执行设计确认等。

在这一阶段需完成的主要活动和文件如下。

(1) 用户需求说明（user requirement specification，URS）　应清晰描述用户对计算机化系统的需求，是从用户角度提出的系统应具备的功能、系统操作的数据以及操作的环境。用户需求是基础文件，是下一步系统开发、风险评估和系统测试的前提，也是验证活动的基础。

(2) 计算机化系统分类　依据系统的风险性、复杂性和创新性 GAMP5 对计算机化系统进行分类。

(3) 人员职责概念　应确定计算机化系统的人员职责，以确保用户只能够进行被授权的操作。安全/人员职责可以是用户需求说明的一部分，也可以是一个独立的文件。

(4) 确定系统标准　系统标准以准确、可被证实的方式对系统或组件的特性进行描述，并且规定了用于判断这些要求是否得到实现的规程。系统标准包括硬件标准、功能标准、配制标准、设计标准等。

(5) 风险评估　在此阶段对整个系统进行风险评估决定系统的总体配置水平和关键控制手段，对系统各功能的风险评估决定了控制方法和测试范围级水平。

(6) 设计确认　通过文件记录将系统需求和相应的系统标准进行对比，核实系统标准是否满足用户需求，并且是否涵盖了计算机化系统的既定用途。

3. 执行、接收或放行

对系统进行安装、配置、测试以及必要的数据转移，同时用户的培训也应在此阶段完成。

在这一阶段需完成的主要活动和文件如下。

(1) 测试　在开发、执行以及接收过程中应进行不同级别的测试。测试的范围可以根据业务风险以及不同类别系统的复杂程度进行调整。测试可由开发商和用户共同完成。

(2) 数据转移　数据转移是将电子数据从一个系统转移到另一个系统的活动，目的是将准确完整并可用的数据进行共享或移动。为了达到这个目标，必须建立相应的质量控制来维护数据的真实性和完整性。

(3) 报告和系统的放行　验证活动完成之后应通过验证报告对所进行的验证活动、发生的偏差情况和改正措施等进行总结，并且对系统是否满足预定用途做出最终结论。

4. 操作和维护

系统经过测试批准后，通过执行系统的功能来实现业务流程。在这一阶段，应通过变更管理规程对系统进行控制，确保任何对于硬件、软件、系统文件或流程的调整均受控。

在这一阶段需完成的主要活动和文件如下。

（1）异常事件管理及纠正和预防措施（CAPA）　异常事件管理是对异常事件的全过程进行管理的程序。主要是目的是尽快恢复用户 IT 服务。

（2）配置管理/变更管理　配置管理是通过技术或行政手段对计算机化系统（包括软件和硬件）配置情况进行规范和控制的一系列措施。目的是控制系统配置的变更、记录变更的过程和实施情况、确保系统符合相关要求。

（3）业务持续计划　定义了当出现紧急情况（如系统中断或故障）时维持业务的操作。

（4）灾难恢复计划　定义了当系统中断时从技术层面恢复系统所应进行的活动。

（5）备份　对数据、记录以及软件等复制的过程，目的是防治原始信息或内容的丢失或不完整。

（6）恢复　在必要时对数据、记录以及软件等进行复原的活动。

5. 系统退役或停用

计算机化系统的退役/停用是停止系统、标记系统生命周期终结的正式活动。对于现有系统、数据和流程的潜在影响应在系统退役/停用之前进行评估。在计算机化系统退役或停用之后，应保证 GMP 相关的文件和系统中的数据按照 GMP 的要求进行保存，并在保存期内可读。

对于系统停用或退役后关键数据的处理，可进行如下分析：

① 确定数据将会发生什么情况？

② 是否按照同样的方式处理所有数据？

③ 是否应保存部分或所有数据？如需保存数据，则还需考虑一下问题：是否采用相同格式保存？是否将数据转换为书面或微缩胶片记录？是否将现有数据转换为标准数据格式（ASCII \ PDF \ TIFF 等）？是否将全部或部分数据转移到其他系统？是否必须对退役的数据进行再处理？退役数据的保存路径怎样？访问数据的频次和人员如何？

（三）计算机化系统的验证

验证活动基于系统的生命周期而定，通过验证适于所有需要的生命周期文件已经批准并且系统按照预先设定的标准进行了测试。验证活动应在验证方案中明确说明。

计算机化系统的验证是通过以下两方面的活动使系统达到并维持符合法规要求以及预定目的的状态。

1. 执行必要的生命周期活动

生命周期活动的范围可以根据下列内容进行适当增减：系统对于用药安全、产品质量及数据完整性的影响；系统的复杂程度和创新程度（系统的结构和类别）；供应商评估的结果（供应商能力）。

2. 实施必要的操作控制

系统生命周期过程中通过应用相关的管理规程保证系统处于一种受控的状态。由于不同的计算机化系统在风险性、复杂性和创新性方面存在差别，因此制药企业应针对不同类型的计算机化系统实施不同程度的验证（其中包括不同的生命周期活动以及需建立的文件等）。可参见图 H-3 计算机化系统分类及其可缩放验证模型。

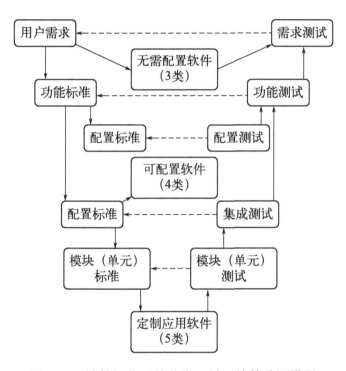

图 H-3　计算机化系统分类及其可缩放验证模型

企业可以建立计算机化系统类别与验证活动/文件对应的清单，在制定验证方案是只需根据系统类别从清单中选取所需的项目即可。表 H-2 表示不同软件，文件或测试项目的一般要求，各企业根据实际情况会进行增减。

表 H-2　不同软件的文件/测试项目

文件/测试项目	软件分类			
	1 类	3 类	4 类	5 类
培训记录	—	＋	＋	＋

文件/测试项目	软件分类			
	1类	3类	4类	5类
工厂验证总计划（更新）	－	（＋）	（＋）	（＋）
项目验证总计划	－	－	＋	＋
用户需求说明	－	＋	＋	＋
人员职责概念	－	＋	＋	＋
供应商评估	－	＋	＋	＋
系统分类	－	＋	＋	＋
系统标准（硬件和功能标准）	－	＋	＋	＋
配置标准	－	＋	＋	＋
软件设计标准	－	（＋）	＋	＋
安装方案	－	＋	＋	＋
配置测试方案	－	－	＋	＋
配置管理计划	－	＋	＋	＋
风险评估	－	＋	＋	＋
设计确认	－	＋	＋	＋
验证方案	－	＋	＋	＋
系统测试方案	－	－	＋	＋
系统测试报告	－	－	＋	＋
用户接收测试方案	－	＋	＋	＋

续表

文件/测试项目	软件分类			
	1类	3类	4类	5类
用户接收测试报告	—	＋	＋	＋
用户手册	—	＋	＋	＋
系统手册	—	—	＋	＋
标准操作规程	—	＋	＋	＋
培训材料	—	＋	＋	＋
业务持续计划	—	＋	＋	＋
服务协议	—	＋	＋	＋
验证报告	—	＋	＋	＋

注："—"表示不适用，"＋"表示需执行，"（＋）"表示根据具体情况决定。

（四）计算机化系统验证的人员组成

计算机化系统验证与其他验证的区别在于，除了对企业有相关规定外，还有提出"有必要对软件和自动化系统的供应商和开发者如何符合 GMP 做出要求"。

对供应商充分沟通、充分利用供应商的知识和技术文件在计算机化系统验证活动中非常重要，同时企业（用户）自己的 IT 专家（subject matter expert，SME）是代表企业审核专业文件的关键角色。

验证的关键人员包括用户企业和供应商两部分，其中用户人员中应包括专业 IT 人员。在验证团队中应由如下人员组成：项目负责人、业务流程负责人、QA、计算机系统负责人、关键用户、IT 专家（SME）。供应商/开发者方面应负责确定软件开发方法、负责提供软件产品和服务，供应商可以是第三方，也可以是企业内部开发组。供应商应该选择最合适的开发方法和模型。

验证活动是由用户和供应商共同完成的，SME 是连接用户和供应商的关键角色，帮助用户完成设计审核等 IT 专业相关的工作，可以是公司的 IT 专业人员，也可以外请。

业务流程负责人和计算机系统负责人在验证活动中也具有重要作用，分别负责计算机化系统的受控业务流程和控制系统。

实施验证过程中依据项目的复杂程度、范围大小和人员的实际情况，合理调配资源。小型、简单的系统，只需关键用户和 QA 人员即可达到要求，而对于大型、复杂的系统则需要各方面人员合作才能完成，则涉及部门和参与人员较多。

（五）计算机化系统的质量风险管理

质量风险管理是对风险进行评估、控制、沟通与审查的系统化过程，同样贯穿于整个计算机化系统的生命周期中。其采取了与 ICH Q9（人用药注册技术要求国际协调会议之质量风险管理）指南一致的框架进行风险评估、控制、交流与审查。计算机化系统质量风险管理应基于科学的知识进行，并最终与对患者的保护联系起来；其投入的水平、正式的程度及文件化的深度，应与风险的级别相一致，此为质量风险管理的两个原则。

计算机化系统的风险管理基本步骤如下。

1. 实施初步风险评估并确定系统影响

计算机化系统的初步风险评估一般进行 GxP 关键性评估，用于关键系统的确定。进行评估之后对关键系统进行进一步的评估，评估风险影响分级、软硬件分类评估、21CFR Part 11（FDA 针对电子记录和电子签名所制定的一项标准）适用性评估。

2. 确定对患者安全、产品质量和数据可靠性有影响的功能

根据系统所要实现的功能从上述（1）中的 GxP 的关键性、影响级别两个层面进行判断和分析，确定并识别系统对于患者安全、产品质量和数据可靠性有影响的功能。

3. 实施功能性风险评估并识别控制措施

评估关键功能时应考虑可能的风险，并确定如何控制这些风险所引起的潜在危害。基于评估结果，确定适当的控制措施，例如修改工艺设计或系统设计，提高规范的详细程度及正式程度，增加设计审查的次数与详细程度，增加验证活动的范围与严格性。

4. 实施并核实合适的控制措施

实施与核实所识别的控制措施，从而确保其实施是成功的，确保所选择的控制措施有效地控制了潜在风险。控制措施应该可以追溯到所识别的相关风险，验证活动应当证明控制措施在风险降低上是有效的。

5. 风险审查与监控控制措施

一旦确认和实施控制，将重新进行故障模式与影响分析（failure mode effects analysis，FMEA）评估，以确保风险级别得到了有效降低并且已达到可被接受的水平，同时对措施实施情况进行持续监控。

在对系统进行定期审查期间或者在其他被定义的阶段，企业应该对风险进行审

查。审查应该证实控制措施始终有效，如果发现了任何缺陷则在变更管理下采取纠正措施。

三、能力训练

本能力训练为评估××系统是否需进行计算机化系统验证。

（1）实践目的　熟悉计算机化系统的分类；熟悉计算机化系统的验证判断流程。

（2）实践内容　以车间中某一岗位的计算机化系统为例，根据下面流程判断是否需进行 CSV。

（3）实践要求　介绍计算机化系统，说明是否需进行 CSV 及判断依据。

问题	判断
1. 系统是否用于控制产品的生产和测试过程（该过程可能影响产品质量）？	是□否□
2. 系统操作人员是否需根据系统的提示采取相应的措施（该措施可能影响产品质量）？	是□否□
3. 系统产生的数据是否被用于决定物料和产品的质量状态？	是□否□
4. 系统是否用于判断物料或产品的质量状态？	是□否□
5. 系统产生的数据是否用于产率计算？	是□否□
6. 系统或系统产生的数据是否用于确定后续工艺参数？	是□否□
7. 系统是否用于（法规所要求的）电子文件的管理？	是□否□
8. 系统是否提供人员的培训信息（代替纸质培训记录）？	是□否□
9. 系统是否记录设备的校准、维护、维修等信息（代替纸质记录）？	是□否□
10. 系统产生的数据是否用于产品的年度质量回顾？	是□否□
11. 系统是否用于处理产品投诉、召回、稳定性考察等活动？	是□否□

四、课后思考

（一）选择题

1. 注射剂灭菌柜的软件可设置灭菌温度、灭菌时间、检漏时间等生成生产配方，应属于（   ）

A. 1类软件   B. 3类软件   C. 4类软件   D. 5类软件

2. 以下说法正确的是（   ）

A. 计算机化系统是由硬件、系统软件、应用软件以及相关外围设备（不含被控对象）组成

B. 电子表格软件属于基础设施软件

C. 无需配置软件只需要记录版本号，按照所批准的安装规程验证正确的安装方式即可

D. 1类软件不需要验证报告

（二）综合题

试说明不同类型的计算机化系统应实施哪些验证？

扫
一
扫

数字资源
课后思考答案

H-2　数据可靠性

一、核心概念

数据审计跟踪　是一种元数据，包含与创建、修改和删除 GxP 记录相关行为的信息。在纸质或电子记录中，审计追踪可以安全的记录一些数据的生命周期细节，如在记录中创建、补充、删除或变更信息，却不必掩盖或覆盖原始记录。数据审计跟踪是电子数据的"观察者"，是一种"第三方证据"。

数据可靠性　是指贯穿整个数据生命周期的数据采集是完整的、一致的和准确的程度。应当以安全的方式收集和维护数据，从而保证数据归属至人、清晰可溯、同步记录、原始一致、准确真实。

电子数据　也称数据电文，是指以电子、光学、磁或者类似手段生成、发送、接收或者储存的信息。

数据管理　确保整个数据生命周期内数据的记录、处理、保留和使用均完整、一致和准确所采取的措施。

数据生命周期　包括数据产生、记录、处理、审核、分析、报告、转移、储存、归档、恢复及持续监控直至失效、销毁的过程。

二、基本知识

数据可靠性是制药质量体系确保药品质量的基石。药品监管系统在评估和审核企业在开发、生产和包装、检测、销售等方面的过程中，依赖于企业提交的用于日常决策的信息是否全面、完整和可信，是药品安全监管的有力抓手。在产品生命周期的不同阶段，数据可靠性存在问题会带来不同形式的风险，数据可靠性问题的出现越早，危害越大。产生数据可靠性问题的原因不同，也会带来不同程度的风险。

（一）数据可靠性问题

数据可靠性问题诸如临床数据造假、药学资料造假等数据造假骗取产品上市，也有生产阶段修改数据（如不合格数据篡改为合格、选择性使用数据、凭空编造数据）等，将对产品质量带来隐患，以及引发的一系列质量风险、合规风险和监管部门的决策风险等。数据可靠性范围不仅与生产环节、检验环节有关，还涉及注册环节、物料环节以及与药品生产有关联的职能科室。

数据可靠性的问题频发是由于在新的手段下（电子记录方式），监管方更容易发现隐藏在数据后面的造假行为。在本小节中主要介绍电子数据可靠性。但需注意数据不仅包括电子数据、也包括了纸质数据，纸质数据也会存在数据可靠性问题，只是因为造假成本和技术难度又相对较低，在有限的检查时间内更难以发现问题。

应该有一个有计划的方法来评估、监控和管理数据，以及在某种程度上与患者安全、产品质量的潜在影响和（或）贯穿于数据生命周期的所有阶段做的决策可靠性相适应的数据的风险。

> **知识链接**
>
> **数据完整性的法规需求**
>
> 2015 年 MHRA（英国药监机构）出台《数据完整性指南》，2016 年美国 FDA 发布《数据完整性指南要求 18 个问题回答》，同年 WHO（世界卫生组织）出台《数据完整性指南要求》，EMA（欧洲药物管理局）也发布了《数据完整性问答》。在我国，2015 年《计算机化系统》附录开始实施，附录中提出"数据完整性"概念。2016 年 10 月国家食品药品监督管理总局食品药品审核查验中心组织起草了《药品数据管理规范（征求意见稿）》，提出"数据可靠性"概念。2017 年 8 月，国家食品药品监督管理总局办公厅公开征求《药品数据管理规范（征求意见稿）》。2018 年 1 月，国家食品药品监督管理总局发布公开征求意见的通知。

（二）数据审计追踪

数据审计追踪有助于重现所记录的事件历史，包括某项行动"由谁做、做了什么、何时做和为什么这样做"。应当根据风险评估的结果设置计算机化系统的审计追踪功能，记录对系统和数据所进行的操作，至少包括以下内容：操作者、操作时间、操作过程、操作原因；数据的产生、修改、删除、再处理、重新命名、转移；对计算机化系统的设置配置、参数及时间戳的变更或修改。

（三）数据管理策略

数据可靠性在国际上常用的缩略词"ALCOA"或"ALCOA＋"，数据归属至人、清晰可溯、同步记录、原始一致、准确真实的程度。

代号	英文含义	中文含义	核心内容
A	Attributable to the person generating the data	可追溯至数据由谁生成	对于每一个与该计算机化系统相关的人员进行权限分配，制定独立的账户和密码
L	Legible and permanent	清晰且持久	禁止数据修改，包括禁止改写初步数据、中间处理数据；备份的数据可读
C	Contemporaneous	同步	数据在活动发生时被保存到持久保存的媒介 不能在临时存储器中处理和删除数据 系统的日期和时间不能被更改
O	Orginal copy	原始版本	电子数据的元数据应当与原始数据一起被审核 数据审核应当被记录在电子记录中
A	Accurate	准确	通常一直被关注的：校验、确认、验证、维护等所要达到的目的，包括仪器显示的值准确，计算公式及参与计算的参数正确，设备或仪器参数正确等。是为解决前面所讲的 ALCO 都做到了，但数据的结果和产品的质量确很糟糕的尴尬问题

数据管理的基本原则：完整（complete）、一致（consistent）、长久（enduring）、可获取的（available），缩写为 CCEA，即应确保数据无遗漏、与逻辑顺序一致，记录

人与实际操作人一致，保存长久，且在审核时可获取，不被隐藏。

数据可靠性管理基本要求是应基于风险，判断重点；应深入调查，不蜻蜓点水；有疑问的数据一定要证实客观真实性；追踪最原始的数据；QC 实验室，尤其是稳定性试验的数据；物料发放流转的数据；各项记录的发放和填写；企业质量管理体系对数据可靠性的覆盖；数据可靠性直接表现企业的质量管理水平。

确保数据可靠性，应做到以下几点：有经过批准的 SOP、操作程序等；员工经过操作相关的数据可靠性的培训；仪器设备经过验证处于正常可控的状态；仪器处于校验有效期内（校准和预防维修）；设备的使用符合既定的用途（量程、精度等）；文件及日常操作与验证状态一致；所有的偏差和变更得到有效的控制。

（四）电子数据的基本要求

1. 电子数据的采集、储存

获取数据的方法可靠性应经过验证，系统应经过 CSV（计算机系统验证）。应确保数据采集的连续性和合理的采集频率。

所有与该计算机化系统操作有关的人员均应进行权限分配并单独设置账户及密码。账户管理的原则是按需授权、最小特权、职责分离；已经开启审计追踪功能（一旦启用不可关闭）。

数据采集的完整性，电子数据的元数据应当与原始数据一起被完整保存，能完整重现 GMP 活动，存储的电子数据应当能够打印成清晰易懂的文件。

电子方式产生的原始数据采用纸质或 PDF 格式保存应当显示数据的留存过程，应包括所有原始数据信息、相关审计跟踪和结果文件、每一分析运行过程中软件/系统设置标准；

应能确保所有产生的电子数据均被完整保存，包括无效数据、错误数据。

2. 电子数据的处理、修改

数据的计算：无论采用何种计算方式，计算公式应在 SOP 和程序中明确；计算的方式需要经过验证或确认。

数据的报告：受控文件打印输出能受控。

电子数据的修改需在产生该数据的系统内进行，不得将数据及数据库备份至其他介质内进行修改后再覆盖原始数据，修改的过程应能被审计追踪系统完整记录。

数据处理应严格按照 SOP 进行，不得随意采用手动积分；数据的修改应经过授权，不得删除或隐藏数据处理、修改过程。

3. 电子数据的保存

数据备份/归档：应当建立数据备份/归档与恢复的操作规程，定期对数据备份/归档，备份/归档数据应当储存在另一个单独的、安全的地点，保存时间应当至少满足 GMP 中关于文件、记录保存时限的要求。

数据的转移：应确保电子数据临时储存介质、转移介质、归档介质的安全可靠性；转移过程应受控，可通过归档前后文件或文件夹的大小、文件数量来核查被归档的文件或文件夹的完整性，并进行登记。

数据的归档周期：数据和软件进行周期性的归档。

数据的恢复：系统出现故障或损坏时，可以由系统管理员调取备份的电子数据进行恢复。未及时进行归档的数据，经质量监督管理部门调查分析后，决定是否重新检验。

4. 电子数据的管理

数据的调用：任何人员不得私自备份。归档的电子数据，需经批准，并填写记录。借用人员使用完介质后，应立即归还，由档案管理员检查，确认介质完好，内容完整。

定期检查：至少每半年随机抽取至少一份归档介质，在该介质上调用至少1个归档数据，并打印相关报告，作为附件并登记。

软件、硬件升级：日常运行维护和系统发生变更（如计算机设备或其程序）时，应当检查所存储数据的可访问性及数据完整性，必要时应保留原有的软件或操作系统。

存放备份数据的介质必须具有明确的标识；标识必须使用统一的命名规范，注明介质编号、介质的启用日期、保留期限和系统管理员等重要信息。

在备份、归档和恢复过程中，出现的错误应详细记录在备份日志中，必要时报告偏差，并进行调查处理。

5. 电子数据的审核

包括电子数据的复核和审核。

电子数据的复核要求：复核人有相应的资质和经验；数据清晰、合理、完整；关键的计算正确；正确修改数据；有无遗漏；结果判定。

电子数据的审核要求：程序文件和培训；审核审计追踪的内容；关键数据的变更在审核时清晰可见；数据的电子审核在来源系统进行；监督审核和质量审核综合所有元数据。

（五）计算机化系统的基本要求

1. 账户管理

账户安全设置；屏幕设定，比如需长时间操作的制水系统，如何保证显示界面与操作界面的便捷切换；超过一定时间没有对系统进行操作的情况下，自动锁定操作界面；再次登录时，应重新输入用户名和密码；错误账号和密码登录超过几次，锁定账户，只能通过管理员权限解锁；被取消的账

数字资源H-2
纸质数据的基本要求

号不能正常登录。

有效的密码策略：更改或创建密码时执行复杂性要求；密码最小长度；最短和最长使用期；密码超过有效期后，提示用户登录更改密码。

管理权限分配：系统管理员是最高层级，权限包括分配每个系统使用者的层级和权限、账户密码的设置、数据删除、数据库修正或系统参数更改等最高级权限。数据利益相关方（系统使用者）包括数据的产生、使用、审核或批准。系统管理员实施的变更必须由质量体系覆盖，并在质量体系内进行批准。

外部安全：系统保护如网络防火墙、杀毒软件；权限管理如外部人员访问权限管理；授权访问人员清单；用户管理。

2. 审计追踪

建立、修改和删除都需要追踪；不可关闭、修改和删除审计追踪；记录包括自动的时间戳（不能随意更改电脑时间）等所有关键元数据；修改后原始数据可见；系统要求用户记录修改原因；定期审核审计追踪的记录；审计追踪记录的保存。

3. 系统日志

显示用户登录时间，应当记录输入或确认关键数据人员身份；显示作更改的用户名和进行操作的用户名相同；显示更改的时间和日期；显示更改涉及的重要内容；系统日志内容不可删除、不可修改；系统日志时间日期不可修改；系统日志内容便于查阅；审计追踪功能不可被停用。

4. 计算机化系统验证

计算机化系统应当按相应质量管理规范要求进行验证，并至少确认以下内容：应用程序和操作系统中保障数据可靠性的设计和配置（如审计追踪）已启用并有效运行；登录控制、权限设置及系统配置符合数据可靠性要求；应当控制日期和时间、产品标准、工艺参数、分析方法的更改。

（六）数据生命周期

数据可靠性的风险可能由技术遗漏或者误差引起，也可能是故意欺诈行为、意外的人为错误等造成的。风险发生可能性、检出概率等均与数据生命周期阶段相关。数据处于静止期，即处于存储过程中没有变更，风险与一般信息安全风险有关。当数据处理过程中，失效模式会呈现多样化或复杂性。为有效降低风险，应理解基于数据生命周期的数据管理方法，评估风险并在现场采取有效的控制。

1. 数据生命周期的复杂性

数据有复杂的生命周期，如在生命周期内的任何点都是可信的数据，则需要做到：能充分理解数据生命周期的范围；应确保直到生命周期结束，采取合理可行的措施降低数据可靠性的风险。

在数据生命周期的每个阶段对风险进行评估，必要时，采取措施降低风险以确保数据的可靠性。只有确保生命周期中每一点的数据可靠性，才能确保数据的可信性。

2. 数据生命周期中的第三方职责

基于数据生命周期的复杂性，数据需要被记录为批生产记录或设备历史记录，可考虑交由第三方来确保数据可靠性。

实验室仪器制造商必须在生成信号到传输数据到外部系统的全过程，考虑数据生命周期的相关阶段。

实验室信息管理系统（LIMS）开发人员必须从接收数据、通过储存、显示、进一步处理，直到数据在外部系统可用的点的全过程，考虑生命周期的相关阶段。

当中间设备软件开发人员开发用于在 LIMS 系统和企业资源计划（enterprise resource planning，ERP）系统之间传递数据的面向服务的体系结构（service oriented architecture，SOA）套件软件时，必须考虑数据可靠性。

ERP 开发人员必须从 SOA 套件的验收、经过数据库的储存以及进一步处理，指导数据被包含在电子批记录（EBR）中的全过程，考虑生命周期的相关阶段。

虽然由软硬件的第三方对数据进行管理，但应考虑到数据仍有可能被复制到一个单独的数据仓库，用于趋势分析和报告，也可能传输给第三方或因为要长期的监管进行了归档。如在原料药（API）制造商给制药客户提供一个电子质检报告的情况下。

3. 数据生命周期中受监管的公司的职责

鉴于数据生命周期的复杂性，受监管的公司不可能做到在每一个详细的阶段都评估数据可靠性的风险。但应该在一个较高的水平理解数据生命周期，并适当记录，包括：数据的来源；在两个系统之间传递数据时，数据（即数据的副本）被传递到哪里；数据在哪个系统储存和处理；基于法规要求确定数据是否存在副本形式（考虑数据在生命周期内各阶段的不同目的，需认识到数据存在哪些副本形式，包括被纳入电子记录中的副本）；进行适当详细的数据可靠性风险评估（可能是作为一个更大的系统风险评估的一部分），并且确保在现场有适当的控制。

对于设备和系统的选择，其供应商的开发人员应理解数据可靠性的重要性，并且已经进行了适当的风险评估，及通过在系统中建立适当控制来减轻风险。这么做的目的是：最大限度地减少数据可靠性编程缺失的可能性，例如软件错误；通过建立适当的用户控制和检查，最大限度减少人为错误引起的数据可靠性意外缺失的可能性；通过严格的访问和身份控制，最大限度减少用户的欺诈行为；提供审计数据工具，主动识别可能受上述路径影响的数据。

对于在其组织内部或针对自身组织开发的软件，应规定和记录其详细的数据生命周期，例如，采用接口或电子表格存储/处理数据时，应包括：①模拟和记录详细的数据生命周期；②让供应商执行以上步骤。

对于生成/收集重要法规数据的软件和系统的开发人员，应当期望他们能够理解并降低数据可靠性的风险。其水平应当与数据相关的风险相当，并且被作为基于风险的供应商评估的一部分（考虑可能会被审计）。

4. 电子数据和记录

虽然许多适用于重要法规和电子记录的风险控制是相同的（例如审计跟踪的生成、实施适当的访问控制等），但是电子记录有一些特定的控制（正如美国法规中 21 CFR Part 11 和 EU GMP 附录 11 计算机化系统中规定的），基于风险的评估，可能不需要被应用于所有数据。因此，限制电子记录的控制范围在基于成本效益风险的方法上是有意义的。

然而，本身不是电子记录或是没有被包含进电子记录的数据，其可靠性仍然很重要。这是因为任何电子记录的可靠性与被纳入记录的数据的可靠性几乎是一样的，从未纳入记录的数据也可以用于证明符合各种法规或支持，比如纠正和预防措施（CA-PA）调查、产品召回等，必须确保所有重要法规数据的可靠性。

电子记录通常包含多个数据项，并且这些数据的纳入可能发生在数据生命周期相对较晚的阶段。因此，数据可靠性保证取决于在哪个点将数据规定为电子记录，更常见的是，取决于在哪个点数据的副本被涵盖在电子记录中。数据的其他副本超出了规定的电子数据的范围，这也是很常见的，根据各种监管法规，定义依据数据的哪个副本是很重要的。

因此，明确规定数据在数据生命周期的哪个点被纳入（或部分被纳入）电子记录是很重要的，依据便是根据法规指南，规定和记录这些记录的范围。

5. 数据生命周期管理

理解这些原则，关键是要详细理解数据生命周期。下面各部分将阐述如何基于数据生命一般可以通过以下方式来降低风险。

① 减少风险发生的可能性。一般情况下，通过建立标准操作规程（SOP）、用户培训和设计更安全的解决方案来实现。

② 通过使用审计跟踪和日志或更多识别欺诈行为或可疑数据的前瞻性方法，提高风险的可检测性。

极少数公司愿意采取纪律措施来处分有欺诈行为的员工。在某些情况下，这是因为高级管理层（甚至是驱动力）在欺诈过程中已经串通一气。作为在生命周期内评估数据可靠性数据风险的一部分，受监管的企业需要认真考虑实施欺诈的动机，作为考虑风险可能性的一部分。

欺诈行为可能性及可能来源包括：操作工实施欺诈，以掩盖生产或产品检验过程中的问题；操作工实施欺诈，以掩盖自己的错误或减少自己的工作量；操作工实施欺诈，因为他们没有时间或工具来正确地记录数据（这是一个管理问题）；操作工依据高级管理人员的命令来实施欺诈。

当考虑风险的可能性、欺诈的可能来源时，应当考虑所有这些因素和由此产生的风险情节。数据可靠性（信息安全）应当是任何软件或系统要求的一部分，如果在设计和开发过程中，识别并降低风险，可以显著减少数据可靠性受影响的可能性。

正如上面所讨论的，当受监管的公司负责开发他们自己的软件"工具"（电子表格仍然是最为常见的），那么对系统实施技术开发（如在网络文件共享中保存数据文件、集成或连接系统等）时，需要得到其他技术人员的支持，如软件或系统/设备开发人员以及被监管公司自身相关人员等。

审计跟踪和日志在支持可疑活动的调查中是很有帮助的，但由于审计跟踪和日志的量很大，定期审核审计跟踪和日志通常仅限于法规记录。当数据可靠性已被怀疑，其他审计跟踪和日志的审核是切实有用并实用的，这样的审核可以帮助确定发生了什么。

然而审核审计跟踪数据曾经是很困难的，现在有新的工具和技术允许审计跟踪中的文本和数值数据可以被搜索、过滤、比较和可视化，使检测出异常模式或异常值变得更加容易。这种司法鉴定工具的使用应当是一个技能组合，大型制药或医疗器械公司应当寻求开发内控方法，中小规模被监管公司可以雇用专家来协助调查。

还有其他完善的技术，当未经授权的用户试图访问或编辑/删除数据时，会发出警报，这样他们应当有能力增加检出数据可靠性潜在风险的可能。虽然一个系统的用户偶尔点击错误目录或文件是可以理解的，但没有权限的用户以一种模式或重复访问数据时需要被调查，特别是存在合理的动机进行欺诈行为时。

也有更完善的技术，可以识别潜在的欺诈性数据，或是经数据分析显示如下；有重复的数据模式，暗示数据是以某种方式从以前的记录中复制过来的；"伪造的"和由操作者输入的数据显示出与我们所期望看到的"虚拟随机"数据（也就是期望的可容许范围的自然变化）不符的微妙但可检测出的变化。这是因为人类天生就不善于正确地编造随机数据。

这些技术逐渐被一些监管部门用来检测欺诈行为，受监管的公司自己也可以利用这些技术，软件/系统开发人员也可以将这些工具和技术构建到软件中。

三、能力训练

本能力训练为化验室数据管理。
（1）实践目的　熟悉数据可靠性的概念；熟悉数据管理的基本流程。
（2）实践内容　以化验室某一设备为例，说明如何确保数据可靠性。
（3）实践要求　简要介绍设备，并针对具体设备的数据打印的信息说明如何确保其电子数据可靠性。

四、实训思考

（一）选择题

1. 关于缩略词"ALCOA"的含义，说法错误的是（　　）

A. 第一个 A 表示归属至人　　　　　　B. L 表示清晰可溯

C. C 表示同步记录　　　　　　　　　D. O 表示准确真实

2. 以下不是为确保电子数据可靠性而采取的措施是（　　）

A. 电子数据采集时应确保完成了 CSV

B. 数据处理应严格按照 SOP 进行，不得随意采用手动积分

C. 开启审计追踪功能（根据具体情况可暂时关闭）

D. 电子数据复核人应有相应的资质和经验

（二）综合题

为确保数据可靠性，应采取的措施有哪些？

数字资源
课后思考答案

 知识图谱

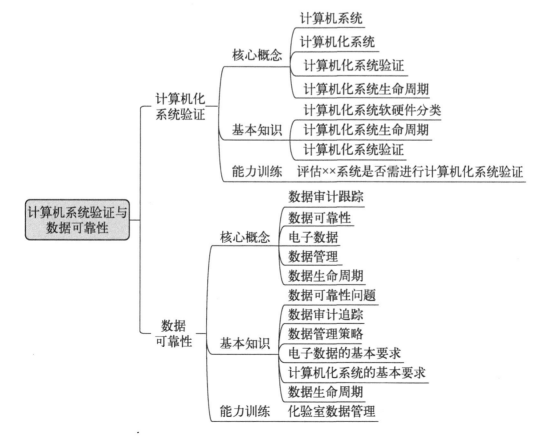

参考文献

［1］国家食品药品监督管理局药品认证管理中心．药品 GMP 指南［M］．北京：中国医药科技出版社，2011.

［2］国家食品药品监督管理局药品安全监管司．药品生产验证指南［M］．北京：化学工业出版社，2003.

［3］国家药典委员会．中华人民共和国药典［M］．北京：中国医药科技出版社，2020.

［4］杨晓方．药品生产设备变更控制类型归纳及验证状态维护策略［J］．当代化工研究，2019（3）：2.

［5］孙钟毓，林泊然，李爽爽，等．国内外已上市连续制造口服固体制剂药学审评内容的研究与启示［J］．中国食品药品监管，2022（9）：54-77.

［6］黄诚．关于固体制剂制药工艺技术的分析与探讨［J］．临床医药文献电子杂志，2018，5（07）：186-187.

［7］潘人琦．固体制剂制药工艺技术的相关研究［J］．化工管理，2020（27）：2.

［8］谢纪珍，冯巧巧，刘军田，等．化学药品注射剂灭菌工艺选择及工艺验证常见问题探讨［J］．药学研究，2018，37（6）：3.

［9］高洋，潘国壮．小容量注射剂预灌封注射器灭菌生产工艺研究［J］．医药卫生，2022（10）：4.

［10］田文淼，梁毅．小容量注射剂共线生产的质量风险控制研究［J］．中国医药工业杂志，2020，51（6）：6.

［11］吴伟红．冻干粉针剂无菌灌装验证中应注意的几个问题探讨［J］．华东科技：综合，2021（8）：1.

［12］史晓东．制药设备在线清洗灭菌设计及工程实践探讨［J］．中国科技期刊数据库工业 A，2022（1）：4.